倾听暮年

Listening Old Age

李村老人日常生活实践研究

A Study of Daily Lives of Older Adults in Li Village

仇凤仙／著

社会科学文献出版社
SOCIAL SCIENCES ACADEMIC PRESS (CHINA)

前　言

在当前，伴随着社会转型的深度推进，传统的农村社会在渐变中呈现出消解和重构的现实。乡村社会的变迁折射出"传统－现代"的二元化断裂倾向，对身处其中的生活主体产生重大而深远的影响，也对中国乡村社会结构和家庭生活及家庭结构产生重大影响。面对变迁和日渐陌生的生活方式，村庄内部不同生活主体采取了不同的应对策略。在这些生活主体中，作为弱者的农村老人固守在乡村，依附于土地，失去了依靠自身来改变个体命运的机会和能力，其生活处境和生存状态无疑是我们日常关注和理论探讨的重点。农村老人在日常生活中是积极建构自己的生存系统还是悲观消极静候生命的终结？他们的人生意义和生存状态如何在变迁的社会中得以重构？作为弱者，他们如何建构自身的生存保障？综上所述，本书主要回答以下几个问题。

第一，农村老人在面对日渐变迁的农村社会生活时，是否具有相应的主动性来积极建构自己的日常生活。

第二，在家庭养老弱化、社会传统变迁中，农村老人作为弱者和被动者，是否具有"弱者的反抗"意识来为自己建构一个相对稳定的生活。

第三，农村老人主动适应的实践策略是什么，这对于他们建构日常生活及晚年生活预期起到什么样的作用。

本书基于以上三个方面的问题预设，运用"生活过程－事件"理论分析框架，基于"制度－结构"研究视角，以李村老人的主体经验和日常生活实践为主要叙事脉络，按照日常生活理论研究思路，提取李村老人日常生活中三个最为重要的生活场域来具体分析，进而建构了李村老人三种不同的日常生活实践类型，即情感性实践、经济理性实践和礼俗性实践。深入考察这三种实践类型所折射的日常生活场域和特定的生活情境，可以看出农村老人日常生活实践呈现出变迁的过程，反映出农村老人积极主动应对社会变迁的社会现实。笔者通过对他们日常生活实践的详细考察，提炼出"生活理性"这一本土化的农村老人行动准则。"生活理性"既不同于传统社会中的实用理性，亦有别于西方社会中的经济理性，而是根植于中国农村社会传统，具有多元化特征的一种生活理念，是农村老人面对现实的生存选择。虽然李村老人的日常生活实践在很大程度上展现出来的是艰辛和无奈，但对于个体而言却是最优选择。这些选择具有一定程度的理性，正日益成为他们生活的指导，反映出农村老人对于农村社会变迁积极主动的回应。在当下农村社会现实中，李村老人用自身的主动实践来建构日常生活，是一个全新的视角和想象空间——在日常生活中运用"生活理性"原则来积极建构家庭、个体和社会生活的意义与归属。因此作为结论，本书认为农村老人面对变迁的农村社会现实和不确定的遥远未来，已经开始了自主性的生活构造，其生活重心也已经开始由子代逐渐转移到自身，而"生活理性"无疑就是他们日常生活实践的最好解释。

目 录

第一章 绪论 ………………………………………………… 1
  第一节 问题的提出 ………………………………………… 1
  第二节 现有研究的文献回顾 ……………………………… 6
  第三节 研究方法 …………………………………………… 37
  第四节 研究思路与结构 …………………………………… 40

第二章 变迁中的李村社会 ………………………………… 45
  第一节 由远及近的李村 …………………………………… 45
  第二节 李村日常生活的理性化 …………………………… 53
  第三节 李村老人暮年的日常生活 ………………………… 62
  第四节 总结 ………………………………………………… 70

第三章 个体化的李村老人经济理性实践 ………………… 72
  第一节 农村老人生存保障体系的渐变 …………………… 72
  第二节 李村老人经济资源的自我保障实践 ……………… 83
  第三节 李村老人自我生存保障实践逻辑 ………………… 99
  第四节 总结 ………………………………………………… 103

第四章 代际中的李村老人情感理性实践 ………………… 105
  第一节 家庭日常生活场域的呈现 ………………………… 105
  第二节 李村老人情感实践的分析 ………………………… 112
  第三节 李村老人情感实践的逻辑 ………………………… 134
  第四节 总结 ………………………………………………… 138

第五章　社会中的李村老人礼仪理性实践 …………………… 140
　　第一节　李村日常生活场域的呈现 …………………………… 141
　　第二节　李村老人日常生活中的礼仪性实践 ………………… 151
　　第三节　李村老人礼仪性实践中的逻辑 ……………………… 161
　　第四节　总结 …………………………………………………… 164

第六章　李村老人日常生活实践中的生活理性分析 …………… 166
　　第一节　生活理性的生成谱系 ………………………………… 166
　　第二节　李村老人日常生活实践分析 ………………………… 177
　　第三节　总结 …………………………………………………… 182

第七章　结论与探讨 ……………………………………………… 184

参考文献 ……………………………………………………………… 188

附录　被访谈的李村老人生活照片及部分访谈资料 ……………… 212

后　　记 ……………………………………………………………… 215

第一章 绪论

衰老是人类个体生活史上无法回避的经验和不可逆转的过程,它既是一个生理变化过程,也是一个社会和文化过程,更是一个微观社会变迁的见证和亲历过程。

第一节 问题的提出

一 日常生活的常人视角

杨善华认为,作为社会学理论流派之一的"常人日常生活研究"一直是社会学研究的重要视角,关注常人的日常生活世界和日常实践场域是研究社会结构和社会行为的起点。日常生活中我们习以为常的熟人、他者恰恰都是个体自我的社会映像。故而探究社会某一局部位置或场景,并将特定社会成员的活动作为"场景性"和"局部性的实践"是研究常人核心的视角。① 常人日常生活的权宜性和实践性恰恰是理解宏大社会变迁的逻辑起点,因为常人的日常实践并不仅仅与普通民众琐碎的生活认知和漫长的生命历程杂糅在一起,同时也镶嵌于宏大的制度实践之中。因而,对常人日常实践逻辑进行解释性理解和因果性说明,必须转向日常生活层面的实践性"本体论"关怀,追踪常人生活事件的连续性、事件过程的象征性和日常实践的策略性。社会学"与其说是为人们提供客观而普遍的真理,还不如说是为人们展示面对日常生活和社会现实的种种可能性及其限制,提醒我们注意潜在的社会危险,告诉我们可能的补救方法和社会

---

① 杨善华:《当代西方社会学理论》,北京大学出版社,1999,第53~56页。

进步的前景"①。故而常人研究更重要的学术价值是如何将普通民众的日常生活作为学术知识的基础性资源生产和再生产。老人是社会生活经验的集大成者,具有透观世事的豁达、洞悉人心的经验,也是历史和现实的对接者——历史因为有他们才得以传承,现实也因为他们才得以昭显。在人生中他们是长者,而在社会生活中他们则是相对弱者,这样的角色张力在实践中如何体现,其个体行动中的意义建构如何嵌于生活实践中? 由于生活的重复性、经验性和实用性构成了他们生活空间的日常事件、社会关系、人情礼仪、话语系统等,因此,对老人群体的研究要致力于在琐碎的日常生活表象中去探究隐藏其后的深层变量,诸如制度安排、生存场域、关系网络等。对于他们的解析不但应有理论关怀,更应进行深度描写,把他们饱经风霜的个人经验、情感事项放在农村特定文化背景生活场域中来呈现,"亦即在行动者的日常系统中完成对行动者的'投入的理解'和'同感的解释'"②。诚如于建嵘所说,"不能因这个群体而否定个体的存在。我们要研究工人、农民或其他群体,就要具体了解他们作为个体的状况和需要。……要研究群体,需要有个体的视野,要从个体的需要和行为中来理解社会群体的变迁"③。

二 乡土生活的经验实践

本研究对于农村老人群体的关注也来源于笔者的日常生活实践,即我的母亲在乡土移植中表现出的"水土不服"。

笔者从老家"借"母亲到城市,帮笔者带孩子,但只能借来一段时间,因为农村才是她割舍不掉的家。纵然这里是自己女儿的家,但在母亲内心,这里不是她的家,她的家在遥远的皖北,那里的土、那里的风和那里的气息才是她的家。虽然在那个所谓的家乡里母亲没有显赫的社会位置,生活拘于一个小小的普通乡村世界中,而且那里还有各种烦琐的日常事件让她生气发火(她有高血压、脑血栓等疾病,最怕的就是生气引起血压升高,从而危及生命),哪里像在我们这里,天天乐呵呵地与人微笑,

---

① 史蒂文・塞德曼:《有争议的知识——后现代时代的社会理论》,刘北成等译,中国人民大学出版社,2002,"导论"第4页。
② 刘威:《"朝向底层"与"深度在场"》,《福建论坛》(人文社会科学版)2011年第3期。
③ 于建嵘:《抗争性政治:中国政治社会学基本问题》,人民出版社,2010,第14~15页。

平时也没有机会让她生气发火，但是这样在我们看来很有秩序的生活对她而言却是束缚。

当农村老太太进入一个全新的生活世界时，很多事情随之展开。整日听着她和邻居家长里短的电话，听着她遥控同样年迈的父亲如何进行人情来往，笔者不禁陷入沉思。谈生活条件，所谓现代化的生活方式在她的描述中一文不值。房子像牢房一样狭小，人在房子里听不见人声，很多人一天见面很多次连个招呼都不打，都是脸朝着天，各走各的，一个单元里面的人在电梯里面却各自扛着脸，向上看，也不说话，太别扭了。农村的土房子、鸡鸭牛羊、猪狗围在房子周围，才是他们熟悉的生活气味。吃了一半的饭，邻居就端着碗到了门口，站着说话，边吃边说，或者，索性两家人端着各自的碗，到门前的空地上，一起蹲在地上吃饭，这是他们熟悉的场景。在日常的絮叨中，她天天算着归家的日子，因为笔者许诺过，到了什么时候她就可以回家。最终，她找到了一个极好的理由提前回家——我们村里面一个本家的老人去世。她极力证明自己回家的必要性，在这家的丧事中，她的地位没有人可以替代，人家需要她，她要回家"破孝①"，并且说所有在外打工的人都要回家，如果她不回家，说不过去，会被人说闲话。笔者当然极力挽留，说我们家里面我父亲过去帮忙，我的爷爷也过去帮忙了，少她一个人，主家不会说什么，再说人家说请她过去也只是客气的，不必当真。但是老人的想法是不可以被改变的，她不屑一顾地说道："你们不懂人情世故的，不知道家里人过日子的方法。"这一句话让笔者无话可说了，是的，笔者已经脱离了那个环境，不再是那个乡村的一员，当然无所谓了。笔者虽然非常不舍，但还是把她送上了回家的列车。一路上老人精神抖擞，大有青春做伴好还乡的感觉。她是每次坐车都晕车的人，但在这次回家的4个小时路程中居然没有晕车，可见老人家的思乡之情！

笔者不禁自问，难道我们做儿女的把老人接到自己身边来享福是个不适宜的做法？帮助他们摆脱繁重的日常劳动，重新界定日常生活，为什么

---

① "破孝"是指一个人去世后，村子里一个家族内要有一个懂农村穿戴孝服规矩的人来制作各种孝服。在丧事中，依据和逝者关系的远近，吊唁的人戴孝的规格也不同。在李村的丧事中"破孝"是很重要的事，否则就容易造成分发的孝服不当从而引起纠纷，也有可能会给主人家造成很大浪费。

他们强烈反对？他们宁愿在农村忍受困顿之苦，①也不愿意离开家乡到城市来享受晚年，诚如笔者的母亲一般，这仅是故土难离的因素？我们所谓的现代化和这些老人有涉吗？今天的乡村社会已经不是他们所熟悉的社会，他们缘何还能坚守和坚持。对于这些老人而言，那离不开的乡愁到底是什么？在变化了的农村生活中，这些老人在日常生活中采取了什么样的行为实践来延续或是改变自己的生活方式？日薄西山的他们在哪里能安放暮年？

在关于农村老年研究成果汗牛充栋的年代，笔者还是把自己的目光投向了农村老年群体，把自己的理论视角和现实关怀倾注在这个特殊的群体上。生于斯，长于斯，作为一个"原生态农民"的女儿，笔者每次回乡时，总是能看到、听到一些熟悉的老人们各种生活情境和生活状况。看见他们无助的眼神，看着他们的生活呈现日渐落寞的趋势，笔者内心波澜起伏。可是村落内部的人却对这些熟视无睹，简言之，农村老人的落寞与困顿已经成为乡村生活的常态。老吾老以及人之老，笔者把对于父母的爱和关怀倾注在这个群体中，希冀笔者的苦心能为年迈的父母所察觉。在这些老人为国家、为子女奉献一生后，他们的晚年应该是含着笑的。泪水与苦难不应该是他们生活的主旋律，希望和笑容才应该是。

因此笔者才敢于提笔用自己的生活经验和所学知识去追踪这一个熟悉的群体，在日渐陌生的村落内寻求老年生活意义的破解，希冀为老年农民寻求一个发出声音的机会。

三 农村社会变迁中的聚焦

伴随着社会转型、社会发展、社会现代化，农村社会获得了前所未有的活力和繁荣。农村居民生活水平大幅度提升，经济能力也在逐步提高，全国农民收入增速连续11年快于城镇居民②。单纯就物质生活而言，农村已经实现了小康，楼房渐次林立，手机早已飞进寻常百姓家，就连汽车、空调等高端消费品也逐渐进入普通农村家庭，城乡差距在越来越小，农村

---

① 很多农村老人在农村的生活是痛苦的，要忍受各种病痛的折磨、家庭代际矛盾的困扰，以及经济上的拮据等。

② 新华社：《农村农业部：农民收入增速连续11年快于城镇居民》，2021年2月22日。

呈现出一片和谐、生机勃勃的景象。但我们关注的是在农村生机和繁荣背后日益落寞、日渐贫困的农村老年群体。这些现代化的繁荣景象和他们无关，高大的楼房和现代化的设施也和他们无涉，他们依然延续着农业文明时代的传统生活——低矮的茅草房、昏暗的房间、粗糙的饭菜、落寂的生活、单调的日子。然而，农村的现代化车轮已经启动，任何群体都将被卷入其中，农村老年人也不例外，尽管他们是无奈、被动地进入这个过程。

村庄社会结构及道德秩序变化的速度远远超过了社会继替的速度，虽然农村老人在快速变迁的乡村社会中、在传统与现代的矛盾和张力中延续着他们看似平淡无奇的日常生活，但他们已开始对人生，乃至生命的意义感到困惑，甚至表现出对晚年日常生活的惶恐。在变化的社会中，农村老人如何在日常生活中应对这些变化？老年人在村庄生活中的角色是如何被重新定义、塑造和分配的？他们面对这些现实又采取了哪些实践来形塑自己的日常生活，建构自己的人生意义？

在现代化浪潮的推动与经济理性的洗礼下，中国农村社会正经历着快速变迁，一些曾经作为一个村庄标签的要素逐步淡化，实体性的村庄日渐成为一种记忆和怀念。村庄内部的生活已然发生了巨大变化，一方面是人口流动使得村庄呈现前所未有的过疏化[①]；另一方面，村庄内部人际关系也正在发生变化，呈现原子化状态[②]。村庄日常生活分离与区隔成为常态，家庭成员在空间距离上的延伸和时间跨度上的缺位从某种程度上肢解了家庭日常生活的意义系统，家庭生活系统和生产功能被常年的分离取代，家庭成员社会角色发生了位移。而在其中，农村老龄化已是不可避免的问题，有学者直言"作为现代性直接后果的老龄化问题没有首先在现代文明的中心地城市出现，而是在传统村落的穷乡僻壤率先发生"[③]，这本身就不是社会正常发展的规律，被裹挟其中的乡村老年人生存现状也因而成为研究当下农村社会变迁过程的核心议题之一。

笔者认为农村老年人问题，也是中国现代化过程中的核心议题之一。

---

① 田毅鹏：《村落过疏化与乡土公共空间的重建》，《社会科学战线》2014年第6期。
② 贺雪峰：《论中国农村的区域差异——村庄社会结构的视角》，《开放时代》2012年第10期。
③ 田毅鹏：《乡村"过疏化"背景下城乡一体化的两难》，《浙江学刊》2011年第5期。

有学者认为现代化的过程就是老年人被排斥的过程,这种排斥造就了农村老年贫困的普遍化,[①] 因而农村老年生活与农村社会的变迁是一个相互映射的话题。农村社会变迁引致乡村的过疏化,农村老人在过疏化的乡村生活中如何建构自己的日常生活空间,他们经历的生活事件对其影响如何,对这一课题的研究应成为农村社会变迁研究中的焦点。

本书试图在勾勒农村社会变迁的宏观背景中,用实践的观点来描述、分析李村老人日常生活实践中的逻辑,进而勾连出当前中国乡村社会在变迁背景下农民的真实生活场景和乡村社会、经济、文化的变迁过程。

第二节 现有研究的文献回顾

一 日常生活理论

在哲学和社会学领域中早已缓慢孕育的各种日常生活的研究视角与社会发展的现实遥相呼应,对当代社会学和社会理论的日常生活研究产生了重大的激发和推动作用。

(一) 国外日常生活理论及其哲学意义的谱系追寻

在20世纪西方哲学的发展历程中,哲学的研究领域出现了重要的视角转换,即重新认知日常生活。哲学家们对"日常生活"的认知和研究经历了三个阶段,首先对日常生活的原初意义进行了相关探讨,其次在逐渐的研究积累中明确了日常生活的本体论地位,最后研究者在研究中对日常生活的价值和意义进行了充分的论证。

马克思通过"生活实践"和"社会异化"批判理论确立了"日常生活"哲学批判的理论之源。马克思认为,作为"本体论地位"的日常生活世界应是哲学研究的初始点。他的论断开启了哲学研究的日常生活化大门,他揭露了劳动异化是引致普通市民日常生活世界被异化的实质问题所在。他认为日常生活的"物化特征"在于使日常生活由"过程"变成"实体",故而人们经常会把存在与价值混同为现象与本质。在这种情况

---

① 刘聪慧、董妍等:《农村老年人的社会排斥体验与健康状况:有调节的中介作用》,《心理发展与教育》2021年第5期。

下，日常生活和日常思维可能会歪曲真实存在的性质。

19世纪后半叶科学危机出现，实证科学成为衡量世界价值的标尺，所谓的"事实"成为学者们论述的焦点，而隐藏在事实背后的意义则被屏蔽，这样的后果就是人为地割裂主观认知和客观事实。针对这一科学危机的根源，德国现象学家胡塞尔提出了"日常生活"（life-world）的原初意义，以此驳斥自然科学抽象了我们的日常世界。他在《欧洲科学危机和超验现象学》中认为"生活世界是自然科学被遗忘了的意义基础"①，他试图从生活世界的概念出发来探讨这种危机的根源。在胡塞尔看来，"生活世界"并不等同于"日常生活"，生活世界不具有目的结构，而人的活动总是有目的性的，所以我们的任何实践世界都不同于生活世界，他们一方面以无目的性的生活世界为前提基础，另一方面又参与构成了这个生活世界。可见胡塞尔把日常生活作为生活意义和价值的来源。"尽管客观科学的逻辑亚建筑超越了主观的生活世界，但它只能在回溯到生活世界的明证性时，才具有它的真理性。"②

海德格尔用"日常共在"囊括社会个体日常生活实践中的繁琐和忙碌。海德格尔认为，日常生活是一个先我的、已然的、即成的世界，它是直接的、现实的生存领域，是人具体的生存形式和生存方式的展现和反映。海德格尔基于人的存在的主体性和精神的超然性，基于生存论意义视角对人们日常生活状态和日常境遇进行了深描。他将"日常生活"诠释为此在的一种原初的、不可逃避的生存境遇，将日常生活视为人的一种不能自主的、非本真的沉沦与异化状态。在此海德格尔赋予了日常生活一种现实，却消极的、具有浓郁悲观主义色彩的本体论内涵。③

卢卡奇的日常生活本体论指出，"如果不到人们日常生活的最简单的事实当中去寻找对社会存在进行本体论考察的第一出发点，那就不可能进行这样的考察"④。卢卡奇确立了日常生活研究的本体论地位，他把社会划分为三个整体，社会经济结构、日常生活和个人主体。卢卡奇认为"一般

---

① 胡塞尔：《欧洲科学危机和超验现象学》，张庆熊译，上海译文出版社，1988，第58页。
② 倪梁康：《现象学及其效应——胡塞尔与当代德国哲学》，三联书店，1994，第135页。
③ 海德格尔：《存在与时间》，陈嘉映译，生活·读书·新知三联书店，2006，第64页。
④ 卢卡奇：《关于社会存在的本体论》（上），白锡堃、张西本等译，重庆出版社，1996，第4页。

社会经济结构同当事者个人之间的中介，恰恰就是这种日常生活的存在"①，即日常生活是连接个人与社会的直接媒介。

日常生活批判之父、法国哲学家列斐伏尔提出了日常生活的社会学转向。在他看来，"只有在发生革命危机的时候，经济、政治问题才显得重要，除了这些时刻，日常生活就是第一位的问题"②，由此，作为本体论地位的日常生活开始彰显。同时在直面被"物化现象"和"物化意识"控制的日常生活世界时，列斐伏尔的日常生活批判理论首先揭示了日常生活异化的根源，即资本主义的价值理性和工业技术对于人民日常生活的殖民和入侵，异化了人们日常生活的形式。他认为这都是日常生活"非日常生活化"的重要原因。其次是要用哲学思维重新思考日常生活，使日常生活回归人类真实的生活状态，重拾日常生活的深刻性，在日常生活的空间与时间定位中来寻求人类发展与日常生活的内在联系。列斐伏尔认为日常生活琐碎的实践锻造了经济基础和上层建筑的合法性，同时这些日常事件也塑造了日常社会关系。他指出"日常生活可以被界定为总体中的社会实践的一个层次"③。

米歇尔·德赛托的日常生活实践分析理论强调，日常生活实践场域的核心性和实践性，只有在实践之中才能实现理论的阐释和建构，要具体而微地、自下而上地来寻求文本的建构，强调以"微型实践"（minor practice）的方式来探讨日常生活中的寻常性。德塞托在其日常生活实践理论中从消费者的视角出发，认为人们不应该以一种有预设的立场和态度去关注日常生活，而应该以一个完全陌生的姿态来关注自己内心尚未被认知的领域，故而他认为形塑日常态度的根源在于对日常生活保持新奇性和探寻性④。

阿格尼丝·赫勒主要从两个方面建构日常生活的理论模式。一方面，她试图揭示日常生活的基本内涵和主要特征；另一方面，她通过对日常生

---

① 卢卡奇：《关于社会存在的本体论》（上），白锡堃、张西本等译，重庆出版社，1996，第680页。
② 陈学明等编《让生活成为艺术品——列斐伏尔、赫勒论日常生活》，云南人民出版社，1998，前言第Ⅰ—Ⅱ页。
③ Lefebvre, H. *Critique of Everyday Life* (Vol. 2): *Foundations for a Sociology of the Everyday.* Trans by John. Moove, London & New York: Verso. 2002.
④ 米歇尔·德赛托：《日常生活实践》，方琳琳、黄春柳译，南京大学出版社，2015。

活和非日常生活的领域比较来进一步划定日常生活的界限。她从研究个体与社会的关系来探讨日常生活的内涵，在《日常生活》一书中她开宗明义指出，"如果个体要再生产出社会，他们就必须再生产出作为个体的自身，我们可以把'日常生活'界定为那些同时使社会再生产成为可能的个体再生产要素的集合"①。

赫勒认为人类生存手段的获得、竞争与协调、建构意义等"人类条件"来源于我们当下的日常生活。她通过语言、对象世界和习惯世界三个方面建构了日常生活的核心内涵。赫勒日常生活理论旨趣正如其所言"日常生活如何能在人道主义、民主的和社会主义的方向上得以改变是其讨论的现实争端，本书提供的答案表达了这样的信念，社会变革无法仅仅在宏观尺度上得以实现，进而从态度上改变，无论好坏都是所有变革的内在组织部分"②。

（二）经典社会学理论中的日常生活的社会学谱系

伴随着日常生活的哲学深耕，日常生活逐渐成为社会学研究的主要范式之一，也成为社会学研究的重要领域和主要视角。这种视角的转换是对以帕森斯为代表的结构功能主义宏大的社会学研究范式的质疑。许多社会学家开始放弃以实证主义模式为主要特征、以整体观和进化观为内容的研究范式，转而面向个体行动根源的因素进行探索，以微观层次勾连宏观的社会结构，来解析个体、社会关系和社会结构之间的关系。故而，一些学者认为这是社会学日常生活的转向。③

自迪尔凯姆（E. Durkheim）所强调的以"社会事实④"作为社会学研究方法的基础和齐美尔以现代都市的日常生活观察为基础而创立的形式社会学而始，日常生活就已经进入了社会学的研究视野。迪尔凯姆对日常生

---

① 阿格尼丝·赫勒：《日常生活》，衣俊卿译，黑龙江大学出版社，2010，中文版序言第3页。
② 阿格尼丝·赫勒：《日常生活》，衣俊卿译，黑龙江大学出版社，2010，英文版序言第2页。
③ 刘怀玉：《现代性的平庸与神奇——列斐伏尔日常生活批判哲学的文本学解读》，中央编译出版社，2006，第307～313页。
④ 迪尔凯姆在其名著《社会学方法的准则》一书中指出，"把社会事实视为物这个命题，是我的方法的基础，我们对社会事实作如下界说，这个定义就包括了它的全部内容：一切行为方式，不论是固定的还是不固定的，凡是能从外部给予个人约束的，或者换一句话说，普遍存在于该社会各处并具有其固有存在的，不管其在个人身上的表现如何，都叫做社会事实"。

活的特定现象（如自杀现象）进行了追踪研究，齐美尔则对日常生活中的个体社会交往进行了社会学的意义阐释。但是由于这一阶段社会学研究范式的重点依然是宏观的社会结构和社会机制分析，日常生活在社会学研究中逐渐成为边缘议题。这种态势直到20世纪初才有所改观。伴随着资本主义黄金发展期的结束，资本主义的问题层出不穷，引起了社会学研究范式的革命。经典社会学家们开始把他们的理论关照和研究旨趣投在日常生活这个长久被忽视的场域内。

舒茨的现象学社会学研究启动了日常生活的社会学转向。"日常生活的世界"指的是这样一个主体间性的世界，这个世界存在于我们出生之前，前人和先辈关于它的经验储备是我们来解释和理解这个世界的基础。舒茨认为日常生活的现实具有至高无上的地位，故他视"生活世界"为"至尊现实"。舒茨的学生那坦森将生活世界概括为"包含所有人牵连的种种日常事务的总和"[①]。舒茨同时借助于"至尊现实"的空间结构和时间结构分析，揭示了我们日常生活中现实感和超验感的产生过程。舒茨认为日常生活中的现实感和超验感是密切联系的，"二者体现了生活世界的双面性：一方面，生活世界是现实的存在；而另一方面，它又是我们借助行动来控制、把握或者未能控制的现实"[②]。

加芬克尔的常人方法学是现象学社会学的延续。在以柏拉图为代表并开启的西方理性主义传统中，日常生活世界和常人思维方式都是在理性层面之下的。而加芬克尔则主张立足日常生活世界并用常人思维方式开展社会学研究。这标志着社会学研究开始转向日常世界、重视感性因素，也表明社会学开始逐步放弃对"社会理性化"的单向度探究。加芬克尔认为只有在日常语言交流中，社会学家像常人一样，同被研究者开展日常对话，才能真实而具体地理解社会生活的意义。这就更明确地要求社会学应当立足日常生活世界、面对感性事物、用常人的方式开展同理性社会学不同的研究[③]。加芬克尔对于常人方法学的定义是，普通人在日常生活中为了解决各种问题所运用的方法。"即常人方法学的研究在分析日常生活活动的

---

① 那坦森：《现象学的宗师：胡塞尔》，台北允晨出版公司，1982，第159页。
② 杨善华：《当代西方社会学理论》，北京大学出版社，1999，第21页。
③ 刘少杰：《社会理性化的感性制约——建构和谐社会的难题》，《吉林大学学报》（社会科学版）2005年第2期。

时候，将其看作社会成员的方法，成员用它们使日常生活看起来是有理性的，并出于各种实践目的使行动是可讲述的。"① 常人方法学的两个主要倾向是：其一，社会学应该是对日常生活的研究，既应包括宏大的方面，也应该包括所谓的琐碎方面；其二，社会学本身也是一种日常活动。

米德的符号互动论、戈夫曼日常生活的"戏剧理论"中，符号互动理论以人们日常生活中的经验世界为基础，认为"日常生活中这些不公开的、隐藏着社会互动的规律，才使整个社会生活井然有序"②。

布迪厄借助实践理论探讨了日常生活中实践的奥妙，运用了场域、惯习等概念具体而微地介入到日常生活的活动范畴中，具体化了日常生活的实践行为，进一步理论化了日常生活体系。

艾利亚斯则通过对中世纪欧洲社会成员日常生活中行为与心理的追溯，从礼仪习俗入手，从普通大众日常生活中最基本的行为方式入手，认为社会的发展基于行为方式的精细化推动，解构了阶层社会的形成。在日趋竞争的社会中，阶层的认可是以对彼此行为方式的相互认同为依据的。上层社会有意无意鼓励下层社会模仿自身的行为方式，但同时又为了维护自身的独立性与竞争优势，不断地提高自身行为的精致程度，这就在整个社会中构成了一个循环递进的过程，这种过程在日常生活中逐渐被形塑、标准化。艾利亚斯进一步把日常生活场景中的各种行为与宏观的社会制度、社会变迁勾连起来，预设了日常微观与庞大宏观社会的桥梁。

哈贝马斯把社会划分为生活世界和制度两个方面，他认为所谓生活世界乃是积累在语言中的各种背景知识和行为规范的综合体现，它代表了一个社会共同体的集体行为期待，个体的经验和行为准则和社会的文化传统都是这种知识的产物。而制度则是从生活世界结构中分化并独立出来的行为调节体制。

伯格（Peter L. Berger）和卢克曼（Thomas Luckmann）认为日常生活的社会实在特征是最重要的，主张一切与现实社会秩序相关的研究，只有在日常生活现实和日常群体的实践中才能获得理解和解释。

---

① 加芬克尔：《常人方法学研究》，华夏出版社，2002，第 vii 页。
② 贾春增主编《外国社会学史》，中国人民大学出版社，2000，第334页。

（三）日常生活的国内研究现状

在我国，哲学对日常生活的关注始于 20 世纪 80 年代，伴随着西方日常生活研究的深入和转向，国内哲学界对日常生活的关注和研究逐渐增多。吴宁对列斐伏尔思想中的日常生活理论进行了专门研究，王晓东则具体研究了日常交往与非日常交往的类型与概念、结构与运行等内容，杨威基于文化哲学批判视角研究了中国日常生活世界及历史演进的历史与现实。在此基础上，从 1995～2000 年，黑龙江大学的《求是学刊》推出"现代化与日常生活批判"专栏研究，这一栏目的开设旨在使哲学理性回归生活世界，在文化冲突中重新定位日常生活。至 2000 年，《求是学刊》共刊发国内 25 位著名中青年学者（衣俊卿、孙正聿、邹广文、丁立群、李文阁、田海平、邹诗鹏等）的 27 篇文章，从衣俊卿《现代化与日常生活批判》一书理论构架的立论基础、理论体系、基本思想入手，对日常生活批判这一学科的可行性和价值做出论证，从哲学、文化学、人类学、社会学等不同学科展开日常生活批判研究以及中国现代化研究，试图把关于人的形而上的反思和实证研究结合起来，以人类文化的演进为大背景，以中国现代化和文化转型为依托，建立起一种关于人自身现代化和总体人的理论。王国有的《日常生活批判》、孙正聿的《非常识的常识化》、邹广文的《日常的非日常化与非日常的日常化》、郑文明的《日常交往与人的现代化》、邹诗鹏的《日常生活批判与知性启蒙》、衣俊卿的《日常生活批判与深层文化启蒙》、李小娟的《走向中国的日常生活批判》等研究成果同时被学界广泛关注，形成了日常生活研究的一个理论高峰，引领了日常生活研究的理论视角。

衣俊卿从中国社会个体日常生活的内涵、图式及其历史演进等方面的研究中系统建构了中国日常生活的体系结构。衣俊卿教授认为日常生活是自在运行的场域系统，这个场域内部主体是各种给定的归类模式和重复性实践（思维）；同时它还是一个依靠经验传统、个体习惯以及血缘关系和自然情感等因素而加以维系的领域①。

在日常生活研究的社会学转向方面，衣俊卿对于日常生活的界定和阐释在理论上把日常生活从哲学范畴向社会学研究范畴推进了一步。江山河

---

① 衣俊卿：《现代化进程中的日常生活批判》，《天津社会科学》1991 年第 3 期。

从方法论的角度介绍日常生活方法学的历史演进路径及其研究方法，分析日常生活方法学在社会学研究方法中的方法论倾向，评价日常生活方法学对社会学研究方法的贡献及其不足①。吴亮、高云从现象学角度对新中国成立后50年间中国老百姓的日常生活进行了详实的调查与分析②。费勇则从文化学视角对我国日常生活变迁中的一些新兴现象进行了描写和分析③。这些基础性的研究为我们提供了关于日常生活感性的、直观的认知。然而，对日常生活的分析不能仅仅停留在感性描述层面，日常生活作为一个严格的学理研究和学术探讨课题需要对其进行社会学的理性关照和意义探究。

李培林认为，社会学应该回到初民的世俗性和日常生活性中，"走向生活、走向实践"是以"社会性"为核心的社会学题中应有之义④。改革开放后的30年，中国社会学开始了对日常生活的关注，并涌现出了诸如王雅林、邓伟志、王锐生、王玉波、刘少杰等大批学者。21世纪，在世界社会学出现向生活世界回归的时刻，将确立起一种发展的普遍性原则和新的发展规则，社会学研究应不断地进行生活理论创新并构建出与现代社会内容相适应的理论框架。杨善华从日常生活入手，认为"常态"生活的意义是研究家庭社会学的一个非常重要的范畴和视角。在常态生活中寻找意义的联系和制度的盲点，无疑是日常生活研究的进一步拓展⑤。杨建华把迪尔凯姆的"社会事实"概化为"日常生活"，认为日常生活是研究中国村落社会的一个新的视角。中国村落研究的主要视角和切入点应是对村落中那些繁复的、流程般的日常生活的关注。他认为对一个村庄内部村民日常生活实践范围、行动逻辑深入考察，对村民日常生活中非常规事件的特殊关注，即对村民日常生活的叙述最能直观地展现中国乡村在社会变迁中的图景和范式。故而日常生活事件构成了日常生活的主要事实。⑥

郑震通过解析列斐伏尔日常生活批判理论，梳理了列斐伏尔日常生活

---

① 江山河：《日常生活方法学引论》，《社会学研究》1988年第1期。
② 吴亮等：《日常中国：90年代老百姓的日常生活》，江苏凤凰美术出版社，1999。
③ 费勇：《先兆：中国人日常生活趋势》，中国文联出版社，1999。
④ 李培林：《中国早期现代化：社会学思想与方法的导入》，《社会学研究》2000年第1期。
⑤ 杨善华：《关注"常态生活"的意义——家庭社会学研究的一个新视角初探》，《江苏社会科学》2007年第5期。
⑥ 杨建华：《日常生活：中国村落研究的一个新视角》，《浙江学刊》2002年第4期。

理论的社会学意义，认为社会学必须从日常生活的角度来反思和批判现代社会，这一研究转向为社会学带来了一场视角的革命①。陈辉把日常生活哲学抽象化为"过日子精神"，在家庭生活、社会交往、人生意义、人神关系等五个方面阐释了农民过日子的原则、策略和方法②。张晓玲考察了1953~1956年统购统销阶段中农民的日常生活，阐释了统购统销制度对农民日常生活的影响以及折射出的国家与农民之间的关系。

张兆曙对于日常生活进行了划分，分为事件性日常生活与常规性日常生活。事件性日常生活表达了一种对制度安排的反抗性，但同时又是非暴力的、非正式的和非组织的反抗，因而不容易被政策制定者和学术界所关注，后果将是政策的失败和反抗性的积累。对事件性日常生活的理解和认知不能简单地归结为人性的低劣，而应该放在更广阔的社会结构状况中进行分析③。

唐魁玉、张妍认为在对中国改革开放所导致的社会生活变迁进行理论反思时，必须紧紧地把握住"日常生活实践"这一生活结构的主题，他们认为要侧重于社会变迁的视角来分析当下中国人的日常生活中的选择④。

以现象社会学和常人方法论为指导的"日常生活"研究，深深地影响了当代中国的乡村研究。以杨善华教授、谢立中教授为代表的研究团队近年来出版了《城乡日常生活：一种社会学分析》和《日常生活的现象学社会学分析》两本著作，用日常生活的研究视角对当前变迁社会中的留守人员、外出务工者等特殊群体给予了相应的关注。翟学伟⑤在社会心理学层面进行了建构中国日常社会学理论的尝试，他以个人地位作为核心范畴来建立中国人日常社会学分析的框架，该分析框架循着个人地位的分析思路形成了12个基础框架。

在关于日常生活的具体研究中，很多学者虽然没有点题日常生活，但是其研究视角也是基于日常生活的。吴飞通过"过日子"学术建构，将中

---

① 郑震：《列斐伏尔日常生活批判理论的社会学意义》，《社会学研究》2011第3期。
② 陈辉：《过日子：农民的生活哲学》，博士学位论文，华东理工大学，2013。
③ 张兆曙：《事件性日常生活：概念、形态与社会分析》，《社会主义研究》2006年第4期。
④ 唐魁玉、张妍：《社会变迁理论视野下的人民生活——以30年来中国人的日常生活变迁为中心》，《黑龙江社会科学》2008年第4期。
⑤ 翟学伟：《人情、面子与权力的再生产》，北京大学出版社，2013，第261~284页。

国百姓日常生活中最为平常也是最具有日常实践精神的生活过程进行了学理性研究，进而对中国农村社会中的自杀现象进行了日常分析，提炼了本土性的自杀分析框架①。伴随着吴飞"过日子"的学理研究的深入，诸多学者开始用"过日子"这个具有浓厚日常生活气息的视角来分析中国农村社会的独特问题。邢朝国认为吴飞将自杀与社会文化相勾连，从社会个体的日常生活世界中凝练出"过日子"这具有浓重乡土气息的日常话语，具体而微地分析了中国情境下的自杀问题。遵循着本土化的分析路径，为建构中国式自杀的分析框架提供了理论阐释②。徐诗凌认为吴飞基于传统文化视角解析了自杀现象，认为解决中国自杀问题必须以中国家庭的传统角色重构为主要路径推进③。杜鹏认为吴飞关于中国农村社会自杀的分析出现了中间断裂，从微观日常经验直接跳跃到宏观的制度文化层面分析，缺少了对中观层面的分析，故而这个"过日子"的理论分析欠缺了逻辑的延续性。陈辉直接以"过日子"为题，在叙述村民生活故事的同时阐释了农民"过日子"的一般逻辑，并在此基础上分析农民的生活哲学及其对当代中国社会转型的影响，进一步将农民生活哲学抽象为"过日子精神"，特指农民在经营家庭生活过程中所表现来的一种精神气质④。李培林认为社会学应该回到世俗性和日常生活，"走向生活、走向实践"。在知识社会学者看来，社会塑造是形成人类社会知识源头的核心，即社会形塑了人们的日常知识，社会塑造了"日常知识"，形成了生活世界的"现实感"。

二 农民理性理论溯源

在传统农民的行动逻辑解释中，学术界一直存在着二重性争议，即农民的行动逻辑是社会理性还是经济理性，这一争议伴随着"斯科特—波普金论题"的提出而达到顶峰。

在现代化的进程中，农民如何进行自己角色的建构，以何种面貌呈现

---

① 吴飞：《论"过日子"》，《社会学研究》2007年第6期；《浮生取义——对华北某县自杀现象的文化解读》，中国人民大学出版社，2009；《理解自杀与文化反思》，载《自杀作为中国问题》，三联书店，2007。
② 邢朝国：《过日子：一个中国式自杀的分析框架》，《中国图书评论》2010年第4期。
③ 徐诗凌：《中国式自杀：悖谬与出路》，《开放时代》2010年第4期。
④ 陈辉：《过日子：农民的生活哲学》，博士学位论文，华东理工大学，2013。

在研究者的视野中是小农"社会理性"与"经济理性"探讨的焦点，这两大理论传统分别以詹姆斯·C. 斯科特和塞缪尔·L. 波普金两位学者为代表展开各自的论述。1976 年，美国社会学家詹姆斯·C. 斯科特依据其在越南农村社会的调查研究，对于农民的"生存伦理"和"安全第一"生存原则进行了详细的阐释和论述①，并形成了"农民道义经济学"的解释维度。斯科特认为，个体生存的目标是风险最小化。在生存压力下，东南亚农民坚持的是生存取向而非利益取向，他们坚持的是社会理性，即首要保障自己的生存②。塞缪尔·波普金则用理性的小农阐释了越南农民生存的逻辑③，他提出了农民的理性在于解决问题的实质论断。他认为农民一方面要保障生存，同时他们还要在最大程度上维持利益。他呼吁读者要尊重农民的智力水平，这些智力水平在解决资源分配、权威、冲突等复杂问题上体现出了农民的经济理性④。而在中国农民日常行为的研究中，中国社会结构与家庭结构的独特性与西方社会或者是该区域之外的社会结构是不同的，中国家国同构的一体化社会结构形式恰似一根纵向的轴线把国家、家庭、个人紧密串在一起。因而个人日常行为牵涉的面会更加广泛，也会更加具有中国"只可意会、不可言传"的理解性默会实践。在学术界，关于中国农民日常行为的研究主要集中在两个时代转型的时间段。一是新中国成立之前关于中国农民的日常行为研究，以海外汉学家和部分从西方留学归国学者的研究为主流。一方面，海外汉学家以探索中国社会结构为目的而开展了系列关于中国农民、农村社会的研究，对华北和东南沿海的区域组织中农民行为变迁问题进行了深入考察；另一方面，以费孝通、吴文藻先生为代表的本土化的社会人类学研究也开始了对于中国农民、农村问题的探索研究。二是 2000 年开始的以徐勇、贺雪峰等学者为代表的中国乡村研究学者所进行的关于中国农村、农民的生活行为研究，深刻探讨了当前农村社会结构运行状态。

---

① 詹姆斯·C. 斯科特：《农民的道义经济学：东南亚的反叛与生存》，程立显等译，译林出版社，2013。
② 鹏进：《农民经济行为的文化逻辑》，《中国农村观察》2006 年第 1 期。
③ Samuel. L. Popkin: *The Rational Peasant: The Political Economy of Rural Society in Vietnam*, (University of California Press, 1979).
④ 郭于华：《"道义经济"还是"理性小农"——重读农民学经典论题》，《读书》2002 年第 5 期。

施坚雅则认为农民是经济理性小农，他们在日常经济行为中依附于市场体系，来获得相应的生活资源。他认为农村集市的形成是按照当地的地理位置而定的，农民在这种混合性的市场—社会二元体系中，以生存为目的来采取相应的经济行为，因而他们的行为在一定程度上呈现"传统惯习"与"非理性"特征。黄宗智认为中国小农具有多种面貌，是多种理性混合的生存类型①。杜赞奇认为社会理性小农和经济理性小农都不能准确概括出华北农民的行为特征，但是斯科特和波普金所强调的不同因素却在华北乡村社会生活中可以和平相处，并且在农民身上也没有出现不可调和的实践悖论②。

由上分析可知，对于农民行为逻辑的种种表述如"社会理性""道德经济"或是"经济理性"，都是对农民日常生活世界的单向维度概括。这些特征存在于农民日常生活的某一个维度上，并不能对于农民日常生活行为进行全面的概括。恰亚诺夫建构的"农民的社会理性"这一理性类型，也恰如马克斯·韦伯提出的"理想类型"一样，试图将这种分析结构作为认识社会的工具。故而对于农民行为的认识应是多维度的分析，单纯地落脚于一处是没有意义的。有的学者认为，无论是小农的社会理性还是经济理性，这些概念都是相关学者建构出来的一种认识农村社会的分析工具。这些工具为我们描绘出了农民日常世界的种种现象和生活情境，而这些工具背后依然是农民日常生活中错综复杂的生活体系和精神价值体系，这些体系对于他们的日常生活绝不是一个工具概念可以概括出来的。这些概念对于新中国成立前的中国农村社会的适应性也只是一个方面，面对社会日益转型的当今乡村社会，其解释力亦存在着相应的不足。

在当代中国城乡二元分割的社会结构下，城市化快速推进和乡村空心化同步演化的背景下，那些建立在西方工业文明基础和逻辑上的分析框架对于当下中国农村、农民的解释力存在着水土不服的问题。中国乡土社会中的内生性和原子化的农村社会面临着陌生化的趋势，农民的日常生活实践活动具有更加灵活的变迁。一方面他们深受西方经济理性的

---

① 黄宗智：《华北的小农经济与社会变迁》，中华书局，2000。
② 杜赞奇：《文化、权力与国家：1900-1924年的华北农村》，王福明译，江苏人民出版社，2012。

影响，另一方面传统在他们身上也留下了较为显著的特征，因而在他们的生活实践中行为表现是复杂和多变的。在日常生存问题方面，农民的行为在传统与现代之间摇摆，表现出复杂混合的理性状态，确切说是传统理性与现代经济理性混合搅拌在一起的产物。因而他们的理性行为不能简单地界定为哪一种理性。小农的经济行为理性化为我们提供了一个较好地理解农民日常行为的视角，也为我们认识当下农村社会现实提供了理论基础。

中国当下农民日常生活行为实践的研究主要集中在农民的日常价值伦理变迁上。华中村治学者代表贺雪峰通过建构"本体性价值"和"社会性价值"两个理论分析工具来归纳不同区域的农民日常行为类型。具体而言，贺雪峰认为本体性价值指的是人在精神层面上关于生命意义的思考，把死亡和生命联系起来，寻求人生的终极价值，从而使个体的有限生命在家庭延续中获得无限意义感，活在祖荫下成为农民本体性价值的体现。而在农村，人与人之间的关系体现出来的则是社会价值，农民是处于社会关系网中的个体，是社会的一分子，其交往的基础是社会性价值。贺雪峰指出农民的社会交往包含两个层面——合作支持与紧张竞争。村民日常生活的意义是通过在村庄内部的合作支持和竞争中来获得的。一方面他们需要村庄内部的认可和接纳，情感支持是他们在村庄内部生活建构的情感维度；另一方面，他们还需要在村庄内部的竞争性行为中来获得个体生活的满足感，从而实现个体自我价值。

可以看出，在关于农民日常行为的研究中，中国学者逐步摆脱了对西方理论的路径依赖，开始建构起适合中国国情的本土化分析路径和相应的理论框架。然而在华中乡土派的村治系列研究中，他们虽然遵从了自下而上的研究视角，但是在解析农民日常实践的具体行为方面依然缺少相应的主体性视角，尤其是在对农民群体的实践研究中，他们更加注重村庄—国家勾连下的基层社会系统的解释，进而勾连出农村基层组织的行动逻辑，缺少对于特殊群体的关注；过于纠结村治逻辑和国家政策层面的互构，没有进一步深入农民日常生活的现场探析他们日常生活实践中的深层逻辑，尤其对于理性小农和道义小农的二元争论没有做出相应的理论回应，因而他们的研究也就缺少了与经典研究的对话并进一步深化的意义。

三 国内外老年研究现状

(一) 国外老年社会学研究视角的厘清

在国外关于老年社会学和人类学的研究中，诸多学者对于风俗和知识如何实现代际传递予以了特别的关注。他们的视角常常聚焦在老年的社会适应上，研究视角与研究方法也存在多元化取向。

1. 老年个体的社会适应性研究

玛格丽特·米德基于文化人类学的视角对代际的"前喻文化""并喻文化"和"后喻文化"进行了相应的界定和描述，论述了代际关系中的代际文化传播特征，基于代际研究视角解读了老年个体的生存意义和价值[1]。

在针对个体衰老过程的研究方法上，在社会文化比较视角下部分学者基于动态的变迁视角解读了衰老认知的社会演进过程，探讨了不同因素在个体衰落过程中的影响，解释现代化过程在代际和个体权威等方面的影响[2][3]。理查德·波斯纳则基于综合性视角对于老龄和老人问题进行了相关分析，他讨论了与老人相关的法律问题，也基于社会学视角分析了与老人有关的社会问题，包括老年社会地位的获得在不同国家的差异性等[4]。詹姆斯·舒尔茨根据美国的经验，较为全面地探讨了经济快速增长的过程中，老年人面临的一系列无法回避的物质生存问题，对这些问题的社会回应以及对这些问题本身和现有解决问题方式的社会评判[5]。Ted C. Fishman 揭示了老龄化在全世界范围内的严酷现状，从西班牙的村庄变迁到美国的老年志愿者等具体的案例，分析了老龄化问题给各国政治和经济带来的重重挑战[6]。George Magnus 将政治、经济对于世界范围内的人口变化趋势进行了广泛的分析，进而指出当前国别化的老龄化问题对于世界的政治、经

---

[1] 玛格丽特·米德:《文化与承诺：一项有关代沟问题的研究》，周晓虹、周怡译，河北人民出版社，1987。

[2] Keith, J. et al. *The Aging Experience: Diversity and Commonality Across Cultures*. Thousand Oaks: Sage Pub. 1994.

[3] Albert, Steve & Cattell, Maria, *Old Age in Global Perspective: Cross-cultural and Cross-national Views*. New York: G. K. Hall. 1994.

[4] 理查德·A. 波斯纳:《衰老与老龄》，周云译，中国政法大学出版社，2002。

[5] 詹姆斯·舒尔茨:《老龄化经济学》，裴晓梅等译，社会科学文献出版社，2010。

[6] 泰德·费晓闻:《揭秘老龄化》，吴礼敬、刘娜、肖梦云译，机械工业出版社，2011。

济将产生深刻而长远的影响①。保罗·帕伊亚对于法国的老龄化与老年人进行了深入的探讨，对于老龄化和老年人做出了严格的区分，进而研究了法国社会中的老年人的地位及其变化，最后作者通过分析法国老龄化政策展望了法国未来的人口结构及其应对之策②。

  在老龄化的过程中，越来越多的证据表明，没有正常的方式变老。研究人员开始反问老年人是如何适应更多元的社会结构的。亚文化理论、交换理论和社会建构主义理论等为理解个体成长的微观问题和社会结构等宏观问题提供了桥梁。从这些理论出发，部分学者把注意力转向社会制度就成为很自然的一步，老龄化现代化理论和年龄分层理论关注的是年龄与社会地位的关系（Marshall）③，但是这些理论忽视的是老年人社会地位的获得与变迁也与其自身个体的性别、种族和其所在的社会阶层相关。首先关注到老年变迁问题的是社会心理学者④。早期人们认为老年人机能的衰退是一个不可避免的身心衰退过程，Orbach 曾经指出，这些物理变化都几乎等同于衰老。在 20 世纪 30 年代的大萧条后，学者们在老年人生理机能衰退的视角上又加上了对于老年福利供给的担忧。在这个历史阶段，老年人由于贫困和失业而忍受着不成比例的痛苦，这一时期学术界研究的重点在于社会因素不可避免地加剧了老年人身体的衰老。二战结束后，美国经济走出了低谷，经济社会进入了空前的繁荣期。伴随着美国物质财富的极大增长，美国联邦政府投入了大量资金用于社会压力问题研究，尤其是老年人面临的各种困境⑤。芝加哥大学在 1949 年开展了一项关于 60 岁以上白人中产阶层男女对于衰老的适应性研究。研究结果与我们通常的预期不同，他们认为老年人的衰老无法避免，但是低下的社会适应与缺乏足够的社会活动呈正比例关系。那些人虽然已经处于老年生活状态，但依然保持

---

① 乔治·马格纳斯：《人口老龄化时代》，余芳译，经济科学出版社，2012。
② 保罗·帕伊亚：《老龄化与老年人》，杨爱芬译，商务印书馆，1999。
③ Marshall, Victor, *The State of the Theory in Aging and the Social Sciences* 1996, pp. 12 – 30 in *handbook of Aging and the Social Sciences*, edited by R Binstock and L. George. San Diego, CA: Academic Press.
④ Orbach, Harild, "*The Disengagement Theroy of Aging 1960 – 1970*". *Doctoral dissertation*, Department of Sociology, University of Michigan, Ann ARBOR, Ml 1974.
⑤ Chafe, William, *The Unfinished Journey: Americans since World War II*. New York: Oxford University Press, 1986.

活跃而富有成效的社会生活个体，展示出良好的社会适应，其身体的衰老也不是不可接受。研究结果发现，最活跃的人在其生活满意度方面的得分也最高①。在20世纪50年代，人类发展委员会发起了旨在研究人类如何适应正常的衰老过程的系列研究。在此过程中，伴随着人们对于老龄化的认知加深，学界开始探讨老龄化的社会角色测量问题，Fred Cottrell 研究了人们对于老年人年龄角色和性别角色的适应程度，开始测量社会角色的表现以探讨老年人的生活满意度，该研究方式也成为著名的 The Kansas City Study of Adult Life 研究的中心焦点②。该项研究试图记录社会个体从中年到老年的发展历程。The Kansas City Study of Adult Life 认为不同生命历程中个体的社会调适与其测量的社会角色表现高度相关③。这些研究主要聚焦在个体社会角色的认知上，这种角色的认知与期望对于老年生活的社会适应程度有很大的相关性。该项研究结果同时也显示出中年人社会角色表现和认知没有发生太大的变化，他们的角色主要沉浸在其职业和家庭责任中（Orbach）。后来部分学者对于该研究提出质疑，认为该研究无法完全回答与年龄有关的社会角色变化，因为该研究的案例没有包括70岁以上的社会成员。每个受访者只接受了一次相关访谈。该项目在后期又设计了第二次研究，保障了40~85岁的人每年都接受一次访谈，用以分析他们的年龄和社会角色及心理变化情况。如埃文斯·普里查德对非洲土著民族社会中的"年龄组"进行了相关研究分析，他指出努尔人通过对于年龄组的区分和界定，在日常生活与社会组织中确立不同群体的位置，如通过对年龄的界定和归类把一个部落的男性人口划分成了不同层级的群体，进而进行了身份的区隔④。

综上可以看出，在解释老年个体的社会适应性方面，学术界关注的焦点是个体体征研究，视角聚集在心理、社会两个维度。

---

① Cavan, et al., *Personal Adjustment in Old Age. Chicago*, IL: Social Science Reasearch Associates, 1949.
② Fred Cottrell. Energy & Society (Revised): *The Relation Between Energy, Social Change, and Economic Development.* Oxford University Press, 1942.
③ Cole Thomas, *The Journey of Life: A Cultural History of Aging in America.* Cambridge: Cambridge Universiy Press, 1992.
④ E. E. 埃文思-普里查德：《努尔人》，褚建芳译，商务印书馆，2014。

2. 个人与社会系统研究的理论转向

在老年人个体与社会系统研究视角下,亚文化理论、活动理论以及脱离理论均聚焦于老年人晚年社会角色的变化,都对老年人与社会群体和系统的关系进行了集中探讨。

美国社会学家 Arnold Rose 率先把亚文化理论运用到老年人的研究中。Rose 认为老年人会同时受到两种力量的影响,他们之间一种积极联系的部分是基于他们身体条件的限制和共同的兴趣。"他们之间会分享在这个快速变化的社会系统中共同的角色转变和共同的代际体验。"① Rose 认为在美国文化中,伴随着老年而来的是个体社会威望和社会价值的降低。老龄化意味着社会地位的降低。由于老年人与年轻人的区隔,老年群体之间更容易形成亚文化群体。在老龄化的亚文化群体中,健康被视为非常重要的因素,能够为老年人带来极高的亚文化地位和威望。虽然老年人经历了共同的角色转变,但他们之间无法形成单一的亚文化群体。老年人的亚文化群体更有可能是其他社会关系的从属者,例如家庭关系、种族和民族认同、社会阶层或者宗教,这些社会关系可能比单一的年龄有更强的文化认同。Arlie Hochschild 研究了旧金山一个有 43 位老年人入住的养老公寓,发现这个公寓的老年人形成了一种独特的以老年人身体健康为基础的亚文化现象,这个亚文化包括流言、习俗和独特的幽默等。Hochschild 的研究结果也验证了 Rose 的假设,即健康和好的运气是决定个体在老年群体中社会地位的基础。Leo Simmons 在 *The Role of the Aged in Primitive Society* 一书中描述了衰老在原始社会生活中的意义,描述了老人在原始社会中的地位和作用②,这部著作也被后人认为是"孤独的纪念碑"③。在西方面临老龄化和社会代际关系紧张的背景下,20 世纪 70 年代至 80 年代前后,人类学主要以不同社会与文化中的老年人为对象,讨论年龄在不同文化背景下所蕴含的社会意义。在研究方法上,这一时期的研究主要集中在跨文化比较研究上。Myer-

---

① Rose, Arnold, *The Subculture of Aging: A Framework for Reasearch in Social Gerontology. The gerontologist*, 1962, pp. 46 – 50.
② Leo W. Simmons, *The Role of the Aged in Primitive Society* (Yale University Press, Newhaven, 1945).
③ Amoss, Pamela T. & Harrell, Stevan. *Instruction: An Anthropologist Perspective on Aging: Other Ways of Growing Old—An Anthropologist Perspective* (Standford University Press, 1982), p. 1.

hoff 和 Simic 基于日常生活视角,讨论了不同文化背景下个体的衰老现象,并试图在跨文化视角下总结人类衰老过程中的社会普遍性①。同时部分学者立足于前工业社会,讨论了在文化差异中,老年个体衰老的差异性需求,在社会变迁的视角下,探讨了社会关系对于衰老个体的社会支持作用②③④。

伴随着社会的逐步发展和医疗水平的逐步提高,老年人的亚文化群体研究也日渐式微,学者们的研究兴趣开始出现转移。伴随着老年人更多的政治参与及其政治影响力的扩大,老人的身份认同问题再次出现在人们的视野中。

在老年人的社会参与视角下,交换理论给予了独特的解释。交换理论认为老年人和年轻人互动日渐减少是因为老年人所拥有的资源日渐稀少,如他们较低的收入、较差的健康水平和较低的教育水平⑤。他们日渐稀少的资源使得他们与其他群体的互动呈现紧张性特质,因此为了平衡交换方式,老年人开始主动撤离⑥。可以看出代际交换理论的核心假设在于个体所拥有的资源是不平等的,只有收益大于付出时,社会交换才能继续进行下去,该理论在社会支持系统和代际财富转移方面有着较好的解释力⑦。

伴随着社会现代化的发展历程,关于社会发展的解释也呈现与前工业社会完全不同的解释路径。现代社会不仅表示出城市化、工业化等特征,也伴随着人类预期寿命的增加和老年人社会比例的增长。在关于老年人社

---

① Barbara G. Myerhoff, Andrei Simic. *Life's Career——Aging*: *Cultural Variations on Growing Old*, (Sage Publications. 1978).
② Pamela T. Amoss and Stevan Harrel. *Other Ways of Growing Old*: *Anthropological Perspectives*, (California: Stanford University Press, 1981).
③ Fry, Christine. *Aginging Culture and Society*: *Comparative Viewpoints and Strategies* (NewYork: Praeger, 1980).
④ Fry, *Christine Dimensions*: *Aging*, *Culture and Health* (NewYork: Praeger, 1981).
⑤ Bengtson Vern, and James Dowd, "Sociological Functionalist, Exchange Theory and Life Cycle Analysis: A call for More Explicit Throretical Bridges", *International Journal of Aging and Human Development* 12 (1981): 55 – 73.
⑥ Dowd, James J., "Aging as Exchange: A Preface to Theory", *Journal of Greontology* (1975), 30: 584 – 594.
⑦ Bengtson, Vern, Tonya, Parrott, and Elibsabrth Burgess, "Theory, Explanation, and a Third Generation of Theoretical Developments in Social Gerontology", *Journal of Gerontology* 52B (1997): S72 – 88.

会地位的解释方面，现代化理论的基本前提是，在前工业社会中处于较高层级和社会地位的老人在现代化过程中社会地位日渐衰落。1776年，亚当·斯密在其著作《国富论》中描述，在北美的狩猎民族中，年龄是社会排名的唯一依据，而在富饶和文明的国家中，年龄的作用只是剩余的。迪尔凯姆描述了老年人在传统社会中的重要地位。在传统社会中，老年人是传统社会生活活的承载者，是过去和现在的桥梁，社会团结由年龄权威者加以维持；而在文明社会中，老年人被赋予的同情多于敬畏。由此可见，现代化的过程实质是年龄权威的再划分过程，也是逐步去老年价值化的过程。在社会学视野中，最早把现代化发展过程与老年人社会地位变迁联系起来的是Ernest Burgess，他认为工业革命对于老年人产生了极大的负面影响。随着工作从家庭撤出，搬到工厂，自营职业的人减少，老年人逐渐失去了工作机会，他们也日渐失去了经济独立的能力。在城市化过程中，农村年轻人被吸引到城市，农村赖以存在的大家庭被摧毁，老年人陷于孤立无援的境地，Burgess形象地概括了老人的社会角色——"老年人被囚禁在一个无角色的角色里"[1]。

综上，西方关于老年社会角色和社会地位的认知是一个逐步发展的过程，伴随着社会现代化过程的推进，老年人的社会角色由个体到群体再到社会结构逐步演进，老年研究的社会化趋势日渐明显。

（二）国外老年贫困问题研究

Jill指出美国1965年的统计数据显示，美国有三分之一以上65岁老人的收入是低于贫困标准的。美国进行了大规模的财政支持以缓解老年人的贫困状态，在此以后，老人的经济收入有了显著的改善。老年贫困发生率在2004年降低到10.4%。并且美国2000年的统计数据显示，有80%的老人有自有住房[2]。

在生命周期理论中，Rowntree提出了贫困生命周期理论。他认为，个体在生命周期内的贫困呈W型曲线变动，指出儿童时期、刚做父母时期以及老年时期是生命周期中贫困风险最高的三个时期。在这一理论指导下，

---

[1] Burgess, Ernest, *Aging in Western Societies* (Chicago, IL: University of Chicago Press, 1960).

[2] Jill Quadagno, *Aging and the Life Course* 4th Edition (Mc Graw-Hill Higher Education 2008) p.16.

生命周期内"老年阶段"这一世代循环的生命模式（如生理特征、社会角色与关系、共同经历的生命事件等）成为探索老年贫困的焦点。朗特里的贫困概念是，"如果一个家庭的总收入不足以支付维持其家庭成员的生存需要的最低生活开支，那么这个家庭就陷入了贫困"。这一定义强调的是最低层次的基本生存需要。根据这一定义，他还确定了贫困线[1]。Leisering、Leibfried 提出了贫困生命历程的四个原则，即时间化、民主化、行动者和传记化。"时间化"原则是指在个体生命历程中，个体的贫困具有不同的时间性形态，即个体可能经历单次或反复的短期贫困、中期贫困和长期贫困三种时间形态。该观点预示着老年贫困的形成与发展不是一朝一夕的，也不是永久性的，而是具有多元轨迹性特征，动态地贯穿于整个生命历程。"民主化"原则是指个体作为"行动者"可以积极主动地采取相应的措施去改变自身的生存境况，并适时地调整自己生命轨迹的方向[2]。

弱势累积理论为分析老年人的社会分层提供了一个框架。在这一理论视域下，不平等并不是一个静态的过程，而是一个贯穿于生命过程的动态过程。故而在分析老年贫困状态时，必须在老年人的生命历程中去寻求机会模式差异而导致的贫困差异（O'Rand）。默顿（Merton）最早提出了优势累积理论，他认为这是一种社会选择过程的机制，主要指个人或组织相比其他人或组织的优势随着时间的推移而增长，或者说个人之间或组织之间的差异随时间的变化而扩大。根据优势积累理论和相关经验研究，优势群体在累积优势的同时弱势群体则累积了劣势[3]。他指出，老年贫困的发生不仅与老年期有关，更多地与老年期之前的状态密切相关，老年贫困是老年期之前的贫困状态或潜在的贫困状态在老年期的延续和外化。

Dannefer 提出了累积的弱势/优势模型，它指的是个体在某些既定的特征上会随时间推移而产生系统性的分化。该模型暗示着老年贫困有 6 种贫

---

[1] Rowntree, B. S., Poverty: *A Study of Town Life* (Bristol: Policy Press, 1901).
[2] Leisering, L. & S. Leibfried, *Time and Poverty in Western Welfare States: United Germany in Perspective* (Cambridge: Cambridge University Press, 2001).
[3] 张文宏、蔡思斯:《教育公平的累积效应——基于中国教育追踪调查（CRPS）数据的实证分析》,《国家行政学院学报》2018 年第 4 期。

困类型：第一，整体起落/晚年上升；第二，整体起落/晚年水平；第三，整体起落/晚年下降；第四，整体平稳/晚年上升；第五，整体平稳/晚年水平；第六，整体平稳/晚年下降。根据这六种贫困类型，最后得出的结论为：一是贫困老年人是异质性很高的群体，他们有着大为迥异的贫困形成与变化过程，即使到了晚年，他们的贫困状态仍旧按照各自的轨迹继续发生变化；二是贫困老人陷入贫困的原因大多根植于晚年之前的生活经历中，看似与晚年相联系的因素很大程度上是作为维持力而存在，并非其促动力；三是老年贫困的形成与急遽的社会变迁相联系，非预期的生命事件对老年贫困形成具有非常强的解释力[1]。Bernhard Ebbinghaus 从欧洲养老金的社会风险视角探讨了欧洲普遍存在的老年贫困现象及由此导致的贫困风险。他认为贝弗里奇的普遍式福利难以有效应对老年贫困风险，而俾斯麦式的社会福利政策则有助于减少老年贫困风险的发生[2]。

部分学者基于生物学特征，认为贫困的发生与人类大脑的海马体萎缩有一定关联，似乎是贫穷和大脑之间的关系结构：生活在贫困中的参与者有显著更低的认知水平，他们的海马体和杏仁核体积更小[3]。

在关于老年人的收入贫困方面，部分学者认为个体的收入随着时间的推移而变化。此外，针对贫困老年的研究应该区分低收入和贫困的定义，许多探索贫困和认知障碍之间关系的研究，大多采用的是横断面设计，而不是纵向设计[4][5]。Carole B. Cox 认为健全老年社会政策是解决老年贫困的重要措施，社会政策的支持使老年人保持社会活力，是基于人类的基本权

---

[1] Dannefer, D., "Cumulative Advantage Disadvantage and the Life Course: Cross-Fertilizing Age and Social Science Theory", *Journals of Gerontology Series B: Psychological Sciences and Social Sciences* 58 (2003): 6.

[2] Bernhard Ebbinghaus, "Inequalities and Poverty Risks in Old Age Across Europe: The Double-Edged Income Effect of Pension Systems", *Social Policy & Administration* 55 (2021): 7.

[3] Butterworth, P., Cherbuin, N., Sachdev, P., & Anstey, K. J, "The Association Between Financial Hardship and Amygdala and Hippocampalvolumes: Results from the PATH through Life Project", *Social Cognitive and Affective Neuroscience* 7 (2012): 548-556.

[4] Ren, L., Bai, L., etal. "Prevalence of and Risk of and Factors for Cognitive Impairment Among Elderlywithout Cardio-and Cerebrovascular Diseases: A Populationbasedstudy in Rural China", *Frontiers in Aging Neuroscience*, 10, (2018): 62.

[5] Ton, T. G. N., DeLeire, T., May, S. G., Hou, N. Q., Tebeka, M. G., Chen, E., & Chodosh, J., "The Financial Burden and Health Care Utilizationpatterns Associated With Amnestic Mild Cognitive Impairment", *Alzheimer's & Dementia*, 13, (2017): 217-224.

利而非在满足老年人的需求。①

（三）国内老年研究现状

1. 农村老年家庭代际关系研究

关于农村老年家庭代际关系的研究，2000 年是分水岭。2000 年以前学术界的研究主要集中在代际文化和价值观念冲突方面②。2000 年以后的研究主要基于社会变迁视角探讨农村代际关系的新变化。贺雪峰在集中论述农村代际关系变动的基础上，讨论了农村代际关系的价值基础③。阎云翔等则关注了农村代际财富转移的方式④。郭于华认为"反馈型"⑤代际关系模式发生了巨大变化，代际均衡交换关系已经被打破。曾毅等分析了当代中国家庭结构的变迁及其区域差异⑥。王跃生基于纵向的历史视角对农村家庭变动过程进行了追踪，他也对区域性农村家庭结构变动的差异做出了横向比较⑦。乔超将重点放在了农村老人代际冲突中的行动方式变迁分析上，解读了在社会结构变迁过程中农村老人与成家子辈之间的冲突状况，重点讨论了老人在代际冲突中的行动方式。通过阐释老人在代际冲突中的行动方式变迁，他揭示出农村家庭代际关系的变动过程及其实践特征，以期为理解代际关系提供一个新的视角，反映了社会结构变迁对代际

---

① Carole B. Cox. *Social Policy for an Aging Society*（Springer Publishing Company LLC New York, 2015）．

② 周怡：《代沟与代差：形象比喻和性质界定》，《社会科学研究》1993 年第 6 期。周怡：《代沟现象的社会学研究》，《社会学研究》1994 年第 4 期；周怡：《代沟理论：跨越代际对立的尝试》，《南京大学学报》（哲学社会科学版）1995 年第 2 期。

③ 贺雪峰：《农村家庭代际关系的变迁——从"操心"说起》，《古今农业》2007 年第 4 期；贺雪峰：《农村家庭结构的变化及其影响——辽宁大古村调查》，《中共宁波市委党校学报》2007 年第 6 期；贺雪峰：《农村家庭代际关系的变动及其影响》，《江海学刊》2008 年第 4 期；贺雪峰：《农村代际关系论：兼论代际关系的价值基础》，《社会科学研究》2009 年第 5 期。

④ 阎云翔、杨雯琦：《社会自我主义：中国式亲密关系——中国北方农村的代际亲密关系与下行式家庭主义》，《探索与争鸣》2017 年第 7 期。

⑤ 费孝通（1983、1985）将中国家庭代际关系概括为反馈模式。反馈模式是说甲代抚育乙代，乙代赡养甲代，乙代抚育丙代，丙代赡养乙代。下一代对上一代都要反馈的模式，简称"反馈模式"，这种家庭关系包括抚养和赡养两个方面。父母有抚育子女的责任，子女有赡养父母的义务。

⑥ 曾毅、王正联：《中国家庭与老年人居住安排的变化》，《中国人口科学》2004 年第 5 期。

⑦ 王跃生：《当代家庭结构区域比较分析——以 2010 年人口普查数据为基础》，《人口与经济》2015 年第 1 期；王跃生：《城乡养老中的家庭代际关系研究——以 2010 年七省区调查数据为基础》，《开放时代》2012 年第 2 期。

关系的影响作用①。

这些研究分别从代际关系变迁、结构性视角、社会文化视角、代际行动视角等研究了当前农村代际关系问题。在现有的基于代际行动的研究中缺少以农村老人为视角，阐释其代际行动中选择策略的研究。选择自杀并不是老人在代际行动中采取的唯一方式，也不是农村贫困老人在代际行动中的主流方式，只是一种极端选择。对于其他的行动方式我们也缺少发现和探索的视角。日常生活分为日常生活时间和日常生活事件②。在日常生活时间中去捕捉代际互动中的日常事件可以深入理解和把握代际关系、研究代际互动中的典型事件——具有生命里程意义的婚姻、生育、丧葬等事件，为我们研究代际关系以透视隐藏其中的乡村运作逻辑提供视角。在代际具体而微的日常互动中，在日常繁琐细小的事件建构中，被形塑和固化了的代际交往行为模式，及行为模式背后所遵循的逻辑，都是理解乡村代际关系的根本。故而笔者认为从农民生活现场感受和了解代际日常互动与冲突，深入把握代际关系状况的基本内容，考察在家庭以及村庄这些特殊的场域中，不同个体解析他们自己行动的逻辑应是我们当前乡村代际关系研究的重点所在。

2. 农村老年贫困问题研究

农村贫困老人生存方式一直受到学术界和理论界的关注，学者的研究视角呈多样化，分别从社会学、经济学、人口学、制度学等角度研究了农村老人的贫困状态。由于中国农村老人生存方式具有特殊性，这些现实关怀主要集中在两个方面，一是基于制度主义的研究视角对农村贫困老人给予制度关照，二是基于社会资本视角，分析农村贫困老人的生存状态与其社会关系网络的相关性。

在当前中国社会转型过程中，大量农村老年人陷入贫困的泥沼中。不同学者采用不同测算口径得出的数量有差距，如于学军测算的农村老年贫困人口数量超过3000万，农村老年贫困率为41%左右；③乔晓春等的研究

---

① 乔超：《农村代际冲突中的老人行为方式变迁研究》，博士学位论文，上海大学，2011。
② 刘小京：《近期中国农村家族研究的若干理论问题》，《中国社会科学》2000年第5期。
③ 于学军：《老年人口贫困问题研究》，载中国老龄科学研究中心编《中国城乡老年人口状况一次性抽样调查数据分析》，中国标准出版社，2003，第55~58页。

表明农村老年贫困发生率为18.8%；[1] 杨立雄依据不同的标准（农村贫困线和1天1美元两个标准）对中国农村老年贫困人口进行统计分析，并结合农村最低生活保障数据进行推算，结果显示中国农村老年贫困人口数量超过1400万[2]，农村老年贫困率相应为10%以上[3]。另据中国城乡老年人口状况一次性抽样调查数据分析，43%的人担心"没有生活来源"，49.8%的人担心"生病没钱治病"，66%的人认为"是家庭的负担"，75.6%的人"感到跟不上社会发展"[4]。尽管数据存在差异，但是，农村老年贫困人口数量庞大仍是事实。

王宁、庄亚儿从社会保障视角分析了我国农村老年贫困产生的制度性原因，认为健全社会保障是缓解农村老年贫困的有效措施[5]。杨军昌、余显亚在对我国农村老年贫困人口数量规模、空间分布、贫困程度等状况分析的基础上，提出了"温饱型老年化"概念，并对提倡和实现"温饱型老年化"的必要性、路径措施提出了政策建议[6]。王琳、邬沧萍从社会转型视角着重提出了应对中国农村老年贫困问题的思路[7]。刘生龙等从农村老年居民健康视角探讨了农村老人劳动参与贫困相关问题，认为增加农村老人的健康投资，有效促进其劳动参与是弱化农村老年贫困的重要方法[8]。乐章、刘二鹏利用2011年中国老龄健康影响因素跟踪调查（CLHLS）数据，实证分析了家庭资源禀赋、社会福利制度对农村老年贫困的影响，并在此基础上讨论了农村老人经济贫困、健康受损与精神孤独之间的关系。研究表明，家庭收入、子女的资源供给等家庭禀赋因素以及公共养老金、公共医疗服务可及性都会显著影响农村老年贫困。并且农村老人经济贫困、健康受损与精神孤独三个维度之间也存在很强的正向关系。提高家庭

---

[1] 乔晓春等：《对中国老年贫困人口的估计》，《人口研究》2005年第2期。
[2] 杨立雄：《中国老年贫困人口规模研究》，《人口学刊》2011年第4期。
[3] 由于采取的测算口径问题，这只是农村老年贫困人口数量和老年贫困人口发生率的最小规模。
[4] 中国老龄科学研究中心编《中国城乡老年人口状况一次性抽样调查数据分析》，中国标准出版社，2003，第300页。
[5] 王宁、庄亚儿：《中国农村老年贫困与养老保障》，《西北人口》2004年第2期。
[6] 杨军昌等：《论我国农村老年贫困人口与"温饱型老龄化"问题》，《西北人口》2007年第1期。
[7] 王琳、邬沧萍：《聚焦中国农村老年人贫困化问题》，《社会主义研究》2006年第2期。
[8] 刘生龙、李军：《健康、劳动参与及中国农村老年贫困》，《中国农村经济》2012年第1期。

养老保障能力与社会福利项目的福利水平成为防止农村老人陷入贫困状态的重要保障①。韩华为基于物质剥夺视角构建了农村老年人绝对贫困形成机制框架，通过五个维度的物质剥夺指标对农村老年人绝对贫困进行了直接测量，并进一步系统考察了经济资源和基本需要两个层面的因素对老年人绝对贫困的影响，认为农村老年人在住房和医疗两个维度的剥夺比例最高。传统的收入贫困测量手段并不能准确识别出实际经历物质剥夺的农村贫困老年人。除了收入之外，不同类型的家庭资产、信贷支持、政府救助等其他经济资源都能有效缓解老年人物质剥夺状况。而独居和负面健康冲击则会显著提高老年人的剥夺发生率和严重程度②。农村地区老年人口的多维贫困程度要甚于农村总体的多维贫困。

张昭、杨澄宇认为老年人多维贫困的改善主要源自贫困人口数量的下降，而非贫困程度的改善。他们的研究结论显示教育和就业两个维度的剥夺对于农村老年人口多维贫困的贡献率最高，其中教育维度的剥夺对总体多维贫困的贡献率有所上升，但就业维度剥夺的贡献率则有所下降，人口结构老龄化部分抵消了老年人多维贫困减缓幅度，并且对农村总体多维贫困变化产生了负面影响③。

杨菊华从宏观和家庭两个层面分析了人口转变对老年贫困的影响。宏观上，从供给和需求两个方面加以阐述。一是需求方面，我国为数众多的老年人口增加了对公共支持体系的需求；二是供给方面，国家和社会对老年群体的公共需求不能提供充足的供给。家庭层面上，从社会贫困和经济贫困两方面加以论述。一是社会贫困，人口的流动和代际居住模式的变化不利于子女照料父母，降低了家庭的非经济支持能力，加剧了老年人的社会贫困；二是经济贫困，家庭能够提供的养老不足以及低生育率造成代际重心的转移，这些都加剧了老年人的经济贫困④。有学者指出，随着中国

---

① 乐章、刘二鹏：《家庭禀赋、社会福利与农村老年贫困研究》，《农业经济问题》2016年第8期。
② 韩华为等：《农村老年人口绝对贫困及其影响因素——物质剥夺视角下的实证研究》，《人口与经济》2017年第5期。
③ 张昭、杨澄宇：《老龄化与农村老年人口多维贫困——基于AF方法的贫困测度与分解》，《人口与发展》2020年第1期。
④ 杨菊华：《老年绝对经济贫困的影响因素：一个定量和定性分析》，《人口研究》2010年第5期。

老龄化速度的加快，农村空巢老人、留守老人、计划生育老人的贫困化已开始显现。长期以来农村经济落后，农民收入单一。邬沧萍指出在经济转型的过程中，农村老年人处于劣势地位，家庭养老面临着多方面的挑战，农村老年人能够得到的公共卫生资源远远低于城市老年人，因病致贫、因病返贫成为农村老年人贫困的主要原因[1]。仇凤仙认为农村老年人存在社会排斥现象，他们在家庭、制度和社会关系方面被排斥，社会福利三角对他们而言则成为排斥三角，致使他们陷入贫困状态。同时在农村社会中也存在农村老年贫困场域系统，农村老年贫困被多种因素形塑成一个特殊的场域，在该场域内宏观社会背景作为逻辑起点形塑老年贫困场域的大环境，在生产方式现代化、生活方式理性化的背景中，消解了农村老人经济来源和社会参与的场域。乡村话语场域的异化、乡土的流动性，农村社会保障政策的缺位等农村微观实践共同参与形塑农村老年贫困场域。这些因素使农村老年贫困场域实现了从宏观到微观、从理论到实践的形塑[2]。李永萍讨论了在社会转型和家庭转型背景下农村老年人危机的生成路径，认为农村老年人处于生存上底线生存、资源分配上的边缘位置和价值上的依附状态[3]。

在农村老年贫困人口的社会支持方面，杨妙英通过对农村留守老人和非留守老人的问卷调查和个案访谈，分别从农村留守老人和非留守老人的物质状况、生活照料以及精神慰藉三方面进行分析和比较，提出了健全农村老人的社会支持体系。韦璞主要从农村老年人社会资本的拥有状况考察了农村老年人的生活质量问题，从理论和实践上讨论了贫困地区农村老年人通过各种社会关系和成员身份获取生活资料，从人际关系网络角度考察了农村老年人的社会资本状况，构建了农村老年人社会资本与生活质量的研究框架，探索了农村老人社会资本对于生活质量的影响状

---

[1] 邬沧萍：《聚焦中国农村老年人贫困化问题》，《市场与人口分析》2005年第2期。
[2] 仇凤仙：《农村贫困老人日常生活中的代际冲突分析》，《中国农业大学学报》2014年第4期；仇凤仙：《建构与消解：农村老年贫困场域形塑机制分析》，《社会科学战线》2014年第1期；仇凤仙：《消解与重构：欠发达区域农村贫困老人生活状态分析——以安徽省S县D村调查为例》，《南方人口》2010年第6期。
[3] 李永萍：《家庭转型视野下农村老年人危机的生成路径》，《人口与经济》2018年第5期。

况①。张岭泉等通过研究农村老年人的"零消费"状况解读了农村老人的贫困现象②。亚森江·阿布都古丽研究认为社会养老保障对老年经济贫困、健康贫困有显著减缓作用，也对老年人的心理健康水平有显著正向作用，从其影响程度来看，对老年人心理健康水平的作用程度最大，对老年人经济贫困的作用程度最小，处理了内生性问题后研究结果仍然显著。研究影响机制后发现，社会养老保障通过减少老年人的劳动时间降低了老年健康贫困，通过提高养老生活保障改善了老年人心理健康水平③。

近年来，国内有不少学者运用生命历程理论对老年群体进行研究，把老年人生命历程中的重大事件与社会、历史层面的因素联系起来加以考察。成梅利用已有文献中的统计数字，对我国老年人群体中的不平等现象进行了描述，并从生命历程的视角对此进行了分析，认为现阶段老年人群体的不平等大多与特定历史背景下他们的特殊生活经历有关④。胡薇通过对 15 位老人进行深度访谈，运用生命历程理论来分析和研究老年人的分化问题。认为老年化过程就是一个累积与分化的过程，累积是结构性力量与个体能动性相互影响的结果，个体在生命历程中会遭遇各种风险，个体的分化受累积因素的影响，同时，社会政策的变迁对累积过程具有决定性的影响⑤。

徐静等通过对北京市 23 名贫困老人进行访谈得来的资料，运用生命历程的研究范式来分析贫困老人的生命发展轨迹，并在此基础上认为老年的贫困状态不是静止不变的，而是动态地逐步发展形成的，是弱势积累的结果。随着时间的变化，系统的结构性力量会使贫困者越来越穷⑥。

3. 农村老年群体日常研究

目前可及的研究资料大都集中在农村老年贫困问题上，对于农村老年

---

① 韦璞：《农村老年人社会资本对生活质量的影响：一个贫困社区老年人的生活状态》，经济科学出版社，2009。
② 张岭泉等：《解读农村老人零消费现象》，《甘肃社会科学》2008 年第 2 期。
③ 亚森江·阿布都古丽：《社会养老保障对农村老年多维贫困的影响》，《统计与决策》2021 年第 6 期。
④ 成梅：《以生命历程范式浅析老年群体中的不平等现象》，《人口研究》2004 年第 1 期。
⑤ 胡薇：《累积的异质性生命历程视角下的老年人分化》，《社会》2009 年第 2 期。
⑥ 徐静、徐永德：《生命历程理论视域下的老年贫困》，《社会学研究》2009 年第 6 期。

群体日常生活的研究则是寥寥无几。而伴随着中国农村社会转型和重构，关于中国乡村社会变迁的各方面研究呈现热潮涌动的势头。农村老人作为农村社会中的一个特殊群体，作为连接传统和现代、见证历史和面向未来的人群，也开始走进学者的研究视线。具体研究主要体现在区域性的案例研究方面。经过梳理，目前关于农村老人主体视角或是关注农村老人日常行动的研究主要集中在三个区域。

一是华中乡村治理中心开展的农村社会研究，陈柏峰等关注了农民自杀问题（陈柏峰、贺雪峰、杨华）。他们的研究区域集中在湖北的京山地区，以关注农村老人的现实行动为核心，重点关注了农村老人老无所依之后的绝望行为——自杀，解析了农村老人自杀行动的社会因素和结构性因素，从而指出了农村老人在剧烈的社会变迁中面临的时代淘汰问题，老人在生活无望后选择结束自己的生命进行主动淘汰。

二是以广东江浙沿海区域为代表的农村老人理性行为，被学者（朱静辉、朱巧燕）冠以"温和的理性"。学者对江浙地区详细考察后认为，浙江老人对于子女采取了权责相衡、适度操心、互惠逻辑与工具性交换并存的行动方式，这使得江浙农村老人的行动呈现理性化的特征。他们进而总结出这些行为的基础是江浙区域较早的市场化应对策略、父代与子代空间上的重合、父辈权威的延续以及老年人生活重心的弥散化。

三是以四川为代表的西部农村老人日常的主动性适应行为。杨晋涛[1]基于老年人类学的视野探讨了老年人和社会文化变迁之间的关系，在田野工作的基础上提出了积极老年化，认为老年人是积极的行动者和实践者，他们凭借自己掌握的资源不仅形塑自己的晚年生活，维系生活的连续性，还通过在乡村社区不同层面的多种实践活动，去适应、影响、参与围绕着他们的社会与文化变迁过程。

此外，徐晶在对上海郊区农村实证研究中，通过对农村在20世纪的历史变迁轨迹的追寻，以及对于村落老年人衰老观和养老观的反思，描述了农村老年人在当今社会不断"被个体化"的衰老体验过程，并以此反映出他们的养老风险是如何被重新再分配和再构建的[2]。

---

[1] 杨晋涛：《塘村老人》，中国社会科学出版社，2011。
[2] 徐晶：《村落不再，暮年何在》，博士学位论文，上海大学，2013。

四　现有研究评述

（一）日常生活理论研究评述

综上所述，西方哲学意义上的日常生活研究如下：一是以胡塞尔为代表的现象学意义上的日常生活本体价值论，二是以海德格尔、列斐伏尔和卢卡奇为代表的存在论意义上的日常生活批判理论，三是以德赛托和赫勒为代表的日常生活结构论。这些日常生活理论形成的背景是西方社会中的科技殖民化和经济理性的日常侵入，引起了学者的理论自觉。学者对这些现象进行了系列的批判，试图重新走回日常生活本身。在今天看来，这些批判依然具有较强的现实意义，尤其是对日常生活社会学意义上的探究，社会学学者将他们的日常生活理论关怀更多地聚焦于日常生活的意义建构和个体自我生存的经验维持与再造，他们在日常生活中寻求宏观社会结构和功能的微观再现，在日常生活中追寻社会变迁的图景和社会结构的再置。因而他们的日常生活研究范式已经基本脱离了哲学意义上的批判特质，更多地关注了日常生活的本身，把日常生活作为一个研究领域和研究方法重新定义了日常生活的社会学属性。

在社会学研究话语中，日常生活也是诸多经典社会学家们研究的逻辑起点和理论关怀起点，它从来就没有游离出社会学的视野。但在很长的历史时间内，伴随着社会学研究重心向美国转移，由实证主义和结构功能主义所主导的主流社会学将社会学的理论关怀更多地投向了客观性和社会秩序与系统功能的探讨，日常生活在社会学领域逐渐成为一个边缘化的研究视角，被悬置于哲学的研究视域内。这两种倾向导致了社会学研究在很长时间内都聚焦于对客观普遍社会法则的探究中，或是对社会秩序和社会系统功能的追寻中。这些导向也致使人们在很长时间里忽视或无视日常生活对社会现实的基础建构作用，日常生活被边缘化和非学术化。从事日常生活研究被视为缺乏社会学理论的基本修养。客观普遍性的社会学研究被视为社会学正统，而日常生活则被建构为琐碎、无聊和虚无的范式。这种现象直到20世纪六七十年代才开始改变，彼时伴随着西方社会消费主义的兴起和社会问题呈现的日常性，实证主义和结构功能主义的社会学范式在解释社会问题方面日渐式微，社会学家们将他们的目光逐步投向了日常生活中的理论思考，以埃利亚斯、布迪厄、布希亚、德赛托、福柯、吉登斯等人为代表的一批社会学理论家们共同将日常生活作为一个重要的论题推上了主流社会学的历史舞台。关注常态、关注日常已经成为社会学研究的基本视角。日常生活的研究主要集中于主客体的二元对立性方面，以微观视角修正社会学研究中的客观、宏观结构性的视角，是对于宏大社会理论的微观补充和底层的革命，是自下而上的审视和凝视。

国内关于日常生活世界的关注和研究总体上历经了三个阶段。第一阶段是对西方学者日常生活批判理论的翻译、研究和评价，并从中汲取有益于中国日常生活理论研究改造与重建的积极成分。第二阶段是以衣俊卿教授为代表的学者形成、构建了中国日常生活哲学意义上的批判理论，开拓了文化哲学研究的领地。第三阶段是以北京大学杨善华教授为代表的北京大学乡村研究中心和华中科技大学乡村治理研究中心为代表的研究，以日常生活社会学的自觉性为研究主题，展示日常生活研究的中国特性，并对中国当前居民的日常生活进行了相应的分析，定位于微观，思考于平常，逐渐从西方社会学宏大的社会结构范式研究中走出来，具体地解剖国情。日常生活正是中国社会国民性的一个极佳的研究视角，也是中国社会学本土化的生命力所在。见微知著，中国的日常生活在实质上与社会结构的变迁息息相关，一部国民的日常生活史也是中国社会变迁史。可以说日常生活之于中国社会学研究的重要性不亚于对中国社会结构转型的探讨。

目前国内的日常生活理论研究还是处于二元阶段，一方面是偏重于理论哲学意义的探讨，缺乏和实践生活的现实勾连，陷入了理论的自我增值和理论内卷之中；另一方面是日常生活研究的碎片化。中国学者在面对具体国情研究时，总是不自觉地从西方社会学理论中寻求理论安慰，以此溯源日常生活的学术名分。一些关于日常生活的著作仅是日常生活片段的记录，仅关乎柴米油盐酱醋茶的流水账记录，缺乏对日常生活的深度介入和分析，因而，这些日常生活的著作缺乏理论内涵与应有的高度，缺乏对于中国民众日常生活的现实关注，这样的后果便是日常生活理论在中国的水土适应性问题。

我国当下日常生活世界具有与西方社会不同的基础内核，一方面我国当前的日常生活依然秉持传统社会的特征；另一方面，在现代经济理性和科技理性的双重侵袭下，日常生活又兼有了西方日常生活中被殖民化的某些特质，因而呈现出复杂性。西方日常生活理论主要是建构在发达工业社会基础上的批判理论，其批判的实质是日常生活的殖民化问题，进而寻求日常生活的本初意义。当下中国的日常生活与西方日常生活理论体系存在较大差异，二者的现实基础和理论范畴完全不同。中国的日常生活理论核心在于其重复性、人情性、血缘性的传统特质，进而掺杂了现代化的理性思维。基于此，对于我国农村社会中的日常生活研究就需要重新寻求本土化的思路和研究路径。

本书以"农村老年日常生活实践"为切入点来关照乡村的日常生活，也是将"日常生活"研究方法应用到乡村研究的又一次尝试。

（二）农村老人研究评述

在现有的研究视角下，农村老年群体作为一个弱势群体广泛存在于农村社会生活中，在某种程度上，农村老人失去了劳动能力也就意味着失去了获取经济来源的能力。由于代际财富的过早转移，他们没有为晚年生活留下过多的积蓄。在缺乏社会保障的宏观社会背景中，他们的晚年生活仅仅依靠子女的供给，而农村的现实情况是，子女供养只是满足了农村老人的最低生存需求。因而在某种程度上，农村老人的贫困是必然的，甚而是一种正常的社会现象，因此基于贫困的视角研究农村老人也是理性研究范畴。虽然我们在研究视角上没有针对农村贫困老人进行专门的分类研究，但是在某种程度上，他们的生存状态就是一种贫困生存。目前的学者更多地把理论关怀锁定在农村老人的养老方式和社会保障方面，社会学视角下的农村老人研究似乎刚刚起步，但是毕竟已经有了较为良好的开始，这对于社会学和农村老人而言无疑都是一个福音。

在关于农村老人日常生活的研究中，作者基于不同的区域实践，描述分析了不同区域农村老人的实践特征。从现有的研究来看，关于农村老人当前生存状况和行动方式的研究已经出现了两种截然不同的研究视角，即农村老人的悲观绝望型实践和乐观积极型实践。这两种视角是否能代表全国广大农村老人的日常实践行为，可能还需要进一步商榷和深入研究。京山农村老人悲观绝望自杀的背后，是否有老人曾经积极活动的身影，或者以死抗争之外的其他抗争方式？依据笔者的生活经验，自杀不应该是当前农村老人选择的主流实践。同样有疑问的是，塘村老人在农村社会变迁中具有能动性的生活实践背后是否遮蔽了行动中的无奈和困顿，这对于他们晚年生活的不良预期有什么影响？即这些老人的实践对于改善其自身生活的影响和其背后的实践逻辑是什么。因此我们需要一个更加全面的视角来探析农村老人在变迁的社会生活中的实践逻辑和晚年生存预期。另外在区域的对比上，我们也需要不同的区域研究来对现有研究进行验证和质证。

国内关于日常生活理论的研究缺乏具体而微的细致性研究。相对于宏大的日常叙事式的整体性研究，针对一个特殊群体的日常研究更具有典型性，也更加切合日常生活理论的原初含义。老人的实践是彰显其自身价值诉求的一种行动，既有研究的不足之处是较多地关注了农村老人的生存状况，却有意无意地忽视了他们的行动特征、行动策略以及价值诉求。在农村老人的相关研究中，我们难以听到、看到老人行动的主动性，更多看到的是在社会结构变迁中老人逐渐被弱势化的过程和结果。

本书试图运用日常生活的理论视角，对于农村老人进行相应的田野追踪，看他们在变迁的乡村生活中如何构建自己的日常生活，他们在日常生活中又是如何运用生活理性来适应这个变迁的社会，寻求自己生活的意义和价值的，他们是主动适应还是被动卷入现代化过程的。笔者围绕农村老人的主要社会关系进行了相应的分析，在他们的精神世界中探求他们自身的价值建构体系，进而探析今日乡村世界的真实面目和农村老人的真实处境，探析他们的日常行为对于维系自身日常生活的价值，解析外部世界对于他们行动的消解和建构的力度、向度。本书为了区别于对老人贫困的被动型研究视角，突出农村老年的主动性生存方式，故而，以农村老人经验体验和生活实践为研究思路，探寻农村老人在日常生活中对于社会结构变迁的主动适应性。

第三节 研究方法

在社会科学中，研究方法是指研究者在研究某一具体社会问题时，借以帮助研究者深入了解和分析某种社会现象的手段与技巧。研究方法的选择涉及研究方法的方法论层面和具体操作性层面两个部分。对于方法论的介绍，本书强调研究过程中宏观分析和微观分析相结合的视角和深入研究对象的日常生活实践两个方面；对于操作层面具体研究方法的介绍主要强调了观察法、深度访谈和文献法。本书主要采用质性研究方法，而定量研究的问卷调查仅仅作为宏观背景的补充介绍。质性研究方法主要是指研者把自己作为研究工具,在不干涉研究对象的自然情境下,运用多种多样的调查手段来收集资料,以达到对社会现象的整体性探究。所使用的逻辑方法主要是归纳法,通过对调查资料的归纳分析进而得出结论。在调查过程中注重与调查对象进行有效的互动,力求对调查对象的行为和意义进行建构以达到解释性理解的效果。质性研究过程中主要运用半结构化的深度访谈结合参与式观察法来收集典型个案的相关资料,运用文献研究来弥补理论知识的欠缺。

李沛良认为"作为社会学,主要研究对象的社会行动结构,实际上就是日常生活的基层结构运作过程,它的变迁是由无数的、司空见惯的、习以为常的但又实际上变动不居的日常社会行动构成"[①]。本书以农村老人为研究对象,以他们的日常实践为具体的研究问题,分析其日常生活事件,并在日常生活事件中探寻农村老人的日常实践逻辑。在具体的研究方法上,主要有以下几个。

(一) 观察法

观察法指在社会调查过程中,研究者动用自己的感官,根据课题的研究内容,有目的有计划地收集资料的一种方法。根据观察过程中研究者所处的位置和所扮演的角色,观察法分为参与观察法和非参与观察法。所谓参与观察法主要指研究者深入研究对象的生活场景中,在参与研究对象的日常生活中观察收集所需要的资料。非参与观察法是研究者在观察过程中置身于观察对象日常生活活动之外,进行客观的观察。根据本研究的实际需要,笔者在运用观察法的过程中既有参与观察,又有非参与观察。

笔者运用参与观察法深入李村老年农民日常生活区、居住地实地场景中,通过观察他们日常生活中的劳动情况、生活情况与人际互动模式等,获得真实具体、详实的第一手资料,并及时对资料进行整理归类。同时,笔者经常在空闲时间里以路人、亲戚的身份深入农村老人的家中和劳动的田野中去观察他们的生活和劳动情况。在运用观察法开展调研中,笔者重点关注两个方面的信息:一是观察李村老人的家庭经济来源情况和劳动参与情况以及他们与子代的互动情况,看他们如何与不同类型的外群体进行

---

① 李沛良:《社会研究的统计应用》,社会科学文献出版社,2002,总序第3页。

交往，其交往的形式和选择最能反映出他们的内在逻辑；二是重点倾听李村老人的日常闲话。闲话并不是多余和无聊的废话，它只是在人们空闲的时间状态中被制造出来，故而被称为闲话。闲话的内容、其所负载的乡村信息和生活意义则是丰富多彩的，它是乡民建构自己生活世界及其意义的途径之一，具有重要的意义和功能。笔者为了便于接近老人闲话的场所，通常会跟一个比较熟悉的老人坐在一起，以亲戚的身份坐在一边默然倾听思考。这些看似无聊的闲话很多都是涉及本村内部其他老人的情况或者是村庄内部的一些较为重大的事情，这些内容对于了解村庄情况、掌握部分老人家庭情况具有重要的参考作用。因为老人对于自己的问题和情况很少谈及，相反，他们大都乐意谈及其他老人的相关情况，因而，笔者在倾听的过程中，通常对于一个村庄内部的部分老人情况已然熟悉，为下一步的深度访谈积累了相关的资料和认知。

(二) 深度访谈法

访谈法是进行社会学研究时常用的一种方法。这种方法，通过访谈者和被访者之间的谈话来获取必要的信息。根据访谈前是否预先设计好程序或问卷，可以分为结构性访谈和非结构性访谈。结构性访谈有预先设计好的问卷或程序，非结构性访谈是指谈话者围绕一个主题或范围进行较为细致的交谈，访谈者从谈话中获得生动丰富的第一手资料，并根据研究者富有洞察性的分析从谈话中概括和归纳出某种结论。

根据本书研究对象的特点，本研究主要采取深度访谈法，交叉运用结构性访谈和非结构性访谈法。要达到这些目的，需要研究者深入农村老年群体中去细细体会和深入挖掘。因此，深度访谈成为获取农村老人日常生活实践真实资料的首选方法。

在访谈对象的选取上，笔者在李村的12个自然村中挑选了5个具有典型性的自然村作为重点访谈区域，在每一个自然村内依据滚雪球式的随机抽样，对访谈对象进行选择。就访谈过程的具体操作来看，笔者首先采取随机抽样的方式选取了10个个案家庭进行试访谈，然后根据访谈获得的资料和信息制定、修正访谈提纲，接下来采取目的抽样方法选取异质性较强（不同年龄段、不同性别、不同文化水平、不同经济情况）的若干个案，利用修改过的访谈提纲对其进行深入访谈，同时在征得访谈对象同意的情况下进行现场录音，访谈结束后及时对访谈情境和录音材料进行整理归纳。全部研究总计访谈了 70 个家庭、110 位老人、村干部 4 人、子代 10 人，总计访谈 124 人。笔者又通过熟人介绍对于该村的一个基督教场所的信教群众进行了相关访谈。

深度访谈所得的实证资料与理论分析相互结合、相互印证，加强了理论和实践的对话，有利于把问题澄清，推动研究深入进行。

第四节 研究思路与结构

一 本书研究的问题与核心观点

本研究的核心问题并非源于宏大的社会学理论，而是肇始于笔者日常生活，特别是乡村生活中的体验、困惑和思考。在农村社会转型过程中，农民日常生活领域也在发生着"润物细无声的革命"，日常生活的悲欢离合也是农村社会变迁的一种记录。理解农村老人在这个变迁的、已然陌生的乡村生活中的日常生活实践是笔者写作动力的来源。笔者全部的努力，是试图将微观个体的人文关怀与宏大社会转型变迁融合起来，通过对农村社会中一个普通群体日常生活的呈现，探讨其中内隐的观念结构和行为实践的逻辑依据，深度透视当前农村老人的生存状况。

具体而言，本书的研究对象是李村老人，研究的问题是李村老人的日常生活实践。以李村老人主体经验和以这些经验为基础的日常生活实践为叙述、分析的脉络；站在老人的立场上，从他们视角出发了解他们在变化了的乡村生活中的日常实践，发现其真实的感受，了解其期望和需求，洞察其对自身身份的认知，把握其日常实践策略，用他们鲜活的经历和主观感受来建构相应的框架。

本研究的核心观点认为，在当前农村发生变迁的宏观社会背景下，农村社会传统伦理日渐衰落，老人开始采取理性化的实践方式来积极建构自己的晚年生活。在他们晚年的第一阶段，即具备日常生活自理能力和劳动能力的前提下，在个体化的生存保障中，积极参与劳动，获取经济来源，以经济理性进行日常生存实践，强调自我生存保障的合理性，并且赋予其积极的意义。在代际关系实践中，他们开始在情感理性与代际理性之间相互转换，有限责任开始成为他们摆脱代际压力的合理借口。在地缘性和亲缘性的人情来往中，由于自身经济条件的制约，他们自动区隔与村庄内部其他群体的生活，但是在伦理理性的乡土环境中，他们在积极参加仪式性活动的同时，也在努力支撑着人情关系网络，在退不出的人情实践中开始了人情理性的算计。在情感需求方面，他们不仅适应了代际情感的疏离现状，也在另外的空间中积极寻找自己的情感寄托，为自己的晚年生活营造积极的色彩，力图弥散自己日常生活的重心。

在这些日常生活实践中，李村老人主动积极适应变迁，部分老人甚至还在积极参与、创造变迁。积极主动的适应背后，彰显出他们日常生活实践中的生活理性化色彩。当然这些生活理性化色彩背后体现的是农村老人晚年生活处境堪忧的社会现实，他们晚年主动性的日常生活实践策略并不能完全为他们带来一个相对光明的晚年生活。

二　思路与逻辑展开

李村老人日常生活区域大体上可以分为两个方面，即家庭之内和家庭之外。在家庭之内又可以具体划分为两个部分，即个体生活实践、与子代日常生活实践。在具体向度上可以划分为三个向度，即经济实践、情感实践和礼仪性实践。因此在章节安排上，在经验材料的叙述中，笔者基于李村老人日常实践的范围按照由内而外的逻辑顺序进行了相应的叙述。因而本书的框架结构不是来源于外在的理论演绎和阐释，也不是通常意义上较为典型的系统性框架结构，而是来源于李村老人日常生活实践。

（一）日常生活实践范围的向外渐次递推

在文章主体章节安排中，笔者对李村老人日常生活实践的梳理是从内而外、由中心向边缘逐步推进的，恰如费孝通先生提出的"差序格局"中荡漾的波纹，伴随着老人日常生活中心的收敛和内聚，他们外在的日常生活实践也在慢慢地模糊和减少。因而，本书首先考察了李村老人个体化的自我生存实践，这些实践集中在他们的日常生活内部，具有较强的自我性。与之相对应的实践类型是以经济理性为主的日常生存性实践。以此向外递推的日常生活实践则集中在老人代际日常生活实践上。代际关系是农村老人日常生活重心所在，与代际日常实践相关联的则是以情感理性为主的代际日常实践。李村老人家庭生活之外的日常生活实践则是本书的第三个维度。李村老人在家庭之外的日常社会性仪式实践构成了他们日常生活的重要部分，拓展了李村老人的生活空间，在某种程度上填补了他们晚年的寂静和寥落。

笔者在厘清李村老人日常生活过程的基础上，通过梳理李村老人日常生活事件，深度探析他们参与这些日常事件的实践形式和实践动机，从而分离出李村老人"日常生活实践"这个社会事实，剥离了依附其上的表象，得出李村老人"生活理性"这个再生产其日常生活实践的根本逻辑。

（二）实践逻辑的渐次展开

平民的日常生活尽管看似琐碎、单调、平庸，却充满着"经验的储备"，积累着"现有的知识"，是一种"唯一的最重要的社会实在"①。社会研究如果仅仅停留在宏观层面的抽象概括，无疑给人以纸上谈兵之嫌。在日常生活过程分析视角指引下深入农村老人日常生活微观层面，对其自我身份认知及相关逻辑动机进行探究，可以看到一个地方生活的全景，即语言、行为、社会关系、制度习俗、思想观念等。在此，笔者作为一个"熟悉的陌生人"，行走在农村社会场域中；作为一个"旁听者"聆听农村老人讲述平凡又而精彩的自我故事；作为一个价值中立者，努力使自己成为一个社会事实的记录者而非价值的评判者！本书也遵循着李村老人日常生活实践逻辑而展开相应叙述，其形成是一个动态的过程，在不同的生活场景中遵循不同的实践准则，是从个体行动逻辑、家庭行动逻辑到最后的社会行动逻辑逐步推进的。李村老人日常生活实践层次如图1-1所示。

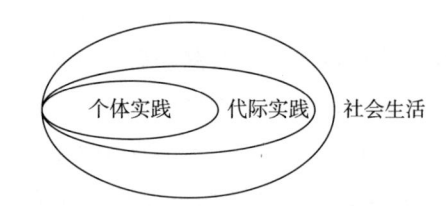

图1-1　李村老人的日常生活实践的层次结构

---

① 吴飞：《"空间实践"与诗意的抵抗——解读米歇尔·德赛图的日常生活实践理论》，《社会学研究》2009年第2期。

三 本书的结构

本书在篇幅设置上主要分为三个部分。第一部分包括第一章对现有文献资料的回顾和第二章对李村情况进行背景式的分析和描述；第二部分是本书的主体部分，包括第三、四、五三章，本部分依据李村老人日常生活实践范围的扩展顺序，依次分析了李村老人日常生活实践的形式，即李村老人个体经济实践、家庭代际日常生活实践、社会礼仪性实践，分析了这三种实践形式的呈现及其建构策略；第三部分主要包括第六章和第七章，对于李村老人实践形式进行了具体分析，探讨了李村老人日常实践中体现的"生活理性"，进而分析他们如何来建构自己的晚年生活和形塑生活空间。

第一章介绍研究的缘起及背景，对相关理论进行了溯源，分析了关于本项研究最新的进展情况。

第二章介绍案例地的相关情况，同时对李村社会进行了一个全景式的扫描，透析李村在现代化浪潮中的种种变迁，指出"理性生活"已经成为李村日常生活中的主导性因素。

第三章从经济理性视角分析李村老人自我生存保障的经济实践，解析了农村老人在老年生存保障体系变迁背景下，在面对老无所养的现实生活中，采取了较为积极的理性实践为自己建构相应的经济保障。通过积极参加劳动，继续耕种土地，与子代理性切割等日常生活实践来维持自己晚年的生存。在这些经济理性实践中，他们的实践逻辑以及面临的困境对于当下的农村社会结构势必产生深远的影响。

第四章从家庭代际关系维度解析李村老人情感性实践。情感性实践依然是李村老人日常生活的重点——他们在面对子代的日常实践中有冲突也有亲情，故而这些实践看似互相矛盾，但是隐藏其后的是"生活理性"的指导原则。

第五章分析了家庭之外的老人社会礼仪性实践情况。以村庄日常生活中公共场所变迁为中心，展示了李村公共生活的衰落，与之相伴的是李村礼仪性活动日益消亡，李村老人在公共活动中的身影也逐渐模糊，他们开始向外建构自己的人生意义。

第六章围绕提炼出来的"生活理性"相关知识进行理论溯源，并且进一步阐释了李村老人如何在"生活理性"原则指导下进行日常生活实践的生产和再生产，他们运用了哪些策略来维持自己日常生活实践的过程。

第七章是结论。笔者对李村老人日常生活实践进行了相应的总结和分析，并进一步指出李村老人日常生活实践面临的困境和前景。

本书的研究框架如图1-2所示。

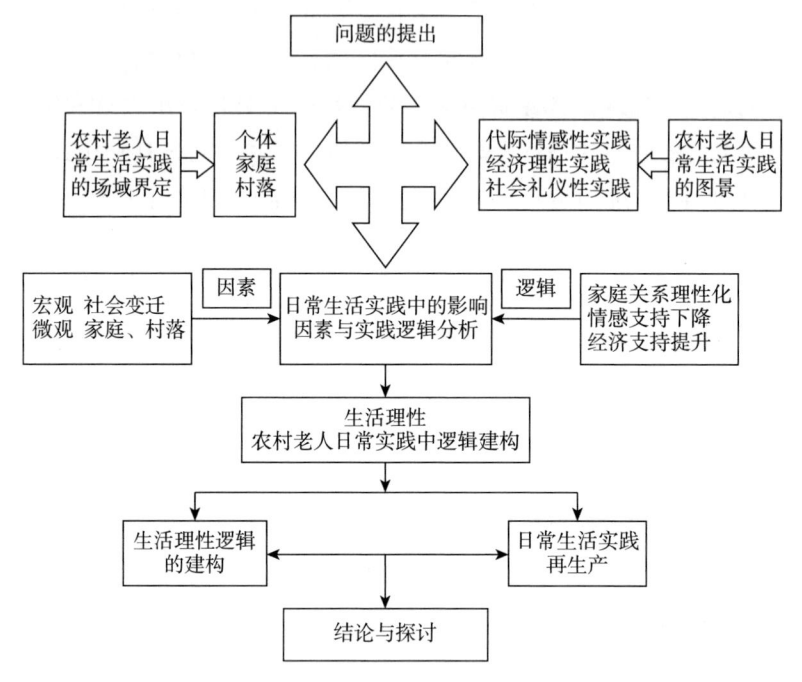

图1-2 本书的研究框架

第二章　变迁中的李村社会

第一节　由远及近的李村

一　S县概况

S县位于安徽省东北部，境内大部分为坦荡平原，海拔在20米以下的平原面积占总面积的90.9%。气候资源较为优越，四季分明、光照充足、雨量适中，属暖温带半湿润季风气候，适于各类农作物生长。农林牧生产条件优越，四季之中，春秋短，夏冬长，主要气象灾害有旱涝风霜。S县总面积1787平方公里，常住人口为763310人，与2010年该县第六次全国人口普查的798650人相比，减少35340人，减少4.4%，年平均减少0.45%。全县常住人口中，0~14岁人口为184531人，占24.2%；15~59岁人口为443196人，占58.1%；60岁及以上人口为135583人，占17.7%，其中65岁及以上人口为111711人，占14.6%。该县常住人口中，居住在城镇的人口为306522人，占40.2%；居住在乡村的人口为456788人，占59.8%。全县常住人口中，人户分离人口为115882人，与2010年第六次全国人口普查相比，人户分离人口增加86257人①。

S县是农业大县，农副产品丰富，粮食作物主要有小麦、水稻、大豆、玉米、山芋等。2019年全县地区生产总值（GDP）为261.97亿元，按可比价格计算同比增长8.8%。分产业看，第一产业增加值56.86亿元，同比增长3.7%；第二产业增加值78.61亿元，同比增长11.8%；第三产业

---

① S县统计局：《S县第七次全国人口普查公报》，http://www.sixian.gov.cn/sjkf/tjgb/154609971.html，最后访问日期：2021年6月18日。

增加值 126.5 亿元，同比增长 9.2%。三次产业比由 2018 年的 24.0∶30.5∶45.5 调整为 21.7∶30.0∶48.3，产业结构得到进一步优化。人均地区生产总值达 30730 元，比 2018 年增加 3518 元。全年城乡居民人均可支配收入 17363 元，同比增长 10.4%。其中，城镇居民人均可支配收入 29571 元，同比增长 8.7%；农村居民人均可支配收入 12675 元，同比增长 10.7%①。因此 S 县作为地处皖北的以农业为主的经济欠发达县，农民收入主要来源是外出务工收入，S 县是劳动力输出大县，故而，该县农业耕作的主要参与者是老人。

S 县历史悠久，在文化习性上，深受齐鲁文化的影响，在民俗文化上与华北平原的文化保持了同出一源的文化特征。S 县作为皖北传统农业大县和欠发达地区，在社会生活习性上具有皖北以及北方农村生活习性的典型性，因此从这个县农村老人的生活状况中基本可以透视全国欠发达区域农村老人生活状况。

二 作为调查地点的李村

李村位于安徽省 S 县北部，隶属 P 镇，距离县城 15 公里，距离镇政府所在地 5 公里，省道 104 国道穿村而过，地理位置相对开阔，交通较为便利。在 2008 年撤乡并村的行政区划调整中，李村下辖孙庄、岳宅、苏庄、李庄、大何、小何、韩庄、史马、郭庄、于刘、南程等 14 个自然村。面积 11.115 平方公里，可耕地面积 12000 亩左右。目前常住人口 5173 人，人均承包土地为 3.7 亩②，是一个较为典型的皖北乡村。李村是一个典型的农业型村庄，该村居民以务农为生，以农业种植为主，且所种植的农作物多为粮食作物，很少有经济作物，村民也很少从事商品经营。年轻村民的主要收入来源是外出务工收入。李村外出务工的村民主要有两种类型。一是建筑工人，主要是 30~50 岁已经成家的中年男性，在建筑工地工作较为辛苦，但挣钱较多，且投入较少；二是进厂务工人员，多为 16~25 岁的未

---

① S 县统计局：《2019 年 S 县国民经济和社会发展统计公报》，http://www.sixian.gov.cn/sjkf/tjgb/152553911.html，最后访问日期：2021 年 6 月 15 日。

② 由于在 1999 年中央对农村土地实现了 30 年承包期不变的政策，基层政府本着方便操作的原则，实行了增人不增地，减人不减地的地方政策，很多在 1999 年以后出生的孩子没有承包地。

婚青年和部分已婚女性。未婚青年外出是以进城开阔眼界和选择一种不同的生活为主要目标，挣钱不是他们的首要目标。那些已婚女性选择进厂主要是基于安全考虑，且经济来源较为稳定。这些外出人员最明显的成果是他们小家庭的收入呈直线上升趋势，而留守在家的老人家庭收入则近乎迟滞，依然停留在依靠土地来获取收入的阶段。

李村作为一个行政村，更多体现的是地理名词，是自然村落组合而成的半熟人社区集合体，各个自然村之间的联系并不紧密。这些村庄内部相较于行政村而言，天然就是一个熟人社会，更具有费孝通笔下的传统乡土社会的特色，里面的日常生活也更加接近于费孝通笔下的乡土社会和熟人社会。村民在村庄外面的日常生活实践集中在亲戚关系和人情往来上，不具有日常生活的普遍性。因而，本书讨论的重点放在各个具体的村庄里面，而非行政村意义上的"村"。

村落中每个居民的日常生活场域基本都是以自己为核心、以村庄为半径来组建的，因此笔者在该村的调查主要以自然村为分析单元，在很多时候，李村是作为一个集合概念而出现的。在具体研究村庄的选取上，笔者选取了 5 个自然村作为本次调查的重点村庄，对于其余的村庄也进行了相应的走访和访谈。5 个自然村的具体情况如下，李庄，原来的村党支部所在地，在行政村合并前一直是李村的政治中心，村支书和村委会主任大多出于该庄，居民以李姓居多，现有人口为 500 多人；苏庄，现在的村党支部所在庄，现任村支书所在庄，居民几乎都姓苏，现有人口近 700 人；韩庄，是李村商业活动的中心，该庄紧邻一所中学，围绕这所学校，该庄人在 104 国道边的自留地里面建房，日渐形成了一个小型集镇，成为李村的经济生活中心，居民以韩姓和全姓为主，现有人口 600 余人；何庄，相比前几个村庄，则是另外一种形式，该庄人口较少，约 150 人，村庄规模较小，姓氏较为杂糅，且村庄内部向心力较差，原子化分化程度较高，村民之间的竞争性较强，村庄内部的人员心不齐，用李村老人的话说"村庄小，户头小，人心就拐"。但该庄也是李村所有村庄中较为富裕的一个，被附近村庄的人称为"小宝岛"；郭庄，地理位置较为偏僻，位于李村的最东南角落，现有人口约 400 人。

本书的经验材料均来自笔者的田野调查，笔者曾于 2010 年 6~8 月，对该村进行了详细调查，获取了大量一手田野调查资料。在前期调查基础上，笔者又于 2013 年 6~7 月对李村进行了回访和再调查。2017 年春节期间又在李村进行了为期 3 个星期的调查研究。历经 10 年时间的变迁，李村的人口结构和社会结构也发生了相应的变化，这些变化对于李村内部的生活主体尤其是老人产生的影响是笔者重点关注的。笔者采取的研究方法主要是参与式观察和深度访谈，即笔者以一个价值中立者和社会事实记录者的身份真实勾勒和素描出农村贫困老人原生态的生活轨迹和他们所面临的困境，以期以微明宏，以个别例证一般。李村的人口结构和老年人口结构如表 2-1、表 2-2 所示。

表 2-1 李村人口构成情况[①]

年龄	人数（人）	百分比（%）	男性（人）	女性（人）
18 岁以下	1271	24.57	712	559
18~39	1654	31.97	855	799
40~49	991	19.16	515	476
50~59	322	6.22	174	148
60~64	311	6.01	132	179
65~69	352	6.80	146	206
70~75	189	3.65	70	119
76 及以上	83	1.60	36	47
总人口	5173	100	2640	2533

表 2-2 李村老年人口结构

总人口（人）	年龄段	数量（人）	性别		老年人比例（%）
			男	女	
5173	60~64	311	132	179	18.1
	65~69	352	146	206	
	70~75	189	70	119	
	76⁺	83	36	47	
	总计	935	384	551	

---

① 表 2-1 和表 2-2 数据来源：2019 年笔者对于 L 村干部的访谈，L 村村干部提供数据。

李村由各个不同的自然村组成，每个自然村之间间隔一段距离，每个自然村内部生活空间大致相同，房屋都是向南开门，便于冬天阳光的照射、避开大风等恶劣天气的影响。李村下辖的一个村庄——何庄的内部结构与周边环境如图2-1所示。

笔者在李村访谈时，有意识地运用了家庭生活史的资料，对一个家庭的代际关系进行了相应的追溯，发现一个家庭的老人日常实践在不同的历史时期有不同的逻辑和方式，这样可以从纵向剖析老人日常生活实践的变迁。当然研究变迁并不是笔者的主要目的，只是在探究老人日常生活逻辑过程中不可避免地要和历史进行对话。

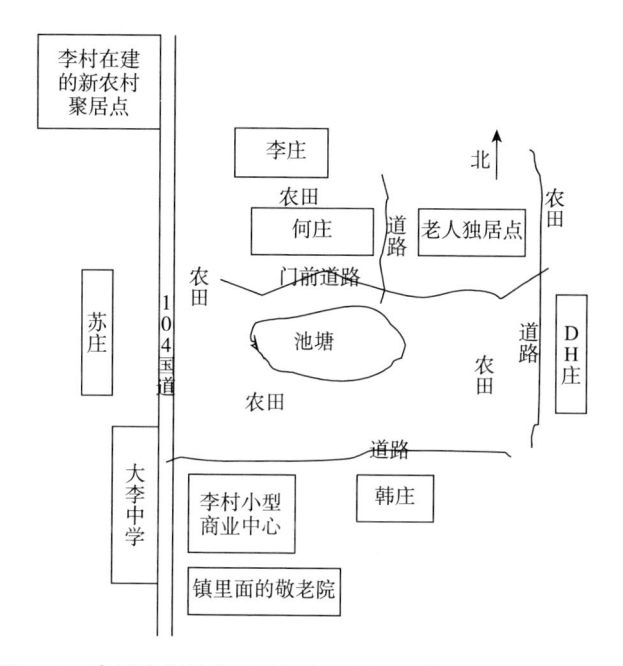

图2-1 李村内部村庄（以何庄为例）环境和周边村庄位置①

---

① 该村很多生产组名称都是"大"开头。加上很多村庄的名字都是以村庄内部主要的姓氏作为名称，如该村李姓较多，就是大李，何姓较多，就是大何，等等。

表 2-3 李村访谈老人的总体情况

类别 年龄(岁)	家庭数量(个)	人口数量(个)	性别		单过家庭(个)	丧偶家庭(个)	疾病家庭(个)	自养(个)	抚育孙代(人)
			男(人)	女(人)					
60~69	30	54	26	28	28	5	15	27	28
70~75	20	34	15	19	18	6	13	18	13
76~79	12	16	7	8	6	5	10	5	1
80 及以上	8	6	2	5	2	4	8	1	0
合计	70	110	50	60	54	20	46	51	42

三 选择李村的由来

(一) 李村的独特性与一般性

S县位于皖北，文化氛围深受齐鲁文化圈的辐射，具有较为浓厚的儒家文化思想，村民性格豪爽，村庄礼仪性强，对于传统习俗的继承有着较好的地理条件。在生活习性上，村民以面食为主，群聚而住，体现了北方农村的共性。作为欠发达区域，S县的农村日常生活保留了较多的原生态；同时，经济理性对于乡村日常生活的殖入及乡村老人面对这些全新的价值观与异态生活方式的适应性也具有典型性。对一个后发区域内的村庄而言，该区域内的农村老人生活状态应是我们对底层关注的聚焦所在。

李村地处皖北，是华北平原的一部分，在自然生态和社会生态上有华北平原村落的共性，如都是平原耕种方式，适宜大型机械化操作。在村内社会形态上，村庄内部姓氏以多姓混居格局为主，村庄内部宗族力量较南方村庄小，因而在日常生活实践上，他们所受到的宗族力量的制约较为有限。李村具有较大的开放性，村民很容易接纳来自外地的外姓人，对于村内外姓人排斥性不强。李村作为皖北乡村，独具特色的自然和社会生态造就了其地域文化和乡土特质。

和中国广大的农村社会一样，李村居民外出务工成为潮流，年轻人几乎在李村内部日常生活中消失，务工经济成为李村年轻人的主要收入来源。李村的老人也成为留守群体中的一员，他们与其他区域留守老人的日常生活实践异同也应该是我们关注的重点。

(二) 故乡的情

笔者从小在李村长大，生于斯，长于斯，这样的生活经历和成长经历使笔者可以较为轻松地进入当地老年人的内心世界。用当地方言交谈可以减少普通话中角色掩饰发生的概率，笔者可以较为顺利地进入李村进行访谈，亲身感受家乡成员的疾苦。

另外，笔者离开日久，虽是其中一员，却更是一名旁观者，因此可以跳开乡村生活，在"自己人"和"旁观者"双重身份中转化，以一个旁观者的身份较为客观地理解、分析搜集到的材料，使研究有一个较为客观的基础。

四 本书的研究对象

本书以农村老人日常生活实践为切入视角，但最终关怀的是变迁的社会生活对于农村老人日常生活及其以后生活预期的影响。从前文的分析中，我们可以看出，当前农村老人的日常生活并不能让我们乐观面对。李村老人的生活条件是全村最差的，就连那些平时不务正业的人其居住条件和生活条件也比同村老人要好很多。在李村约80%的老人没有自己的住宅，分家之后，他们把自己的老宅留给儿子，而后自己到田间地头搭建一个简易的棚子居住，这对于很多老人而言已经很满足了。案例中何庄30户老人中，仅有3对住在属于自己的房子中。一对老人是因为只有一个儿子，按照当时该村的政策，独子的家庭不准有2处宅基地，该地的习俗也是独子不分家，但这个老人通过给村干部送礼获批一处宅基地，老人为儿子在另外的宅基地上盖好新房子，老宅子自然就归他们所有。房子虽然破旧了一点儿，但还是个像样的瓦房。另外一对老人有2个儿子，大儿子在本庄居住，小儿子在镇里面教书，也不回老家了，因而这个房子也就归老人居住。很多老人都羡慕他们，都说要是早知道世道会变成这样，也该留条路，至少为自己准备一个像样的房子。

(一) 老人晚年生存阶段的区分

农村老人生存实践在时间上可以分为两个阶段，即自养阶段和完全被赡养阶段。自养阶段他们具备一定的劳动能力，能够参加田间劳动，身体相对健康，这个阶段他们的生存保障主要依靠土地获取，实现自我生存保障。老人在自己晚年的第一阶段，几乎都是自养，因而他们日常生活实践对于以后的生活具有较大的影响。第二阶段是完全被赡养阶段。在这个阶段，老人因为高龄或者疾病而失去劳动能力，彻底退出劳动市场，沦为完全被赡养状态。在丧失健康和行动能力的情况下，他们缺乏进行自我生存实践的能力和机会，只能被动地困守在自己的床上或者是屋内。因而，在日常生活中，很少能看见他们的身影和足迹，因年龄原因，他们的听觉和视觉已经退化，日常生活对于他们而言就是静等最后一天的来临。在李村，只要具备行动能力，老人几乎都和儿子分开单住。在他们失去劳动能力之后，土地交由儿子耕种，他们日常生活所需的口粮由儿子供给。当他们失去行动能力时，有20%的老人会被儿子接回去在自己家附近的房子里面侍奉。当老人走到生命尽头时，按照李村习俗，儿子会把父母接到自己家里面，放在地上，静候最后的时间来临。在此期间，家里人开始准备老人的后事，子女纷纷从外地赶回来，静候在老人身边。这也许就是老人一生中最后的期待了——所有的孩子都在身边，虽然老人将不久于人世，但老人的人生价值和意义得到了最后的安放。对于很多老人而言，去世时候儿女都能在身边，有儿子送终，有人为自己举办一个风光体面的葬礼，是他们能够坚守贫困和代际剥削，甚而代际争吵后还以子女为中心的心理动力。

我们可以看出，李村老人在晚年生存阶段具有不同的生活场景。在第一阶段的生存状态中，他们具有较大的自主性，完全可以主导自己的晚年生活，可以主动适应甚而积极改变自己的生活环境，并创造条件来适应变迁。但在第二阶段的生存中，他们只是被动的参与者，没有选择自己生活方式的能力，因而在这一阶段的生存中，他们是被动适应。

（二）有关李村老人类型区分上的说明

在李村老人类别的划分上，笔者通过走访发现，李村社会分化程度并不高。每个自然村内部，在经济、日常生活方式、人际交往等方面依然保持了较高的同质性。如果要谈所谓的异质性主要体现为代际差异性，即在村庄内部老年人与中青年人形成了较大的差异。每个同期群体内部的异质性是非常小的。因而，在研究开始阶段，笔者试图依照某种标准（性别、年龄、性格、经济、文化程度、健康程度等）对李村老人作一个相应的类型划分，试图归纳出不同类型老人的行为特征。但是伴随着调查的深入进行，笔者发现这些类型的建构几乎没有意义，也是徒劳的，因为这些老人几乎是一个整体形象,很难在里面再具体区分不同的类型。如按照经济情况来看,李村老人的经济情况大体相同,差异性很小,几乎都是耕种自己的土地,依靠自己劳动获取收入,都处于维持基本生活水平的状况,因而从经济上对老人分类对于本研究的意义不是很大。同样,文化知识对于李村老人的日常生活影响不大;在健康程度上,大部分李村老人都是带病生存,大都患有基础性疾病、慢性病,依靠长期服药维持生活。很多老人只要身体允许,都坚持参加劳动,进行相应的日常实践,而那些因健康失去劳动能力和行动能力的老人几乎退出了日常生活实践的范畴,其日常生活对于本研究的影响甚小,出于研究主旨的需要,本研究暂时悬置了这一部分老人的生活现状研究。至于性别分类,在本研究中的意义则更小。很多老人在分家析产之后都是以自己的家庭为生活单位的,其日常生活实践具有高度的一致性,故而,性别的区分对于本研究的意义不大。

在上述分析下,笔者没有对李村老人进行相应的类型区分,而是把他们作为整体,在笔者看来进行类型划分对于本项研究而言似是画蛇添足。

第二节 李村日常生活的理性化

一 现代性进村

乡村对中国人而言是什么?乡村是中国人安身立命的根本,是他们祖祖辈辈的生活场地,是人们记忆中的乡愁和家园。乡村里面的基本单位——村落构成了国人日常具体而微的生活场域。费孝通认为"无论出于什么原因,中国乡土社区的单位是村落",村落的形成在中国有其特殊的历史因素,费老同时认为"中国农民聚村而居的原因大致说来有下列几点。一是每家所耕的面积小,所谓小农经营,所以聚在一起住,住宅和农场不会距离得过分远;二是需要水利的地方,他们有合作的需要,在一起住,合作起来比较方便;三是为了安全,人多了容易保卫;四是土地平等继承的原则下,兄弟分家继承祖上的遗业,使人口在一个地方一代一代地积起来,成为相当大的村落"[①],费老的这个论断是基于传统农村社会生产力低下、

---

① 费孝通:《乡土中国·生育制度》,北京大学出版社,1998,第9页。

在现代化的推动下，村落的形态发生了变迁。

当前学界对于乡土中国的变迁具体从何时算起，依然存有较大的争议。孔飞力认为中国传统社会的基层秩序至迟到清末仍然稳定，故而现代化的开启可以溯源至清末变革。杜赞奇于1900~1942年在华北农村进行了实地调查后，认为在20世纪的前半期，中国乡村社会发生了两个巨变，一是因西方社会强行介入而被严重破坏的小农经济；二是政府对于基层社会生活深度介入，国家威权触角深入农村社会，故而，中国农村现代化变迁似乎源于20世纪前半期的社会形势变化。虽然学界在现代化的开启时间上存在不同见解，但中国农村现代化的变迁过程一直在延续，这种变迁在改革开放之后尤为凸显。改革开放以后，乡村社会的变迁经历了一个从外在到内生的过程，在外在力量的裹挟下，乡村社会内部主体日渐成为乡村社会变迁的推动者。

在现代化与经济大潮的洗礼下，那些曾经作为村庄标签的传统习俗或者物件开始逐步淡化，实体性的村庄日渐成为一种记忆和怀念，村庄逐步成为一个指称，慢慢消融在现代化的系统中。村庄内部的熟人社会开始向半熟人社会过渡，熟人社会生存的基础逐渐解构。人员的流动成为生活常态，分离与区隔成为人们日常生活的主要形式，家庭成员在空间上的延伸和时间上的缺位在某种程度上肢解了家庭日常生活的意义系统，家庭成员社会角色发生了移位。传统社会中"修身齐家"的道德标准已经被经济理性和经济地位浸润和稀释，市场经济中的经济理性已经慢慢渗入乡村日常生活的各个角落。

二　李村居住空间的变迁

与中国广大农村社会变迁同步，李村也呈现着农民获得丰厚物质资源后提升生活品质的热情。村民的生活热情通过建造房屋传播开来，并进一步异化为农村社会竞争的标志。从时间上考察，中国农民收入有三个较为明显的递增区间，即1978~1985年的第一波快速增长期，1991~1997年的第二轮增长期，从2004年开始及至现在的第三轮增长期。这些增长期在全国范围内具有较大的普遍性，李村农民收入同样也经历了这些阶段，反映在生活上便是李村房屋的更新换代。大致来说，李村的房屋建设经过了三个阶段。

第一阶段,20世纪80年代中期的土砖结构。

李村农民的收入在这个阶段与中国广大农民具有较高的同步性。在实行家庭联产承包责任制之后,土地生产经营方式由过去的集体经营变为农户承包经营,农民成为剩余产品的直接拥有者,这极大地刺激了农民的生产积极性。农村经济在这一阶段呈现井喷式增长。据统计,在农村经济改革开始后第一阶段(1978~1984年),农民收入超常速增长,农村居民人均纯收入由133.6元增长到355.3元,年平均增长率达到17.3%[①]。在农民收入快速增长的情况下,农村居民收入水平和收入结构相似,收入差异性较小。李村村民也经历了这样一个高速增长的历史阶段,在解决温饱需求之后,他们开始追求舒适的居住环境,着手对自己家的住房进行更新换代。在此之前,李村农民的住房是千篇一律的土墙草顶房子,在外观上每家每户几乎一样。从1985年开始,村民开始兴起了建房热,用土墙瓦顶来替换原先的土墙草顶。虽然还是土墙结构,但是毕竟在房顶上已经出现了瓦房结构的雏形,外观上更加漂亮一些,房子的面积也在扩大。经过十年左右的时间,农村土墙草顶的房子逐渐被替换为土砖结构的瓦房了。

第二阶段,20世纪90年代中期的砖瓦结构。

伴随着第二波中国农民人均收入增长高峰期的来临,农民收入实现了跨越式的增长。1991~1997年,农民收入呈现反弹回升的特征。1985年之后,农民收入没有实质性增长,因为国家改革的重心移到城市后农村改革红利逐步稀少,农民收入增速也在低水平徘徊。20世纪90年代之后,农民开始向城市流动。虽然外出农民工在城市从事的是低水平、低收入的工作,但其收入依然高于农村的种地收益。1997年农民纯收入为2090.1元,比1991年提高了1381.5元,年均增长率为20.1%[②]。在满足了基本生活需求之后,李村农民依然把追求舒适的住房视作提高自己生活水平的重要内容和家庭富裕的象征。因而很多农民把土瓦结构的住房更换成全部砖瓦结构的住房,进一步扩大房屋内部使用空间。这种房子是当时农民

---

① 关浩杰:《收入结构视角下我国农民收入问题研究》,博士学位论文,首都经济贸易大学,2013,第28页。
② 关浩杰:《收入结构视角下我国农民收入问题研究》,博士学位论文,首都经济贸易大学,2013。

在村庄内部身份的象征，也是年轻人结婚必备的条件，花费为4000元左右。这种房子一直延续到现在，李村很多人家还是20世纪90年代建造的砖瓦结构房子。

第三阶段，2000年以后开始的楼房建设。

2000年之后，伴随着农村大规模务工经济的兴起，农村剩余劳动力开始向外转移，农村家庭收入也迎来增长的高峰期，具体收入增长如图2-2、图2-3所示。

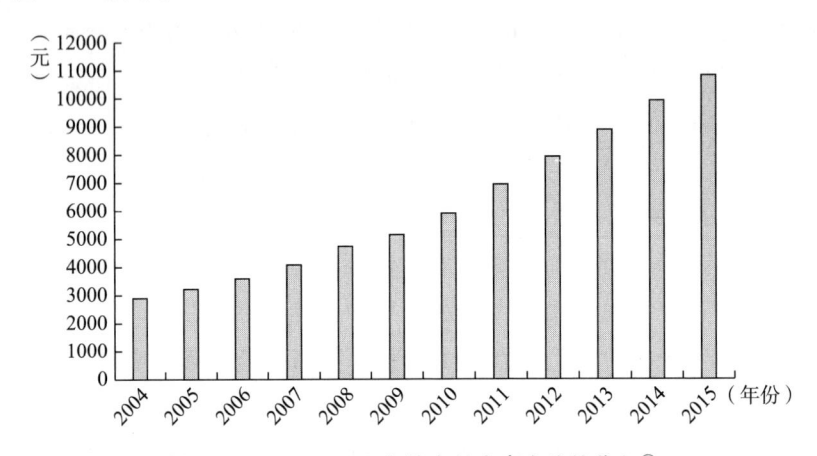

图2-2　2004~2015年的农村家庭人均纯收入①

当下农民获取经济资源的能力较之以前越来越强，收入的提高进一步激发了他们改善居住环境的热情，也点燃了乡村竞争的热情。李村内部的竞争直接体现在房屋的建造上，80%的村民将其收入投入到自家楼房的建设上。

李村的住房竞争初始阶段是平房建设，② 房子是一楼，楼顶是水泥预制板搭建，可以在上面晒一些粮食。2005年以后，村民很快就盖起了二层楼房，清一色的二层小楼沿着村庄内部道路排开。那些低矮的老房子则隐藏在新建楼房后面，成为陪衬。

---

① 数据来源：依据中华人民共和国统计局网站的相关公报整理，http://data.stats.gov.cn/workspace/index；jsessionid=E53759573A9D9E94E17E04F1E0279AF4？m=hgnd。

② 这种楼房实质是平房，村民经济实力有限，很多村民都先盖一层楼房，因为没有钱，楼房的顶层就做成了晒场。

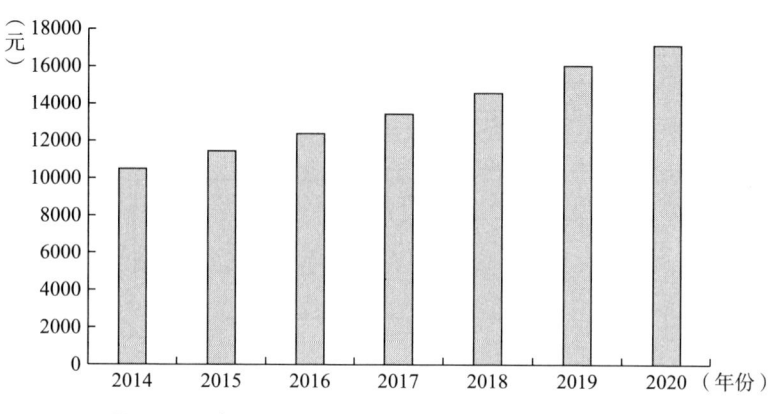

图 2-3 农民 2014~2020 年的农村人均可支配收入①

如果我们在李村转上一圈,就会感觉到该村的时光错位。一方面是漂亮的楼房,预示着现代化的先进性和生活的富足;另一方面是老房子,有最为老旧的土墙房,也有茅草搭建的低矮棚屋,都有 20~30 年的历史,这些房子的主人都是李村的老年人。在采访中,老人坦言,他们如果能有这样的房子居住,已经算是境遇不错的老人了。农村宅基地的审批在 20 世纪 90 年代很严格,一个家庭宅基地的数量与儿子数量是相等的,因为农村有独子不分家的习俗,所以独子家庭没有额外的宅基地。但是随着社会的变迁,很多独子家庭儿子结婚之后,代际由于差异无法同住,还是需要分家,原先的宅基地自然归儿子,分家出来的老人就要重新选择地点建造房子。很多老人不愿意在房子上花费过多的金钱,事实上他们也没有太多的钱来建像样的房子,因而条件好一些的老人,会买一些空心水泥砖盖一处简易的房子,在房子前面再搭一个草棚算是厨房,条件再差一些的老人只能搭个棚子居住。大多数老人在一次次分家的过程中,逐渐搬迁,直至所有的儿子分家之后,他们的住处才算固定下来。他们通常在距离村庄较近的承包田里选择一处地方,盖起属于自己的房子。李村普通

---

① 数据来源:依据中华人民共和国统计局网站的相关公报整理,http://data.stats.gov.cn/workspace/index;jsessionid=E53759573A9D9E94E17E04F1E0279AF4?m=hgnd,最后访问日期:2021 年 6 月 10 日。从 2016 年起,国家统计局不再发布农村家庭人均纯收入,发布农村人均可支配收入。

人家的居住格局①如图 2-4 所示。

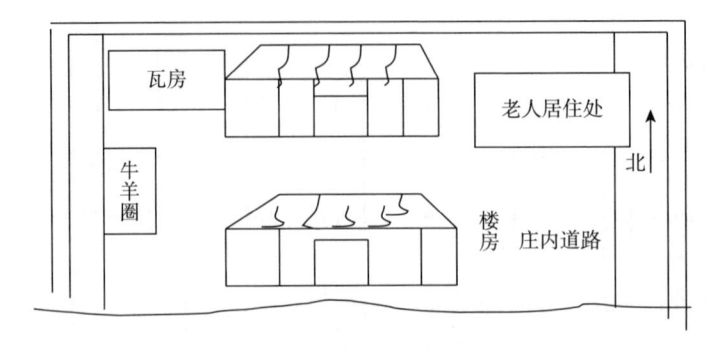

图 2-4　李村家庭居住格局

三　人际关系的理性化

人际关系是社会系统中任何个体都无法回避的生活系统。每一个人都生活在他人和自己多重交集的系统中，因而人际关系对于个体、家庭的生活起到异常重要的作用。在李村，为人处世是村民评价个体品德和能力的指标，在李村居民尤其是年长的居民看来，为人处世还是要厚道，要看远一些。但是在李村，我们看到更多的老年人在感叹"现在的年轻人眼皮子太浅""太激动""不能吃一点点亏，如果哪些事情没有符合他们的意思，他们就会像被针扎了一样，立刻就会跳起来的"。

在李村，我们处处可以看到理性化图景下的乡村日常生活，这种理性化在人际关系方面的典型表现是代际理性开始成为李村代际关系中的一个新方向。这种代际理性对于代际双方而言都是不言自明的，并且在李村日常生活中已经被李村居民当做默会知识践行着。代际双方这样来解释自己眼中的代际关系，老人坦言，"自己管好自己就行了，我们在能动的时候，就自己老两口和他们分开单过，过好自己日子就行了，不和他们年轻人掺和在一起，等到老了不能动了，就那几年光景，怎么着不能过下去啊，死了也不算白托个人，否则你不是白活了"。李村年轻人同样在代际关系中秉持着理性交换的思维，他们认为自己养老人可以，但是老人要为他们帮忙，

---

① 由于互相攀比，现在李村的一般住户都把后来修建的楼房放在原先的住房的前面，紧邻庄内道路，而原先的住房则缩在高大的楼房后面，这样从前面看来，都是气派的二层或者三层小楼，而院落里面则是到处搭建的棚子，里面有老人的住房，也有牛羊圈等。

给他们带孩子,帮助他们进行田间管理,否则,他们就不会养老人,"凭什么养他呢?他没有给我留下什么财产,也不给楼房,房子是我自己盖的。再说了,他们能动不种地,就等着我们养他,这也说不过去啊"。

李村合作关系在弱化。李村居民之间的互助合作已经日渐衰落,这种衰落首先体现在生产过程的合作上。在20世纪90年代,李村中很多人家的生产工具相互搭配着使用,生产过程以合作为主,如耕牛作为最重要的生产工具,通常一家只有一头,在耕田的时候,必须要2头牛才能耕地,因而村庄里面的人家都会找与自己脾气相投、关系相近的人家组成"对子",两家互相借着牛用,互相补充生产工具。但现在,这种互相"结对子"的现象在李村已经近乎绝迹,拖拉机、喷灌机以及水管等生产工具几乎每一家都独自置办齐全,尤其像拖拉机和喷灌机这样的大型工具使用频率并不是很高,完全可以几家共同使用,但现在的李村人很少共用这些工具,即使是亲兄弟之间也不会共用。只有那些老人没有这些工具,才会和儿子共用,同时,他们会为儿子的喷灌机买管子,或者是给儿子的机器打柴油。总之,即使他们使用儿子的工具也会算计着如何既不让儿子吃亏,也要保持着自己的独立。李村合作关系的弱化还体现在村庄内部人际关系日渐疏离上,邻里之间日渐陌生和疏远,邻里的竞争关系取代了以前的共生关系。

四 李村居民日常生活世界的变迁

在传统文化的熏陶下,看似平淡无奇的农民日常生活也有自己的特定价值系统和意义系统,贺雪峰将其总结为"主体性价值"和"社会性价值"[①]。其价值系统是对得起祖宗和对得起上天,其意义系统是寻找下一代的寄托,把自己的人生寄托在下一代身上,因而,"不孝有三,无后为大"也是他们永世奉守的信念。虽然他们是名不见经传的小人物,但在他们身上却有着厚重的历史感,他们在日常生活中不经意地书写着历史,礼俗秩序并不都是上层社会对下层民众的羁绊,而是已融入他们的血液中,因此,他们是真正的礼俗和秩序的维护者。他们对于历史有敬重,对于传统

---

① 贺雪峰:《中国农民价值观的变迁及对乡村治理的影响——以辽宁大古村调查为例》,《学习与探索》2007年第5期。

由衷地认同,对于秩序会敬畏,对于出格的人,他们都会义愤填膺。他们活着的价值观是温良恭俭让、父慈子爱、兄友弟恭。

在当前李村社会中,价值观嬗变的重要体现是,传宗接代不再是他们重大的人生任务。虽然在农村生儿子依然是件异常高兴的事情,每一个生了儿子的家庭都要放个大鞭炮来告知邻里,甚而晚上还要放场电影,或者请戏班子唱"肘鼓子"(泗州戏)来庆贺;生女儿的家庭基本听不到动静,安安静静地把孩子接回家,然后过完"十二天"①,比生男孩的家庭低调很多,但是在具体的日常生活中,生女孩的家庭不会再像以前那样因为没有儿子而在村子里面抬不起头,感觉干什么都没有劲,他们的生活依然充满奔头,因为更加现实的生活是他们当下的生活。农村年轻人更注重小家庭的生活质量,在他们看来,有无儿子不一定是最为核心的问题,如何使自己生活得更加富有,在村里能抬起头来才是最有面子的事情,把孩子培养出来上大学则更是他们的长远追求。由于法治下乡,农民有了很强的法律意识,很多农村人已经不信拳头好说话了,他们遇见事情反而更加愿意通过法律来解决。

李村居民价值变迁的另一个表现就是,居民对于现实利益的考量。总体来看,在当前,李村居民的价值观在逐渐变化,历史感和责任感逐渐消解,乡土社会伦理日渐淡漠,与这些一同衰落的还有农村的孝道传统和个体的价值体系。对现实利益的考量正在逐步主导李村民众的日常生活,也许这些都是乡村在现代性面前呈现给我们的一个宏观图景和日渐褪色的历史记忆。当我们走进一个普通、平凡具体而微的村庄,看到的是现代性如何在这样一个普通村庄中展现它们理性的魔力,如何在时间、空间和意义上来重新赋予村庄真实的存在。村庄的边界不断开放,农民的流动性增强,家庭生活日益私密化,村民之间的陌生感日渐增强,心理差距拉大,村民对村庄共同体的依赖和认同感下降,熟人社会的乡土逻辑正在消失。这些变迁了的李村居民价值观对于他们日常生活产生的影响就是家庭生活

---

① 在北方农村,孩子过满月的习俗很少有,都是过"十二天"。据该村老人讲,12 天是有讲究的,为什么不是 11 天或是 13 天呢?因为孩子在生下来之后要面临着很多危险,如肚脐愈合等,如果过了 12 天,孩子安然无恙,就说明孩子已经脱离危险了,这个时候才可以大规模地庆祝这个生命的降临。孩子生下来 3 天之后,就要送红鸡蛋给外婆家报喜,外婆家再准备好米、面等,到第 12 天那天,主家大摆筵席,宾客登门祝贺。

日益私密化和现代法治的理性。

家庭生活日益私密化。私人空间生活似乎在皖北以前的社会中不存在，尤其是在农村社会的居住格局下。传统农村居民是比邻而居，和邻居家就是一堵墙的距离，这种建筑叫做"搭山墙"，即一方在另一方已经盖好的房子外侧一面直接上梁粉刷，作为自己房屋的一面墙，这样就可以节省一面墙的成本。邻居家大至家庭吵架，小到锅碗盆碟的声音都可以听得清清楚楚，故而鸡犬之声相闻的乡村家庭内部是没有什么私密可言的。在20世纪80年代，收音机和电视机对于李村村民而言都是稀罕物，如果一家有了收音机，那么他们家就是公共书场，主人家要把收音机抱到外面空地上方便邻居来听评书。电视机则更是稀罕物，一家有电视机，他们家几乎就是全庄人公共生活的聚集地。夏天，电视机放在屋外，冬天则在屋内摆好板凳，静候邻居前来。因而这样的生活是谈不上私密的。

到了2000年之后，农村的房屋建设越来越注重生活的私密化。两家之间都会留有一块空地，院墙都砌得高高的，尤其是农村楼房几乎隔绝了互相串门的习俗。阎云翔曾注意到下岬村村民串门的减少，并认为这与农民个人隐私意识增强有关，隐私权作为个人权利意识觉醒的一部分，导致了农民私人生活开放度降低[1]。在日常生活中，现在农村人也注重对自家生活隐私的保护。公共生活对私人的侵入在中国农村恰巧相反，或许是中国农村发展慢了一个世纪，中国农村正在由过去公开化生活方式向注重隐私的生活方式发展。

村庄内部从无到有的诉讼。在李村，打官司依然是一件非常大的事情。以前该村基本没有打官司的现象，很多情况下，个人矛盾都是在村干部和村中类似于费孝通先生笔下长老权威的劝解下趋于消解的。在村民们心里，打官司、提请诉讼，是一件极不光彩、没面子、使家族蒙羞的事情，诚如费老所言"体面的人们都以自己一生从未进过衙门或法庭而自豪"[2]。传统社会中约束个体行为的不仅仅是法律还有乡规民约。皇权不下县的情景下，乡规民约对于个体的约束尤显突出，具体而言，在李村老人话语体系中"合情合理"出现频次最高，所以"合情合理"是约束人行为

---

[1] 阎云翔：《私人生活的变革》，龚小夏译，上海书店出版社，2009。
[2] 费孝通：《乡土中国·生育制度》，北京大学出版社，1998，第208页。

规则的第一要素。人在行动之前总是想着这个事情合理不？合乎人情不？至于理是什么，情又是什么，很少有人能说得清楚，但是诚如"默会知识"那样，情理就在每个人内心中，每个人都有内心的一杆秤来衡量。而今，伴随着乡村情、理、法的分离，法律下乡之后，乡村情理让位于法律，法律已经成为制约农村个体行为的第一要素，至于所谓的情理在很多农村人看来是没有什么效力的，可以暂时搁置，只要不犯法就可以。随着社会文明化、现代化，现代知识向乡村拓展，知识取代经验、法律替换礼俗。文字下乡[1]、迎法下乡[2]等都是对乡土社会传统文化的离散。故而在乡村社会文明化的过程中，农村社会逐渐变得理性化。在推崇法治社会的今天，人治与法治实质差别在于维持秩序所用的力量和所依据规范的性质。传统社会所积累的经验，合情、合法、合理等都是对传承下来的经验的认知，而当代法律对乡村的浸入，则导致原有的乡村社会格局发生了质的变化。乡村权威体系由长老统治进入到制度文明体系中，导致农村老人社会地位急剧衰落，解决邻里纠纷、家庭纠纷的主体转变为进入乡村的法律，大家在生活中也都遵循着理性人的角色，农村老人则成为无所用之人。

第三节 李村老人暮年的日常生活

一 寂静的乡村

寂寥的村庄、稀疏的人影、蹒跚着脚步的老人和幼儿，聚集在一个向阳避风的边上。老人看着孩子有一搭没一搭地说着闲话，等到太阳转到南方时，方才意识到中午了，各自散罢，起身回家做饭。相信这样的场景对于每一个做过农村调查的学者而言都是非常熟悉的。笔者走进李村时所遇也是这样的场景，老人或坐在自家门前晒太阳，或是蹲在草垛边上眯着眼睛。中午时分，他们到自己家的菜园里面摘点葱或是其他蔬菜回家烧饭，而后村庄里面升起了渺渺的炊烟，炊烟的下方是依然寂静的村庄，村庄俨

---

[1] 费孝通在《乡土中国·生育制度》里面说："在社会结构和思想观念没有发生相应变化前，就简单把现代的司法制度推行下乡，其结果是法治秩序的好处未得，而破坏礼制秩序的弊病却已经先发生了。"（1998，第58页）
[2] 董磊明、陈柏峰、聂良波：《结构混乱与迎法下乡》，《中国社会科学》2008年第5期。

然已经成为暮年的代名词，偶有小孩的哭声传来，或者伴随着狗吠响起。下午或有老人在自家门前屋后种的菜园地里面翻刨土地，直到斜阳渐渐退去，村落的老年人才依依不舍地回到家中，看着自己落寞的身影被落日的余晖拉长。留守老人和留守儿童互相依偎，留守儿童需要留守老人来照顾，为老人的生活增添更多意义。偶有的声音也是儿童天真无邪的笑声和老人渐次的咳嗽声或呵斥孩子的苍老声音，一个村庄内部传来的基本是老少二重唱。

笔者在村庄里面走了一遍，只看见2个年轻人，其中一个是年轻女性，孩子小还在哺乳期，另一个是老人生病较重，特地回来看看的。除此之外，村落里面已不见年轻人的身影。缺少年轻人的农村生活实在是萧条而没有生气，很多老年人都感叹他们所熟悉的那个充满人情味的农村已终结。乡村里面热闹的生活和繁忙的劳作景象只有在午忙（麦收季节）才能看到。随着乡村价值观念的转化和城市物质生活的刺激，年轻人、中年人全部离开乡村涌入城市，在那里寻求他们的物质财富，村庄生活主体变为留守儿童与留守老人。由于李村老人与子代基本都是分家各住，整个村子里面大部分人的家门都是锁上的。同样慢慢消失的还有在传统农业社会过日子不能没有的生存手段和传统记忆，"现在村庄里面都不像个村庄了"，一位老人感叹道，"人死了，找个抬人的都没有了"。"老人死了，也要挑个好日子死，儿女都在家，还能赶着看上一眼，也能找齐人来抬你送下地，要是死得不是时候，看不到儿女不说，连个抬的人都没有咧。""重病了在家里躺着，儿女都要专门从外面回来守着你，不耽误他们挣钱啊，躺了几个月，你还不死，恐怕你自己都不想活了，耽误儿女们啊。"传统的村庄生活和仪式性活动正在慢慢从进城务工年轻人的日常生活中褪色，他们一年中大部分时间都在城市生活，在家乡度过的日子屈指可数，城市生活方式俨然已经成为他们当前生活的主流，而村庄内部的生活方式逐渐模糊，村庄内部原先熟悉的人、物在慢慢陌生，乡村的劳动方式已经生疏，与之一起慢慢消失的还有乡村社会独有的伦理人情和社会关系。这些乡村社会日常生活的核心因素变得陌生化和生疏化，直接后果就是传统乡村社会淡出人们的记忆。依附于这些传统生活方式的个体成员或是选择彻底撤离乡村，或是过一种候鸟式的生活，游走于城乡之间半撤离。那些已经失去了流动能力的成员只能选择坚守或是留守，不论是主动还是被动，有一点他们无法改变,即他们已经和这些生活方式融为一体,不可分割,因而抛弃村庄是不适合他们的,他们只能来改变自己,主动适应这些变化,继续在这个已经变化了的乡村社会中寻求自己未来生活的预期。

二 猖狂的盗贼

与农村老人和儿童相伴的不仅仅是寂静的村庄,还有猖狂的盗贼。在李村,用"盗"已经不足以形容该地区年轻人的缺位而导致的治安问题了。这些老人辛苦养的狗鸡鸭牛羊等,经常被盗贼在光天化日之下,明目张胆地抢劫走。因而很多老人从来都不敢把小羊养在外面,而是圈养在自己的小屋内,因为盗匪一旦知道你家有羊,会想尽一切办法把羊弄走,甚而老人在面前,也会公然抢夺,因为老人力量不足以应付这些身强力壮的抢匪。这些人通常戴着头盔,骑着无牌照的摩托车,两人一辆车(便于作案),带着长长的铁棍以作威胁恐吓和打狗打羊之用。他们一般会白天踩点,观察哪家有羊或者鸡鸭较多,再摸清该村的人员状况,晚上就会过来实施盗窃。该村曾经发生过几起公然抢夺鸡鸭羊之事。笔者与老人聊天中发现老人对于这些状况是无可奈何的。

问:你们现在这边的小偷情况怎么样?

答:多得很,他们都仗着我们老,打不过他们,他们骑个摩托车,两个人一车,跑得快得很。

问:你们村庄近一年发生了多少盗窃的?

答:多少?那可多了,小的就不说了,光是大的,比较厉害的都有十来个呢。某某家的羊一夜间全部被人牵走了。还有2个月前,我们几个老头就在我家门口坐着,我家的大黄狗就在不远处趴着,来了两个骑摩托车的人,手里面拿着个打狗钳子,看都不看我们啊,就当没人似的,狗还没有爬起来,他们一下就把狗打死了,我们刚想起来去抢狗,他们就拿着那个大棍子说:"我看你们不要命了,信不信再过来,我一样打死你们。"我们哪里还能动啊,不就是任着他们把狗弄走了,这都不是偷啊,这是明抢呢。

更可气的是这些人都年轻巴巴,有胳膊有腿的,不去打工挣钱,专门来抢我们这些老头老妈的东西,你说他们不是丧良心吗?

另一个老人插话:"最恨人的是,那几个人把我家的小鸡都放药药倒①以后,拿着个大袋子,把小鸡往里面捡。我在旁边也弄不过他们,他们还说,大娘你不要着急,我们会留给你几个的,够你吃鸡蛋的,多谢你为我们养鸡啊,我总共养了20多只老母鸡,就给我留了3只,丧良心啊。"

问:他们来偷鸡的时候,你们打电话啊,比如110啊。

答:你打电话给派出所?人家哪能管你这些啊?偷鸡摸狗的,不犯法,最多关几天就放出来了,你得罪了这些人,以后可不得了,他们总有时间来治你啊,把你家放火给烧了,你到哪里找人去?

还有的犯罪分子看到哪家没有人,晚上就到他家开锁搬东西,搬粮食②。当前乡村社会中的盗患依然是一个严重的社会治安问题,农村留守人员力量的薄弱加剧了这些盗徒行为③。现在白日里,老人们谈论最多的就是张家几十只鸡昨夜被掳走了,李家养的狗、羊被盗匪拉走了。盗匪疯狂肆虐成为农村当下主要的社会危害,也是构成农村不稳定的主要因素。

三 李村中被定义的老年

老年作为人生命中的一个特殊阶段,是每个个体都要经历的阶段,至于什么是老年人,不同的度量方法则有着不同的含义。大体而言,在社会中主要采用日历年龄、生理年龄和心理年龄等来度量社会个体的年龄。日历年龄是指以个体出生时刻算起直到统计时点的个体经历的整体年;生理

---

① 据老人们说,这些偷鸡的人他们下的药不会把小鸡毒死,就是毒晕小鸡,拿回家后再喂解药,小鸡就活过来了,然后他们再以高价卖给鸡贩子。

② 该村居民的习惯是粮食收下了之后不会立刻变卖,因为这个时候价格较低,而是等到春节前后,再决定是否变卖,因为这个时候一年中的小麦价格基本确定下来,如果春节时候雨水较好,明年的收成有保障,小麦价格以后也不会太高,反之如果来年收成预期不好,则这个时候小麦价格就会走高,而且会随着天气变化而变化。所以该村几乎每户人家家里都会存储万把斤小麦、5000斤左右黄豆。

③ 按照该县公安局的一位工作人员说法,这些盗匪都是从江苏省睢宁县那边被撵过来的,因为随着苏北经济实力的增强,他们在社会治安方面的投入也较多,对于这些"两抢"行为打击也较为严厉,他们在农村的每个村庄入口处和出口处都安装了摄像头,这些摄像头对于那些盗匪起到了巨大的震慑作用,他们不敢在睢宁作案,故而转移到S县,使得S县的农村盗匪恶性案件直线上升。

年龄是与日历年龄高度相关,以日历年龄为基础,但是又与个体生理结构高度相关的年龄状态。

老年人生命阶段、群体和年龄层形成与他们在社会中的地位变迁有关。

(一) 社会中对于老年的界定分类

首先是日历年龄的界定。现代社会中,对于老年人的界定主要是日历年龄界定,目前大多数国家对老年人年龄的界定也就是对退休年龄的界定[①]。老年是对处于被补偿阶段而接受国家政策照顾的成员的认可。

故而,老年年龄的社会界定从工业化开始便带有浓厚的经济色彩,其主要目的是解决老人年老体衰之后的经济来源问题。1889年德国颁布了世界上第一个老年保障法案,规定年满65岁的人才可以申请退休,70岁以上的人才可以获得老年保障。

其次是生活个体的主体性界定。主体性界定是指个体对自己的老年认可,夏传玲(1995)认为这种界定可以分为三个阶段,即老的觉醒——"我老了吗?"老的体验——"我怎么就老了?"老的承诺——"我老了!"这三个阶段分别代表着老年人不同的人生认知,他们基于自己的身体状况和周围生活环境,在心理上给予自己相应的角色期待。

最后是个体家庭生命周期的变迁界定。家庭生命周期理论按照家庭的生命发展过程,将家庭划分为六个不同的阶段,具体分为家庭的形成,该阶段从夫妇结婚时开始;家庭的扩展,从第一个孩子出生开始到最后一个孩子出生;扩展完成,家庭中所有成员全部到位,生活在整个家庭中,不再有新的成员加入;收缩,从第一个孩子开始离开家庭算起;收缩完成和解体,最后一个孩子离开家庭直到夫妻双方全部去世。在家庭生命周期的划分中都暗含了对人的生命历程的划分,即人的青年、中年、老年等阶段,几乎所有的家庭生命周期中对于老人的界定都是以子女全部结婚或者离开家庭作为老年人生的开始。

国际上的通行标准为年满60周岁即可认定为老年。

(二) 李村社会中的老年界定

乡村社会日常生活中的什么情况可以将他人和自己界定为老人?是不

---

① 顾大男:《老年人年龄界定和三新界定的思考》,《中国人口科学》2000年第3期。

是也遵循着我们上面的几种界定标准？笔者带着这个问题走访了李村部分成员。经过调查，笔者总结了他们三种典型的回答方式。

农村人不存在退休一说，60岁的退休年龄对于他们而言没有什么影响。在乡村中，老年是一个带有家庭、健康和文化内涵的概念。

其一，66岁大寿之后开启老年阶段。无论一个老人身体状况如何，66岁生日之后，他们就成为老年人了。李村老人很少过60大寿，他们习惯于过66大寿，有俗语"六十六吃块肉"，即在父母66大寿这天，女儿要为父母买六斤六两的肉、六斤六两的果子（糕点），要买很多新衣服，放着鞭炮回娘家为父母做寿。一般情况下，寿星都是坐在房屋中间的椅子上，由晚辈按照辈分排着来祝寿——下跪、磕头等。事实上，很多人都认为人在66岁之后，身体机能有较大幅度的下降，很多时候感觉体力不如从前，干农活也会有很多阻碍。但是60岁的人只要身体健康，他们不承认自己老了，外人也很难把他们当作老人对待，因为他们完全可以从事很多农活，甚至有时候干起活来比小伙子还厉害。而在66岁之后，他们无论在自我角色的认可或是外在形象的建构上，都倾向于认可老年这个称谓。李村老人对于老年的不同阶段都有着相应的解读，比如73岁又是一个阶段，老人在73岁这年的正月初三要吃条鲤鱼，意即"七十三，猛一窜"；另外一个阶段是84岁，民间有所谓的"七十三，八十四，阎王不叫自己去"的民谣，这些年龄对于老人而言都是忌讳。

其二是家庭生命周期的界定。伴随着家庭生命周期事件的依次展开，个体的衰老实践也在不断进行。儿子结婚之后，父母的社会角色很快变为公公和婆婆。在这样的家庭结构中，父母很自然地被塑造为长者和老者，因为他们下面有小的了，小的都已经成家结婚，他们就要接受家庭生命周期的角色安排；很快他们会成为奶奶和爷爷，这样的称呼进一步强化了衰老的个体实践，都是爷爷奶奶级别的人了，无疑应该有更为严格的老人角色适合他们，不论他们的年龄是多大。

一个人虽然很年轻，但是如果他已经有了孙代，也会被界定为老人。因为一旦他们有了孙辈，就意味着自身责任已经完成，人生角色已然转向下一个阶段，即抚育孙代，而且他们的土地也会被儿子拿走一半，因为他们都老了，要这么多的土地干什么呢。这个时候很多人就会称女性为"老妈妈"（第三声），这一个老妈妈是对女性老年人的界定和认可。在李村，大多数人由中年向老年过渡似乎发生在60岁,这期间包含了一系列相关的变化,男人不再当家,女人也开始以抱孙子为自己的晚年目标,兄弟们各自分家,以显示父辈已经上了年纪。

其三是个体的自我实践认定。对于衰老,个体的自我实践也是关键的步骤。个体的衰老应该从其第一个孩子开始结婚时算起。在李村,很多人第一个孩子结婚时,平均年龄在46岁左右,在这个阶段,严格意义上他们还是中年人,具有健康的身体,且依然参加所有的家庭劳动,有的还外出打工补贴家用。但是在心理年龄上,他们已经开始把自己界定为老人。另外在居住方面,他们也在开始逐步进行老年居住实践,家里面最好的住处肯定要给儿子和儿媳妇,他们自己则开始居住条件不好的房子,这是他们对于老人自我认可的关键一步。他们外在的表现就是用语言来自我认可"老头老妈的什么好的孬的,还要什么好呢,哪样不能住啊"。

很多老人在60多岁之后,由于家庭生活不如意,会主动接受老年社会角色认知,"有年龄人"是该村对于不熟悉的老人的统称,这个称号是中性词,且不分男女。进入村庄打听事情,找个老人问一下"请问有年龄人,你们庄……",这样的称呼不会失礼,也不会惹恼被问者,笔者进入该村之后,遇见老人基本都是以这样的称呼开头。因此在村庄内部的界定中,老人的自我感觉和家庭生命周期是结合在一起的,只要抱上孙子,就被界定为老人,日历年龄则变成了一个参考。

其四是大众化的模糊界定。一些采访者被问及时会说,我们都五六十岁的人了,基本不知道外面的事情了,在面临乡村事务时,他们自称是老人,不掺和。但是在农村的耕作体系中,他们则又变成了中年人。一个人只要身强力壮,参加农村劳动,自己不会把自己当作老人,别人也不会把他当成老人,因为这个太正常了。"过了60岁就不干活了?这不是开玩笑嘛,到哪里去弄吃的?谁给你钱花?你没病没灾的,又不是七老八十的人,儿子也不理你啊,村里人也笑话你,五六十岁的人什么活不能干。"可见在乡村中,70岁以上的人被界定为老年人是被认可和接受的。如果一个社会成员完整地经历了家庭生命周期中的全部事件,则其也在逐步的实践中进入了个体衰老的过程体验中,尽管他们对此并不是非常清晰,但他们确实是在一步步地进入老年。

四 李村老年群体的类别

前文对于农村老人的界定大体可以把李村老人从年龄上划为三个类别，这些不同年龄段的老人日常生活实践的重点有着不同的特点，日常生活方式也呈现着各自的特征。

（一）50~65岁的低龄老人

这部分老人有劳动能力，身体相对健康，与子女分开居住，经济上实行自我保障，是当前农村社会中农业耕作的主力军，他们的子女基本已经成家，自己已经完成了人生任务，开始谋划晚年生活。部分老人在耕种自己承包的土地之余，还在附近的工地或农业大棚里面务工，或者从事一些家庭副业如养殖鸡鸭等，以补贴日常生活之用。他们自己劳动所得不仅能够维持自己和家人的生活，还可以资助部分子女。他们在子女面前还具有一定的地位，因为他们还年轻，还有较强的劳动能力，可以为子女提供较多的劳动支持。子女对他们还有一定的依赖性，就像那些刚刚结婚成家的儿子，需要父母的帮助在村里面生活，包括一些人情礼仪等。这部分老人的日常生活实践具有较强的主动性，他们基本不受制于子代的影响，在村庄内也还有部分的公共活动空间，因而他们的日常生活实践主要还是围绕着子代家庭和自身生活进行。他们具有一定的经济能力来进行相应的经济活动。

（二）65~75岁的中龄老人

他们体力不如上一部分人，大部分老人身体机能下降，身患各种疾病。他们依然坚持种地，实现养老的自我保障，他们一般会把名下的土地分给儿子耕种，然后自己耕种部分土地，但可以实现自我供养，减轻子女负担。从调查来看，中龄老人只要还有地，有事情可做，就比较幸福，而一些失去土地的留守老人，生活就非常寂寞无聊。

（三）75岁以上的高龄老人

对于他们而言，其子代年龄也在50岁左右，并且也处在重大压力之下，有的已经开始回家务农。有了回家的子代，老人便有了一个依靠和希望；而有的子代依然在外务工，这部分老人的生活和日常照顾则成为问题。

第四节　总结

在当前的李村社会中，伴随着现代化的开启，整个农村社会生活形态发生了较大的变化。乡村社会由礼俗社会进入了法治社会，传统的乡村生活方式出现了渐变，寂静的乡村与喧嚣的城市形成了鲜明的对比，城市展现活力与激情，而乡村则变得老迈与破落。一群老人组成了乡村图景，面对寂静的乡村和猖狂的盗匪他们充满了无奈和不安。当前农村社会生产方式与传统社会相去甚远，老人的经验和价值出现了边际效应递减之势，他们缺乏知识和技术来进行市场交易并获取相应的经济资源，被排斥于现代化的生产方式之外。中国的现代化是一个逐步推进的过程，这个过程必然有所偏重和取舍。农村在某种程度上是现代化过程中的后发区域，农民是国家现代化过程中被动作出牺牲的群体。在这个群体中，老年农民无疑是最为脆弱的，他们被动进入现代化的图景，被现代化的车轮挟裹前行，一无所有的他们只能看着现代化带给其他群体美好愿景，而自己却沦落至贫困的泥淖之中，长老权威让位于时势权威[①]。农村社会阶层分化日益明显，年龄作为分层主轴日益被强化，乡村生活主体发生了颠覆性变化，老年人由核心位置移动到边缘位置，而中青年人则迅速占据了村庄生活的核心位置，李村的楼房结构分布区分了青年和老年的空间，也进一步划分了村庄生活的参与主体。

在寂静的李村生活中，与老人相伴的还有日益猖獗的盗贼，这些盗贼严重地扰乱了老人的生活秩序，造成了当地惶惶不安的景象，因此，李村老人不但要面对村庄内部的寂静，还要忍受外来的盗贼滋扰。同时由于现代理性的深度侵入，在当前的乡村社会中，理性化的思维方式几乎主导了村民的日常生活，村民的价值世界出现了渐变，人际关系呈现理性化特征，家庭生活日益私密化。

在变化了的乡村世界中，农村老人是被动承受这一变化的群体。青年群体有的是时间和精力来适应变化，进而从被动卷入变为主动参与，他们的适应时间是短暂的。据统计，青年人的平均适应周期是3年，他们外出

---

① 费孝通：《乡土中国·生育制度》，北京大学出版社，1998。

务工2年左右，就已经逐步适应了城乡生活的差距和候鸟式的生活节奏，对于城市生活他们更多的是渴望和融入。而对于农村老人而言，现代化则是一个被动和无奈的过程，缺少时间来适应，缺少技能来投入，也缺乏劳动力来进行。

第三章　个体化的李村老人经济理性实践

农村老人作为社会底层的弱势群体，在农村社会生活转型之际，其生存状况逐步呈现社会生活隔离化、社会身份边缘化、经济能力弱势化等"去价值化"和"去道德化"的趋势。在家庭养老的现实难题和制度养老的遥遥无望之中，李村老人并非坐等垂垂老矣而陷入生存困境，而是积极运用"生活理性"原则建构自己的晚年生存保障。在他们个体化的日常生活中，李村老人几乎都在践行自我养老的实践安排。他们依托土地，在日常生活中进行勤勉的自我生存保障实践。本章内容重点考察个体化的李村老人生产实践情况，看他们如何在晚年实现自我供养和自我生存保障；在日渐变迁的社会现实中，如何运用生活理性来为自己的晚年提供相应的经济支撑。本章研究的老年人实践活动仅限于身体健康、自己参加劳动的老人，对于那些身患疾病，已经退出了日常生产领域的老人，本章内容暂时悬置其相关实践的讨论。

第一节　农村老人生存保障体系的渐变

一　老年群体经济地位日渐衰落

中国传统社会的经济实质上是一种"伦理经济"①，尤其在乡村社会中，这种伦理经济是整合传统日常生活机制的源头。梁漱溟论述道："伦理社会中，夫妇、父子情如一体，财产是不分的。而且父母在堂，则兄弟等亦不分；祖父在堂，则祖孙三代都不分，分则视为背理。一曰共财之

---

① 王绍光：《大转型：1980 年代以来中国的双向运动》，《中国社会科学》2008 年第 1 期。

义。不过伦理感情是自然有亲疏等差别,而日常生活实以分居为方便;故财不能终共。于是兄弟之间,或近亲之族之间,便有分财之义。初次是在分居时候分财,分居后富者或再度分财于贫者。亲戚朋友邻里之间,彼此有无相通,是曰通财之义。通财,在原则上是要偿还的;盖其分际又自有不同。然而作为周济不责偿,亦正是极普通情形。还有遇到某种机会,施财亦是一种义务;则大概是伦理关系上最宽泛的了。要之,在经济上皆彼此顾恤,互相负责;有不然者,群指目以为不义。此外,如许多祭田、义庄、义学等为宗族间共有财产;如许多社仓、义仓、学田等,为乡党间共有财产,大都是作为救济孤寡贫乏和补助教育之用。这本是从伦理负责观念上,产生出来的一种措置和设备,却与团体生活颇相近似了。"[1] 可见当时人们之间的经济关系是服膺于亲情伦理的,人情为重,财物斯轻,这是传统社会中家庭关系和财产的处置方式。老人作为传统长老权威,自然也是家族经济的最高掌控者,他们集经济、政治、伦理、文化权威于一身,是乡土社会中实至名归的权威人物。

新中国成立后,农村社会实行了以人民公社制度为标志的集体化经济,"经济去伦理化"便开启了相关历程。首先在价值取向上,集体价值观和国家价值观成为社会成员生活的主要价值取向,家族和家庭则被压缩在个人利益和自利性的价值规范中;在经济单位上,家族被消解,家庭则成为集体经济中的一个基础概念,家庭变成了一个消费单位,失去了其生产单位的功能。在集体化时代,农村的队社组织成为人们社会和经济生活的基础单位,全面掌控了农村社会成员的经济来源和日常生活,消解了家庭"伦理经济"的价值基础和秩序基础。在集体制中的口粮田制度、工分制度及合作医疗等制度中均以家庭为单位进行经济结算,故而农村老年人与家庭捆绑在一起进行日常生活实践。虽然老人年老体衰,在经济活动中处于弱势,但是因为捆绑式的制度设计,老人自身的生存问题依然得到了足够的保障。

改革开放之后,市场经济全面进入社会成员的生活,农村集体经济逐渐瓦解或消散,公社和大队逐渐剥离了经济控制功能,回归到基层的政治和治理功能,农村社会成员走向市场。农村社会生产围绕着市场进行,农村社会中的伦理互助在市场经济面前全面溃退,"伦理人"成为"经济

---

[1] 梁漱溟:《中国文化要义》,上海世纪出版集团,2003,第 96~98 页。

人",市场交易理念逐步成为主宰农村社会成员日常生活的核心机制。为了追求经济利益,提高生活水平,农村出现了规模庞大的外出务工群体,这些变化肢解了农村家庭生活的完整性,使得农村家庭生活呈现碎片化、隔离化趋势。一切以经济利益为重,已经成为农村社会成员日常生活的重心所在。在计划生育人口政策的推动下,家庭人口规模逐步缩小,家庭规模小型化进一步挤压了农村老年人的经济生存空间,也消解了传统伦理经济的基础。在这样的氛围中,农村社会出现了"去老龄化"的趋势,这种"去老龄化"现象主要体现在农村的生产和生活中。在生产中,农村老人的技术和体力已经不足以应付当前农村现代化的生产方式①,年龄对于他们而言已经不是优势而是劣势。在生活中,农村老人也处于家庭的边缘、社会的底层位置,在村庄公共事务中是一个沉默的群体。在农村老人被"去价值化"之后,他们又面临着"去老龄化"的威胁,即失去了劳动能力,家庭支持力度不足,又缺少国家的系统救助,作为社会弱者的农村老人丧失了获取经济资源的能力和掌控经济资源的传统优势,他们被排斥在市场和社会生活之外。

二 老人传统权威的渐次消弭

农村社会权威离散在不同的时间点有不同的表现。这种权威的离散首先在空间上表现为村落公共空间的萎缩。关于村落公共空间,不同的学者给予了不同的表述。曹海林认为,"公共空间即是社会内部业已存在着的一些具有某种公共性且以特定空间相对固定下来的社会关联形式和人际交往结构方式"②。他认为公共空间大体上包括两个层面:一个是有形的空间和场所,如乡村的祠堂、集市、路边、墙根等,村内成员可以自由进出,谈论日常闲话;另一个则是制度化的活动或组织③。

在传统社会中,祠堂作为家族生活的公共空间,承载着伦理教化、举行家族仪式等社会继替功能,几乎所有家庭成员的精神空间都集中于家族祠堂中,都能在祠堂中寻求到祖荫的庇护和人生的归宿。在这样的空间

---

① 仇凤仙、杨文健:《建构与消解:农村老年贫困场域形塑机制研究——以皖北 D 村为例》,《社会科学战线》2014 年第 4 期。
② 曹海林:《乡村社会变迁中的村落公共空间》,《中国农村观察》2005 年第 6 期。
③ 曹海林:《乡村社会变迁中的村落公共空间》,《中国农村观察》2005 年第 6 期。

中，长者是权威也是家族的核心所在。祠堂是老年人行使社会权威的核心场域，也最完整地阐释了费孝通先生笔下长老统治的内核。在费老看来，长老统治的核心在于其拥有教化的权力，而这种权力是建立在稳定的文化传统之上的，是同意权的产物。新中国成立之后，祠堂作为封建遗留被铲除，依附于祠堂的所有权威系统自然解体，长老权力自然也被削弱。在人民公社高度集体化的组织形式下，村庄的公共空间体现出行政性和动员性特征，公共空间作为政府的基层动员载体而存在，是政府在基层威权的延伸，因而获得了较大的发展和严格的保护。公共空间作为一个高度政治化场所而存在，无论是空间场所还是活动形式，基本都在浓厚的政治气氛中。在人民公社化时代，李村的公共活动场所大致可以分为全大队公开活动场所和每个生产队的活动场所两大类。凡是涉及全队重要的事情，如动员大会等，都要集中到大队场部去开会。作为政治任务，每一个人务必到场，否则就会立刻被贴上标签成为政治异类分子受到相应的制裁。而每个生产队内部的公共空间则是针对本队社员完成全生产队的重要事务而言的，如传达大队或是公社的指示，这样的集会既是生产安排的需要，又是基层政治威权的体现，如果有人不参加大会而又没有任何正当理由，就会被扣上一系列的帽子。因此这样的村落公共空间在政治威权的维护下得到了持续发展，不仅在空间规模上不断拓展，在制度上也不断被强化和形塑，逐渐成为社会成员日常生活中的重要场所。在这些空间中，长老权威消失殆尽，国家权威日渐成为核心。

农村社会内部权威的衰退要追溯至新中国成立初期的农村社会改革，即土改运动。土改运动是以消灭农村封建土地所有制为核心的政治运动，把土地收归国有，实现了国家对于资源的全面掌控。在形式上首先剥夺大土地所有者的土地所有权，这些土地实际控制者作为农村社会中的事实权威成为被打击和改造的对象，这些运动在经济上肢解了农村社会内部权威的经济基础，在政治上剥夺了他们参与基层社会管理的权限和机会。在阎云翔看来"国家政策一直是推动家庭与当地道德观变化的主要动力"，"即在1950~1970年代国家政策鼓励年轻人去挑战族权和父权，从而造成公共性的沦落，公众生活完全依赖于集体和国家"[1]。伴随农村系列改造过程，国

---

[1] 阎云翔：《私人生活的变革》，上海人民出版社，2017，第31页。

家权威系统日渐延伸至农村社会的日常生活中，彻底破除了农村社会以村社共同体为特征的社会基础结构，重构了农村的日常生活和农村社会的权威系统，在事实上确立了国家在农村社会的权威。周晓虹认为这一阶段农村社会的主要政治任务是国家对于自身权威系统的树立和农村社会生活的重构，农村日常生活呈现高度政治化的特质。

新中国成立初期的政治运动破除了农村社会传统权威基础，消解了长老权威的传统，老人的社会地位随之下降。在改革开放后的农村社会治理中，国家从农村社会生活中快速离场，又在事实上抽调了农村内部权威系统的价值体系。改革开放后，国家从农村日常生活中全面撤离，赋予农村、农民以基层治理和经济选择自主权，土地承包政策重新赋予了农民土地的耕种自主权，事实上相当于把农业生产的选择权还给了农民。国家权威的快速离场，使得原先以集体主义为核心价值的经济和政治基础逐步消解，农村价值体系随之多元化，这在一定程度上加速了农村社会结构的原子化，农民远离日常政治，开始专注于他们眼前的经济追求。

伴随着市场经济的发展和现代化的冲击，市场化逐步成为农村社会生活主题。传统道德和价值权威在市场经济的涤荡中日渐模糊。更多的人被市场抽调到远离乡村生活的场域去进行另外一场与乡村无关的建设，空虚的乡村失去了生产内生权威的社会基础，留下的农村老人不再代表乡村长老权威，取而代之以老弱贫的形象，老人权威体系无论在文化、政治还是经济层面均被逐步消解，老人在日常生活中的权威逐渐没落。

三 日渐形成的农村老年弱势场域

在中国社会转型过程中，伴随农村老年权威体系消解而来的是，农村老年经济供给途径的弱化和缺失，这导致大量农村老人陷入了贫困的泥沼之中。在精准脱贫政策实施之前，农村老人是贫困高发人群，农村老年贫困人口数量庞大。于学军测算农村老年贫困人口数量超过3000万，农村老年贫困率为41%左右[1]；乔晓春等研究表明农村老年贫困发生率为

---

[1] 于学军：《老年人口贫困问题研究》，载中国老龄科学研究中心编《中国城乡老年人口状况一次性抽样调查数据分析》，中国标准出版社，2003，第55~58页。

18.8%[①]；杨立雄依据不同的标准（农村贫困线和 1 天 1 美元两个标准），对于中国农村老年贫困人口进行统计分析并结合农村最低生活保障数据进行推算，结果均显示中国农村老年贫困人口的数量超过 1400 万[②]，农村老年贫困率相应为 10% 以上[③]。另据中国城乡老年人口状况一次性抽样调查数据分析，43% 的人担心"没有生活来源"，49.8% 的人担心"生病没钱治病"，66% 的人认为"是家庭的负担"，75.6% 的人"感到跟不上社会发展"[④]。虽然不同的学者采用不同的测算口径得出的数量有差距，但各类数据和统计资料均显示中国农村老年贫困问题已经是一个非常严重的社会问题，且随着农村社会的快速转型，该群体的贫困数量仍有扩大的趋势。精准扶贫等脱贫政策的实施使农村老年贫困问题已经彻底解决，农村老年绝对贫困现象已经消失，但是由于农村老年群体的增收困难和家庭支持力度不足，其依然面临返贫风险。社会转型对当前农村老人贫困的影响主要体现在生产方式、生活方式等几个方面。

1. 生产方式的现代性排斥了农村老人获取经济资源的途径

传统农业社会到现代社会的转变，形塑了农村老年贫困的时代背景，也造就了农村老年贫困的逻辑起点。在传统农业社会的伦理经济下，老年人具有社会地位和掌控资源的优势，在资源的分配中起绝对支配作用。作为农业经验的传承者，他们是传统社会的"长老"。在以土地私有制为基础的小农社会中，家庭的生活单位与生产单位的同一性最大限度上维持了家长的权威。

当前农村社会经历了较大的转型，社会生产方式与传统社会生产方式相去甚远，老人的经验和价值出现了边际效应递减之势，他们缺乏知识和技术来进行市场交易并获取相应的经济资源，被排斥于现代化的生产方式之外。农村老人贫困也是现代化过程中的一个必然现象。中国的现代化是一个漫长且逐步推进的过程，在这个过程中必然有所偏重和取舍。在某种

---

① 乔晓春等：《对中国老年贫困人口的估计》，《人口研究》2005 年第 2 期。
② 杨立雄：《中国老年贫困人口规模研究》，《人口学刊》2011 年第 4 期。
③ 由于采取的测算口径问题，这只是农村老年贫困人口数量和老年贫困人口发生率的最小规模。
④ 中国老龄科学研究中心编《中国城乡老年人口状况一次性抽样调查数据分析》，中国标准出版社，2003，第 89~90 页。

程度上农村是现代化过程中的后发区域，农民是国家现代化过程中被动作出牺牲的群体。在这个群体中，老年农民无疑是最为脆弱的群体，他们被动进入现代化的图景，被现代化的车轮挟裹着前行。

2. 生活方式的理性化消解了农村老人参与村落事务的场域

生活方式与生产方式高度相关，生产方式的变迁必然导致生活方式的相应变迁，人类的发展史实质就是生产方式和生活方式渐次发展的历史。传统乡土社会是一个高度同质性的社会，生于斯，长于斯，老于斯，常态的生活就是终老是乡，人和人的关系是与生俱来的，是先天性的，而非后天选择，是先我而存在的一个生活环境①。礼法的延续和传承与自然、社会更替节奏基本保持一致。作为经验和礼俗传承者的农村老年人，他们具有绝对权威，故是长老统治，在乡村中守望相助，在生活上相互合作。这种生活方式以老人为核心，老人作为权威系统的集大成者全面参与并主导着村落事务。

随着现代知识向乡村拓展，知识取代经验，法律替换礼俗，文字下乡②、迎法下乡③等离散了乡土社会的礼俗，规训了农村社会的理性。伴随着当代法律进入乡村，乡村权威体系消解，乡村社会由"长老统治"体系进入了制度文明体系。这种理性化的生活方式背后，实质是对农村老人权威的离散，邻里纠纷、家庭纠纷解决的主体转变为进入乡村的法律和庙堂之上的法庭等公共机关，失去权威的老人在乡村社会场域中逐渐边缘化，失去了参与村落事务的场域，也被排斥于村落事务之外。

在现代工业主导的社会中，老人无论在生产还是在生活中都失去了其历史功能和现实价值，农村老人经历了从生理弱势到经济弱势进而到地位弱势最终沦为边缘的过程，完成了从农耕社会老人的绝对权威到工业社会老人的"去价值化"④ 的转变，现代工业的主导性在其中扮演了关键性角色。

---

① 费孝通：《乡土中国·生育制度》，北京大学出版社，1998。
② 费孝通认为，"在社会结构和思想观念没有发生相应变化前，就简单把现代的司法制度推行下乡，其结果是法治秩序的好处未得，而破坏礼制秩序的弊病却已经先发生了"。费孝通：《乡土中国·生育制度》，北京大学出版社，1998，第58页。
③ 董磊明、陈柏峰、聂良波：《结构混乱与迎法下乡》，《中国社会科学》2008年第5期。
④ 徐静、徐永德：《生命历程理论视域下的老年贫困》，《社会学研究》2009年第6期。

3. 家庭财富非均衡性转移是农村老人经济地位低下开始的起点

农村老人经历了现代性的"去价值化"之后，又经历了财富非均衡性转移，即老人在年轻时候积累的财富过早、过多地转移到子代手中。财富倾斜性转移到子辈手中是他们贫困的直接因素。这种财富的被动转移依靠代际剥削来实现，而代际剥削主要通过子女的婚事来实现。

在农村老人的观念中，为儿子娶上媳妇才算是完成了他们的人生任务，否则就是没有尽到父母的义务，在这个过程中所有的开支和花销都由父母承担。在李村调查中，笔者粗略计算了该村男性娶亲的费用，一座二层小楼（15万元左右），女方的彩礼（5万元），还有其他各种名义的彩礼等，一个家庭娶媳妇的总计花费是20万元左右，如果有2个儿子，还会有攀比等。虽说这些彩礼钱女方都会带回男方家，都归小两口所有了，和老人无涉，但欠下的债务则全由老人偿还①。老人一生的积蓄不仅在这个瞬间花光了，还要背负着沉重的债务。

访谈案例32

李庄一对刘姓夫妻，分别是70岁和68岁，有3个儿子。他们为2个儿子娶了媳妇之后，家里已经一无所有，而且也无钱可借了，不得已只好给未过门的三儿媳妇打了个借条，保证在其结婚5年之内，给其盖好楼房，女方拿着欠条才愿意和男孩结婚。而后这对夫妻外出捡破烂挣钱。据他们自己说两人曾经十年都没有回过家，只是源源不断地从外面汇钱给小儿子让他们盖楼房，小儿子也果然用这些钱盖起了楼房。在问及债务时，他们说自己在外面捡垃圾积攒的钱还清了所有债务，3个儿子全部不用偿还结婚时欠下的债务。

在现代化和市场化的双重冲击下，乡村社会内部竞争性压力凸显，这种竞争体现在李村就是建房和对子女教育的投入上。在建房上的竞争尤为

---

① 很多女方在结婚前都会明确和媒人说或者签协议明确嫁过去后不还账的，所欠账务全部由老人自己承担。

明显，它通过邻里场域扩散开来①。这种压力通过代际传导到老人身上，如果左右邻居都盖起了楼房，唯独自己儿子家还是低矮的房屋，老人也将面临压力。基于面子，他们会想尽办法借钱给儿子盖房子。这种竞争压力进一步消减了农村老人的生存资源，将仅有的财富进一步通过代际完全转移。这种代际压力转移导致的财富非均衡性转移在实质上是农村文化转型滞后的表现。当下农村社会生活和生产方式的快速变迁，使得农村传统慈孝文化出现断裂，甚而是二元分离，即子代反哺的"孝文化"与父代的"慈"文化出现断裂。父代依然坚守慈文化中的代际责任，而子代在孝文化中的代际责任却日渐消弭，慈孝文化的二元断裂导致农村老人陷入贫困的泥淖之中②。

4. 印象标签的建构——形塑农村老年弱势场域的空间结构

贫困作为一种生活形式，会形成"贫困惯习"约束和影响个体的思维和行为方式，最后演变成一种贫困价值观。农村老人的弱势标签在生活中被塑造为贫困惯习，最后演变为特定的价值观并被标签化，在空间上被塑造为特定的弱势场域。这里面既有外部话语的赋予，更有内部自我印象的建构，老人形成了固定思维方式，认可了自我弱者的定位，对于乡村弱肉强食生活法则默然认定，这一切都强化和延续了农村老年弱势场域。

首先是自我弱势印象的建构。事实上很多老人固守于自己的弱者状态，不愿意去改变。在内心深处他们把自己建构为一个年老的弱者，似乎年龄大和弱者的角色更加适合他们，这就强化了自我弱者印象的建构。

访谈对象1，Q，女，64岁："老了不能挣钱了，就少花点钱吧。吃的比别人差点，穿的破旧点，都是很正常的。夏天找个阴凉（地

---

① 在李村，一旦一家建造楼房了，其邻居势必也要盖楼房，否则就感觉自己在人家屋檐下低人半头。邻居的建设热情就这样被激发，如此反复，直到有路隔开；或者是家庭被人公认为实在无能为力，才会作罢。在该村建房到现在依然有种不成文的规定，即一家的房子不能高出邻居家的，也不能向前突出，这样会让邻居家形成不好的运气。村庄内部的纠纷很多是建房而引起的。一个村庄内部的老房子都是一条脊的，高矮、前后位置、宽度都一样，所谓的"瓦房未盖有檐（言）在先"。但是盖楼可以不受这样的约束，可以盖三层楼也可以盖二层楼，随便盖多宽。在李村农民的行动中，后盖的房子势必要比先盖的房子更高、更宽，绝对不能落于人后。

② F. X. Qiu, H. J. Zhan, J. Liu and P. M. Barrett, Downward Transfer of Support and Care: Understanding the Cultural Lag in Rural China Ageing & Society, doi: 10.1017/S0144686X2000152X, 2020.

儿），冬天找个有太阳能避风的地方坐着就很好啦，城里人上班一天到晚忙得没落脚地的，饭都来不及吃，俺们可不去受那罪哦。"

老人的弱者心理建构源于他们对陌生生活方式的恐惧，是在无奈之下的自我安慰策略。费老生动地解释了这些现象，"直接靠农业来谋生的人是黏在土地上的"，"土地不能随便搬走，长在土里的庄稼也是行动不便的，侍候庄稼的老农也因之像是半身插在了土里，土气是因为不流动而发生的"①，他们固有的经验和思维阻碍了农村老人对现代化的适应。"在社会变迁中，人并不能靠经验去指导，能依靠的是超出个别情景的原则，而能形成原则、应用原则的不一定是长者，这种能力和年龄的关系不大，重要的是智力和专业，还可加一点机会，在变迁中，习惯是适应的阻碍，经验等于顽固和落伍。"② 费老的这段话异常深刻地点出了农村老年人在社会转型中的位置，经验已然成为顽固和落伍的代名词，笔者在李村的调查充分验证了费老的这个判断。

其次是乡村话语场域的外部建构。在今天的乡村生活中，乡村内部熟人社会向着半熟人社会转变，有学者称之为"原子化"。"原子化"的社会意味着村庄内部凝聚力弱化，竞争性增强。村庄内部的竞争不仅仅是外在社会声望和社会位置的竞争，更是村庄内部资源的竞争，当一个乡村社会缺少外部援助时，村民仅有的能力就是去竞争有限的内部资源来谋求自己生存条件的好转。在村庄竞争中，首先沦落在底层的是缺乏资源和能力的老人，他们成为村落内部没有话语权的群体。失去劳动能力的老人不能从市场中获取经济资源，且疾病缠身，缺少外部援助，他们的贫困被当地社会成员认为是非常自然的事情。

访谈对象3，W，女，32岁："年龄那么大了，住的肯定要差一点了，不可能和我们年轻人比啊，我们累死累活地干了那么多活才有能力盖这些楼房，才能剩余些闲钱，我们负担多重，以后还要给孩子留着用，上大学、娶媳妇哪样不要花钱啊，这些老人家他们要钱干什么呢？

---

① 费孝通：《乡土中国·生育制度》，北京大学出版社，1998，第7页。
② 费孝通：《乡土中国·生育制度》，北京大学出版社，1998，第68页。

又不要操心家里事的，没事就去坐着晒太阳找阴凉就行了，其他的事也不要他们管的，有口饭吃就行了吧，能穿得暖和，不挨冻就行了呗。"

在农村社会的竞争中，年轻人忙着自己的家庭和生计，村庄内部的竞争与老人无涉，老人生活好不好不再是当前农村社会的舆论关注点。在内部的自我建构和外部话语赋予的合力之下，农村老人的弱者形象逐步构建起来，并且其贫困状态得到了合理化的阐释。

农村老人弱势是一个逐步加深的过程，在这个过程中，很多因素叠加在一起，共同形塑了农村老人的弱势场域，其中有制度性因素、社会性因素，也有人为因素。在社会转型的宏观背景下，老人面临着生理弱势转化为经济弱势的风险。他们"去价值化"后的弱势体现的是农村社会保障体系薄弱的社会事实。在农村生活理性化的场域中，老人失去了自己的话语权，在多重因素的交互形塑下，不可避免地落入了弱势位置中。我们可以再一次简略地勾画出农村老人弱势场域的形塑过程。

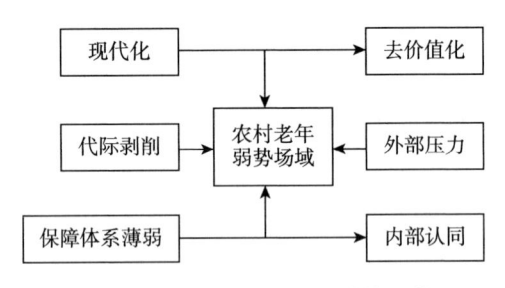

图 3-1 农村老人弱势场域的形成

农村老人的经济保障经历了一个逐步变迁的过程。作为传统社会中经济资源的掌控者和权威的拥有者，他们的生存有国家、制度和伦理体系的三重保障。传统社会中家国同构的组织架构为老人晚年生存提供了足够的伦理支持和社会资源保障。因而，在传统社会中，老人不需要为自己的生存太过操心，只需要把家庭管理好，自然会有足够的经济资源保障他们的生存。但是伴随着现代化生产和生活方式的推进，他们在生产和生活中逐步被边缘化。这种消解首先体现在对他们生产技能和生产能力的消解上。现代化的生产方式摒弃了依靠经验传承的农业和手工业生产方式，老人的经验和价值被消解，他们的生产价值不复存在，因此他们的经济来源被阻塞。随之家庭的经济功能外移,家庭成员获取经济来源的渠道呈现多元化,老人对于家庭资源的掌控弱化,家庭财富的创造更多体现在年轻人家庭之外的创收上。因而,老人的家庭经济能力被弱化,随后是家庭地位降低、家庭权威被消解。而在他们经济能力落后、家庭权威被消解的过程中,国家制度缺位,农村社会中逐步呈现农村老人弱势场域合理化趋势。

第二节 李村老人经济资源的自我保障实践

一 坚持劳动——李村老人生活的土地寄托

关于劳动的含义,在哲学和经济学意义上各有不同的阐释。经济学家威廉·配第认为"土地是财富之母,劳动是财富之父"。洛克则对劳动的所有权问题进行了界定,认为劳动所有权是劳动者的私有财产,百分之九十九的财富都是劳动创造的。哲学对劳动的社会性内涵予以了专门的解读。黑格尔认为人与动物的本质区别在劳动,劳动在人的个体生活中起到无可替代的作用。马克思认为劳动是连接人和自然的链条,是人充分发挥其自身主动性来调适其个体与自然之间交换关系的过程[①]。哈贝马斯认为劳动不仅有工具性和策略性内涵,还体现出社会个体交往实践关系。汉娜·阿伦特认为"劳动是相对于人的生理过程而言的,其目的是维持生命,每个人的自然成长、新陈代谢及其最终的死亡,都受到劳动的制约,劳动控制着人的整个生命历程,可以说,劳动即是人的生命本身"[②]。马克斯·韦伯在考察了新教徒的日常生活之后认为"劳动是人应尽的天职和终身的使命,上帝赋予每个人地位和职业,即把他的尘世活动限制在一个既定的范围之内,对于这一点,个人应当永远谨守"[③]。在这里,劳动被韦伯赋予了社会学意义上的精神建构。马克思进而把劳动升华到一个全新的阶段,即"我的劳动是自由的生命表现,因此是生活的乐趣"[④]。李村老人劳动的意

[①]《马克思恩格斯全集》第25卷,人民出版社,1974,第201~202页,转引自刘真《马克思劳动观研究》,硕士学位论文,上海师范大学,2012。
[②] 汉娜·阿伦特:《人的条件》,竺乾威等译,上海人民出版社,1999,第1页。
[③] 马克斯·韦伯:《新教伦理与资本主义精神》,黄晓京、彭强译,陕西师范大学出版社,2002,第62页。
[④] 转引自张盾《马克思哲学革命中的伦理学问题》,《哲学研究》2004年第5期。

义和内涵兼具以上哲学和经济学的解读。首先，劳动是李村老人生存的重要方式，也是他们维持生命的重要途径。李村老人在面临老无所养的生存困境中，在家庭养老保障被消解、国家制度被排斥的现实中，在缺乏相应知识和技能进行其他经济活动时，唯一可能的是继续耕种他们熟悉的土地，在土地上劳作来获取相应的经济资源以进行自我经济保障。虽然这种实践较为艰辛且收入微薄，但这是他们晚年获得保障的唯一方式。吉登斯认为"对于个体实施的行动，我们不能错误地将它可以描述的特性当成个体对它持续的监控过程。能动作用不仅仅指人们在做事情时所具有的意图，而是首先指他们做这些事情的能力。能动作用涉及个人充当实施者的那些事件"①。其次，劳动是农村老人日常生活的重要内容和社会交往实践。要理解这一点，必须从农村老人劳动的对象——土地来阐释。脱离土地，单独谈农村老人的劳动仅有经济学的意义，而无哲学的价值。土地之于农民绝不仅仅是经济保障的供给者，事实上土地已经内化为农民生活的全部。"一直在某块土地上劳动，一个人就会熟悉这块土地，这也是对土地产生个人感情的原因，……如果说人们的土地就是他们人格整体的一部分，并不是什么夸张。"② 土地对于老年农民而言不但是其生活来源的保障，更是其精神上的希望。无论是有劳动能力的老人还是失去劳动能力的老人，土地都是他们晚年生活的希望。一项由吉林大学主持的有关新农保调查显示，80%的农民表述不愿意放弃土地③。在李村，80%以上的老人表示不愿意离开土地，他们愿意坚守在自己的土地上，努力耕种，以微薄的收入来建构自己晚年的生存保障体系。在李村老人看来，劳动是他们的天职也是他们的终身使命，这点和韦伯关于新教徒劳动的认知是一致的。他们为劳动匹配土地，土地和劳动对于李村老人而言恰如威廉·配第的"土地是财富之母，劳动是财富之父"的论断。谈及干活、劳动，李村老人言辞之间最常用的就是"闲不住"，农村人就是干活的命，你不干活，还能做什么呢？在家里面老是待着，也很容易生病。

因此，劳动对于李村老人而言具有双重意义。一方面，劳动是他们获

---

① 吉登斯：《社会的构成》，田禾译，三联书店，1998，第69~70页。
② 费孝通：《江村经济》，北京大学出版社，2012，第155页。
③ 穆怀中、沈毅：《中国农民有无土地两序列养老路径及养老水平研究》，《中国软科学》2012年第12期。

得生存保障的必要手段。如果他们不参与劳动，或坐等子代赡养，这样的生活无疑是不愉快的，尤其是对于那些还具有劳动能力的老人而言，他们不但要被子代责难，还要面临村庄内部舆论的指责。"因为你能干活，不干活，就整天两手插在口袋里面，冬天赶着太阳晒太阳，夏天撵着阴凉去乘凉，坐等饭到嘴边，这样的日子不好过哦。"而那些相对勤快的老人则是一直坚持自己种地劳动，虽然辛苦一些，但他们依靠自己的劳动获取更好的经济报酬感觉自己日子过得舒心，也减少了代际的经济冲突。

访谈对象5，Q，男67岁，和老伴种地12亩左右。在播种季节，儿子和女婿表示要帮忙给他播种，他却拒绝了，坚持自己种，因为他们看不惯现在年轻人种地毛毛糙糙的，不符合他的要求。

"他们种地一点都不仔细，种子都种得歪歪斜斜的，地里面的大土疙瘩子也不使劲耙碎了，就耙个一两遍就算了，那些大土疙瘩子满地都是，种子被压在下面怎么能出来呢。苗都花花搭搭的，种子事前也不浸泡，试试出芽率，就瞎鼻瞪眼地向地里面种了。哎，你看现在的年轻人哪像个种地的样子。都是糊弄，在外面他们给人打工，糊惯了，在家里面也糊弄。我不要他们种，我自己慢慢地开个机子弄，地里面几乎看不见土疙瘩，土就像面那样软和、细。每天（以前），我家地里面都是最干净的，没有什么杂草，都要锄4遍，我家庄稼在全村庄里面也算是数得着的。就现在弄个除草剂不要锄地了，小麦无所谓，但是黄豆、棉花这些秋季作物还要锄地的，你不锄地，它根部的土不能松，它就长得不好，我至少拿出锄头和我老伴每天早上和晚上还要下湖（到田里）去锄一阵子呢。现在很多老的小的他们都不下湖了，就在家里面打牌了。我闲不住啊，闲着就觉得身上难受，每天都要到地里面转一圈，心里面才舒服。"

李村人均3亩地，假设一对夫妻名下有6亩田地[①]，按照该区域内的

---

① 该收益情况是假设一对老人身体健康，完全可以自己耕种土地。除了小麦的收割用联合收割机之外，其余大部分劳动都是他们自己完成。

种植习惯，他们一年种两季作物，小麦和黄豆①轮流耕种，则他们的收益如下，小麦亩产400公斤，平均价格为2元/公斤，麦子收成是4800元左右；黄豆亩产约在100公斤，价格5元/公斤，收入约为3000元。他们一年的收入是7500元左右，去除化肥农药、机器耕种收割等生产性费用，一对夫妻一年净收入大约在5000元。虽然5000元对于很多家庭而言只是很小的一笔钱，但对于农村老人而言这笔费用则是他们生活的全部，他们就用这笔钱负担日常生活的所有开支。

表3-1 李村老人土地耕种情况（N=110）

单位：%

年龄段（岁）	拥有耕地意愿	拥有耕地情况	耕种情况		种地收入在所有收入来源中的比重
			自己种	儿子或亲戚帮忙种②	
60~69	95	90	96	4	70
70~75	90	85	87	13	62
76~79	60	50	62	38	37
80岁及以上	20	10	5	95	7

从表3-1可以看出，农村老人在65岁左右、身体相对健康、具备一定劳动能力的情况下，有着较高的劳动意愿，他们可以从土地中获取相应的经济收入，实现经济上的自我保障。农村社会中的日常竞争通过代际压力传导到老人身上，子代供养在时间和经济上的困境也迫使他们不得不进行土地耕种，加强自我养老保障，以期减少子代的负担。

访谈对象6，W家庭，丈夫65岁，妻子63岁，身体健康，偶有

---

① 小麦和黄豆的田间管理较之于其他经济类作物如棉花等相对简单。且在收割播种的时候可以使用机械，减轻了劳动负担。收割机几个小时就可以把作物收好放到指定的场上晾晒。在耕种方面，播种机直接把肥料和种子一起下地。农业机械化作业有效延长了农民的劳动年龄。
② 农村老人使用机械化方式已经较为普遍，他们的收割工作基本都使用收割机。在李村，雇工还不是多见，在农忙季节，如午收和秋种，大家都是各自忙于自己家的田地，尤其是那些年轻人，都是回家十来天急急忙忙把自己家的主要作物收了并且种了下一季作物以后，就立刻返回城市。亲戚主要是女婿帮老人进行耕种收割。

小病。他们有2个儿子、2个女儿。大儿子40岁,小儿子35岁了,3个孙子都在县城里面上学。两个儿子常年在外打工,孩子都丢在家里面,由老人隔代抚育。谈及两个儿子的养老责任,老人说:"他们现在负担这么重,村里面家家都盖楼,他们两家都还没有盖楼,孩子上学都要花钱,上大学了,更要花钱了,他们在外面拼命干活挣钱,也只够盖一个楼,还不一定够呢。老大还好,一个儿子,盖一处楼就行了,老二受罪了,要盖2处楼房,全家就指望着他们在外面挣点儿钱回家盖楼。现在这些年轻人也难啊,什么都比着,日子也不好过,他们是比我们手里面有点儿钱,可是他们的负担也重啊,将来他们自己还不知道到哪里去养老呢,哪里还能顾得上我们哦,现在趁着我们自己还能动,赶紧得自己多种几年地,攒点钱在手里面。我们也不指望儿子将来给我们钱了,只要他们能把自己的日子过好了,我们也能过下去。你没有钱,张口向他们要钱,不是找气生嘛。他们也不是多有钱,还闹得家里不和。这样最好,我们能动的时候啊,各管各的,到不能动了那天再说吧。"

笔者在李村及相近的村庄走访时发现,在这个区域内,几乎所有健康的老人都参加力所能及的田间劳动,大部分老人都耕种自己名下承包的土地。由于都是留守在家,依靠土地获取收入来维持自己的日常生活,李村老人的同质性较高,异质性较低,贫富差距不是很大。

费孝通认为"都市的兴起和乡村衰落在近百年来像是一件事的两面"①,在现代化的过程中,"对于农民来说,农业的历史是痛苦的发展史,因为他们的精神状态和传统制度很难适应工业社会的需要"②,伴随着中国农村社会转型,农村老人在转型开始阶段确实很难适应工业社会主导的一个全新的体系,甚而被甩在了这个体系之外。现代化过程对乡村老人最大的影响莫过于对其经济地位的影响,今天乡村老人的形象建构很大程度受其经济地位下降影响。在当下的农村社会中,虽然家庭养老现实困难和制度养老遥遥无望使得部分老人陷入困境,但老人们并非坐等其垂垂老

---

① 费孝通:《乡土中国·乡土重建》,上海世纪出版集团,2007,第254页。
② 让·雄巴尔-德洛夫:《法国农业趣史》,马四丘等译,农业出版社,1985,第59页。

矣，而是运用生活理性原则来积极建构晚年生存保障，适应社会的变化，最为典型的经济实践就是农村老人坚持参加田间劳动，耕种土地获取经济收益，即所谓的"老人农业"。

　　针对这些现象，不同的学者有不同的看法，有学者认为老人农业是中国乡村社会衰败的体现，也是农村社会不稳定的隐忧。有学者认为老人农业是农村老人自身价值体现和自我实现的有效方式①。贺雪峰认为乡村发展要服务于老人农业，农村老人从事农业生产不仅事关农村老人自我价值实现，也事关农村社会的长治久安②。在笔者调研区域，有劳动能力的老人几乎都参与农业劳动，都在耕种自己名下的承包田，大部分老人都认为种地是农村人的基本技能，土地是宝，任何时候都不能轻易丢掉。他们对于土地的感情恰如费孝通先生所言"直接靠农业谋生的人是粘着在土地上的"③。

　　案例13：女，62岁，丈夫64岁，女儿和儿子都在外地安家落户，并且都已经结婚生子。村民们都认为他们以后肯定要跟着孩子们去城里安度晚年，很多老人都非常羡慕他们，但是这对老人依然坚持在李村生活，并且耕种他们名下所有的土地。

　　老人说："闺女让我们不要种地，跟他们过去，到城里面享清福去。到城里面哪是去享福啊，那是受罪啊，天天蹲在屋里面像坐牢一样，出去也认不得几个人，连个拉呱的人都没有，我前几年去城里带孙子2年，哎呀，差点瘦死了，等孩子一上学，我就赶紧回家了，跟儿子说，我不去了，我在家种地，出钱给你们请保姆，我不去坐牢了。我们现在手里面不缺钱，他们年轻人在城里面上班，一个月就拿那几个钱，就是比我们少累一点儿，旱涝保收罢了，还没有人家出去打工挣得钱多呢，就落个名声好听，是吃公家饭的。我们现在也不是老得不能动了，自己能忙一点儿就是一点儿，能挣多少就是多少吧，现在不能伸手向孩子要，你现在能动，就跑去孩子家吃喝，自己没有

---

① 王德福：《乡村振兴不能忽视"老人农业"》，《社会科学报》2018年3月29日，第2版。
② 贺雪峰：《乡村振兴战略要服务老人农业》，《河海大学学报》（哲学社会科学版）2018年第3期。
③ 费孝通：《乡土中国·生育制度》，北京大学出版社，1998，第7页。

一分钱，不方便哦，我们就是农村人的命，不干活，就难受，不种地，还能干什么啊。我在城里面待着，就天天浑身难受，头也晕，心也慌，闷得难受。回到家里面，到地里面跑一圈，再干点儿活，就觉着身体舒畅多了。头也不晕了，心里面也不难受了。就是干活的命哦。一闲着，就要生病，你没有揪头（类似于牵挂和奔头）了，你看那些老人原先没有地的，地被儿子要去种了，他们天天就跟无揪头（奔头）的样，人家去干活了，就他们在门口坐着，也难受啊。我们都能到自己家地里面看看庄稼怎么样了，心里面有个事来想着，这人就有劲头。你看老头子，天天不知道累，就拼命去伺候那些地，他不嫌累哦，到城里面蹲几天，他就说累，还这疼那疼的，人不能闲着，一闲着，身体就作怪。只要我们老两口还都在，我们哪也不去，就在这里待着，种点地，自己过自己日子，除非等到一个先走了，剩下的也不能动了，那时候再去儿女家，让他们给口吃的，自己手里面也有钱，方便啊。"

在李村，如前文所述，老人在村庄内部从事基本的农业劳动，以获取自己晚年的生存保障。农业劳动具有较强的季节性，现代机械化的耕作方式在一定程度上延长了老人耕种土地的时间，减轻了他们的劳动负担，使得农业劳动对于体力的要求有了较大的下降，这些在客观上也为老人继续耕种土地提供了现实条件。在农闲时间，很多老人选择走出去，到附近的村庄、工地等场所去打工，以获取相应的报酬，李村老人外出务工的途径主要集中在两个方面。

其一，帮助该村外来的大棚户进行相应的田间管理。一些身体状况较好的老人在耕种自己名下的土地之后，在农闲季节还可以在村庄附近的一些承包田里务工，帮助外地承包户进行相应的蔬菜田间管理。虽然大棚里面热闷潮湿的工作环境非常艰苦，但是每天30元的劳务费对于他们而言是一笔很大的收入。在笔者调查的区域内，该村有4个山东大棚种植户承包土地进行大棚蔬菜种植，在他们大棚里面工作的80%是老人。这些老人虽然身体状况不如以前，但是毕竟还是在田地里面工作，和他们熟悉的土地打交道，这些农活与他们是高度契合的，他们也具备相应的能力。只要身体健康，他们还是愿意到这些大棚务工获取一定的经济报酬，尽可能地为他们的晚年再多积蓄一些钱财。

访谈对象 7，L 家庭的经济账本如表 3-2 所示。

L 家庭中，丈夫 64 岁，妻子 62 岁。二人基本健康，妻子患高血压 7 年，腰椎间盘轻度突出；丈夫咳喘多年。夫妻二人实际耕种土地 5 亩。妻子在附近的大棚里面帮助别人进行田间管理和蔬菜采摘。一天工作 10 个小时左右，早上 6 点~11 点，下午 1 点~5 点半。报酬一天 30 元，当天结账。这种农活具有很强的时效性，不可能长期需要大量人手，也有可能蔬菜成熟了需要大量人手利用 1 天把成熟的蔬菜采摘完，老人也视自己身体状况安排时间去干活。

表 3-2　L 老人家庭年收支

单位：元

收入		支出	
种地	4500	人情来往	2500
子女供给	0	食物	1500
养老金	1300	看病	1000
务工收入	1000	孙辈支出	500
合计	6800	合计	5500

其二，凭借自己手艺外出揽活。这部分老人多是有一点技术的，算是农村的手工艺人。他们年轻时凭借自己的技术在乡村之外务工，年老之后也就在乡村附近区域找些力所能及的工作，既可以排解在家里的寂寞，也可以获得相应的经济报酬。

访谈对象 8，Q，男，67 岁，石匠，会修桥和修防护坡等。年轻时一直在外面修桥铺路，虽然以前的工作报酬不高，但比在农村的种地收入还是要高一些，因而家里面一直较为殷实。年老之后，由于其经验较为丰富，虽然不能从事搬弄石头等重体力活，却是乡村社会中不可多得的人才。由于乡村建设需要修建很多跨河的小型石拱桥，这个工作具有较高的技术性，该区域内几乎找不到这样的人才，因而承包商便请Q组织了一个队伍来修桥，费用全部由承包人负责，工资按天结算。Q不需要干活，只是负责技术指导和统筹安排人手干活。Q工资是180元/天，其他人是120元/天。虽然抬石头是极其辛苦的体力活，但还是有很多老人主动找到Q要求参加这样的工程项目，毕竟每天120元的报酬对他们还是有较大的吸引力。据Q说，很多老人还非常有干劲呢，还担心活干完了，没有活干呢。

伴随着农村家庭结构的变迁，农村老人依然坚持传统的伦理角色安排，将抚育子女视为自己的人生任务务必要完成，因而农村老人成为家庭的无私奉献者。他们在坚持完成自己的人生任务之后，却遭遇现代观念伦理的冲击，代际平等和代际公平弱化了代际反哺的伦理理性，老人遭遇了老年生存危机，他们失去了稳定经济来源的提供者。伴随着现代农村代际日常生活的隔离化，很多老人基于现实生活的考量，唯有继续参加劳动才能实现生存保障。在另一个层次上，从农村老人的传统思维和生活习惯来看，他们的一生几乎是与土地相伴，土地对于他们而言，不仅仅是生活资料和物质财富的来源，更是他们生活中不可或缺的精神寄托和情感寄托。

二 分家析产——代际生活理性的开始

在李村老人晚年生存保障实践中，老人除了积极参加劳动获取经济来源之外，还在代际日常生活中采取了较为务实的理性实践策略，试图通过这些日常实践来保障自己晚年生存资源的稳定和充裕。斯科特认为"生存伦理就是根植于农民社会的经济实践和社会交易之中的道德原则和生存权利"[1]。老人在日常生活中强化着自己的经济理性实践，以理性来进行个体生活的自我再造和预期维持。在家庭日常实践中，他们已经开始为自己的日后生存做出相应的空间和时间安排，他们对于子代生活的参与度开始了有步骤的撤退。在老人认为完成了自己的人生任务，即所有子女都已经结婚之后，一无所有的他们开始重新建构自己的日常生活。在具体的实践

---

[1] 詹姆斯·斯科特：《农民的道义经济学》，程立显等译，译林出版社，2001，第8期。

上,他们开始主动与子代分家析产①。肖倩认为"分家指的是子辈家庭从父辈家庭中独立出去的过程和状态",她进而总结出分家中的抑制性因素是父辈的权威力量,而分家中的推进因素则是子代的独立要求,因此分家就是在这两种方向相反力量冲突下发生的家庭行为②。肖倩的观点反映了传统家庭中分家力量相互作用的过程,父辈是阻力,子辈是推力。但是在现代家庭生活中,分家的阻碍和推动力量发生了逆转。在李村,分家的推动和阻碍力量也经历了一个逐步变迁的过程。在20世纪90年代以前,分家过程中的力量恰如肖倩所描述的那样,子代是分家的主导性因素、是推力,父辈则是抑制分家的主要力量。在传统社会中,大家族生活被视为团结与和谐的象征,分家被视为是很丢面子的行为,"在农村里面一谈到分家没有人会理直气壮地认为这是应当的,多是要用不得已、不争气等宥词来表示行为和标准不合的苦衷"③。当子代的独立要求与父辈的大家庭理想呈现较大张力时,家庭矛盾也因之而生,故很多家庭矛盾都是子代的分家要求不能满足而引致。而从20世纪90年代以来,分家的主导性因素出现了大变化,即老人分家意愿反而更为强烈,成为分家的主导力量,而年轻人的分家意愿呈下降趋势,年轻人成为分家的阻碍力量。在李村的调查中有90%的分家行为都是老人主动提出,年轻人只是被动进行。这点和宋丽娜在湖北J县梭村调查中得出的结论相吻合,即老人已经成为分家行为中的积极实践者,李村有85%的老人在儿子结婚一年内提出分家单过。贺雪峰等认为农村"代际剥削"是促使农村老人主动提出分家的核心因素,分家是农村老人应对"代际剥削"的措施。

在李村分家时间提前的同时,分家的形式也在发生变化。原先的分家多为一次性分家,所有的儿子全部结婚之后再分家,兄弟之间全部分开单过,老人彻底退出家庭生活的决策角色。而现在李村较为普遍的分家形式则是多次连续分家,即结婚一个儿子,就分出一个,直至最后一个儿子结婚分出去。在这样一个连续的分家过程中,老人积累的财富也在逐渐耗尽。每一次分家都要分出家庭的部分财产包括土地、房屋等,

---

① 在李村,分家都是特指父母与儿子分家,女儿不参与分家,因为女儿要嫁出去,是人家的人,不是家里人了,以后是亲戚了;在父母心中儿子才永远是家里人,是最终依靠。
② 肖倩:《制度的再生产,中国农民的分家实践》,博士学位论文,上海大学,2006。
③ 费孝通:《乡土中国·生育制度》,北京大学出版社,1998,第181页。

老人与未婚的儿子同住直至其结婚成家，同时独子分家也成为村庄日常生活的常态。

李村老人在倾其一生所积为儿子盖房、娶妻之后，真正沦为一无所有者，甚至要背负一身债务。学术界讨论的"代际剥削"主要从老人的代际责任方面讨论，如为子代结婚、盖房等。实质上"代际剥削"形式多样，不仅体现在代际互动中的"大事"上，而且体现在日常生活的琐碎事件中，尤其是在子代结婚以后，"代际剥削"依然存在。在李村的采访中，很多老人言及，老人如果继续和已婚子代在一起居住，则子代在外务工收入归自己小家庭，老人无权要求他们拿出来共用，但老人却要负担子代的全部开支，相当于子代的生活成本全部转移到老人身上。而在分家之后，老人则能趁着身体健康再多种几年地或到外面务工挣钱以还债和为以后生活储蓄。在李村，很多老人在分家之后，只要能继续耕种自己的承包地，就至少可以维持一个温饱有余的生活水平，不会因为贫困而生活没有着落。因此很多老人积极主导了分家过程，也使得李村的分家时间大大提前。这是在新的社会伦理变化中老人日常实践理性化一个较为突出的表现。

在中国家庭日常生活中，家庭结构的变迁直接导致了家庭内部成员关系和权力位置的变化，甚而影响了整个家庭的日常实践行为和日常生活。丁文等认为，"家庭结构，就是家庭内部关系的排列组合方式。家庭内部关系包括本质关系和人际关系两部分。本质关系和人际关系的性质和排列组合方式的变化，是家庭结构变动的主要标志"[1]。在传统社会中，血缘关系是家庭关系的核心与基础，故而家庭关系异常牢固，"血亲关系十分牢固，在三要素组合中居于主位，家庭关系以亲子纵向结构为轴心，供养关系按财产关系来确定，丧失家庭财产权的女性，终生被男性所供养，并对男性处于人身依附地位"[2]。

在中国，家庭矛盾大多是婆媳矛盾。在李村，有句民谣"天上下雨地上流，婆婆儿媳不和头"，《孔雀东南飞》中主人公的悲剧则把中国传统社会中婆媳矛盾推向了悲剧的高峰。在传统社会中，由于父—子纵向的核心

---

[1] 丁文、徐泰玲:《当代中国家庭巨变》，山东大学出版社，2001，第336页。
[2] 丁文:《家庭学》，山东人民出版社，1997，第301页。

轴在家庭日常生活中占据主导位置，在父权和夫权主导的社会中，女性在家庭中是没有社会位置的。但是女性在不同的人生阶段所受到的待遇是有差异的，年老女性可以依靠儿子获得增生性家庭权力，具有支配内宅的合法性权威，在一定程度上也是整个家庭内部生活的权威。新来的媳妇完全生活在婆婆的日常权威之下，在父—子核心的纵向权力架构下，儿子也没有能力帮助妻子挑战整个家庭权威。婆媳关系以婆婆的强势为主导，很多媳妇的命运掌握在婆婆手中。媳妇自然而然就只有把自己的人生命运寄托在将来生一个儿子，然后"十年媳妇熬成婆"，从而实现家庭权力的接棒。而在现代化的乡村社会中，由于整个社会"去传统化"的现状，家庭生活的权力结构出现了变化，由"父—子"核心的纵轴关系转变为"夫—妻"核心的横轴关系。在这种转变过程中，婆媳关系也出现了颠覆性的变化，婆婆由传统社会中的家庭管理权威变为现代社会中一个单纯的老人角色，此前附着在婆婆身上的权威被日渐剥离。儿媳妇因为有了丈夫的支持，在家庭中具有了强势地位。在一个新婚的家庭中，新来的儿媳妇对于公婆而言无疑是陌生的，身边仅有丈夫是熟悉的人。婆媳两个很不熟悉的人在一个共同的生活空间内生活，势必会产生诸多的矛盾。一些老人较为明智地选择在家庭尚未出现矛盾时就提及分家，把较好的资源都留给子女，而自己则主动搬离原先家庭。媳妇因为与公婆保持了时空上的距离，减少了日常生活中的摩擦，也在一定程度上保持了代际关系的融洽。

三 节俭压缩——最低的消费

相对于李村老人积极劳动和与子代互动中的理性实践，李村老人对于消费则是谨慎和保守的。因为他们能种地和外出务工的时间越来越少，意味着他们获取经济来源的渠道越来越窄，他们可支配的收入越来越少，因而他们在日常消费中极力压缩开支，节省支出，以拉长手中有限收入的使用长度。阎云翔认为一个家庭面临着生存抉择时，家庭成员的消费欲望是无从谈起的。那时，老一辈人最看重的品质是勤俭和忍耐，消费则被减少到最低的限度[①]。

[①] 阎云翔：《私人生活的变革》，龚小夏译，上海书店出版社，2009。

(一) 参与低层次的市场交换

农村老人在有限的经济活动中，市场参与度是非常低的，因为他们缺乏交换资源。他们基本维持着自给自足的传统生活方式，蔬菜自己种，鸡鸭自己养，仅仅需要到集上购买些油和肉类食品。很多老人表述年龄大了，又有高血压等疾病，不适合吃肉，所以很少买肉来吃。他们日常消费的肉类是鱼类，因为鱼类较为便宜，还可以补充肉类蛋白。很少有老人到集镇上为自己买衣服或者是牛奶等消费品。很多老人要么是女儿为其购买衣服，要么是男性老人穿儿子不穿的衣服，认为这样不浪费。老人认为衣服只要不脏、不破、干净就好，一件衣服会穿很多年，不需要每年都买新衣服。伴随着物价上涨，老人可支配的收入就更少了，这加剧了他们的生活焦虑。面对窘境，他们唯一能做的就是尽力减少自己的消费，这其中既包括生活资料的消费，也包括自身健康消费。虽然在访谈中很少遇见像邬沧萍老师描述的农村老人"零消费"现象，但是在实际中，农村老人消费水平低下，且多聚集在生存物品上是不争的事实。农村老人的低消费一方面由于其节俭的习惯，不必需的东西不会买；另一方面体现了他们对于晚年生活的悲观预期，这点在他们的健康消费上体现得尤为明显。

(二) 健康消费压抑

农村老人由于年轻时参与大量繁重的体力劳动，限于经济条件和医疗条件没有进行相应的健康维护，身体被繁重的劳动过度透支，大多数老人带病生存。为了解决农村人口的医疗问题，国家从2003年开始在农村实行新型农村合作医疗制度（下文简称新农合），该制度以其付费低、保障范围广、效果显著等优势在农村快速推广，广受农民欢迎。但在制度设计之初，仅报销住院费用，不报销门诊费用，且制度不完善，住院费用虚高、报销比例偏低，导致农民自付比例偏高，农民实际支付费用没有显著减少。同时，该制度对于农村老人而言存在很多障碍，甚至出现制度排斥现象。随着制度逐步完善，当下新农合已经成为解决农民医疗问题的基本制度，在保障农民健康方面发挥了不可替代的作用。基于此，学术界也探讨了新农合对于农村老人的健康保护效应。一方面，新农合在事实上确实为大部分农村老人提供了医疗支持，显著提高了低龄老人的医疗服务利用水平和预防保健支出，但农村高龄老人医疗服务利用不明显，学界认为经济因素仍是我国农村高龄老人医疗可及性的制约因素，也即新农合政策提高农村最脆弱群体医疗可及性的作用不明显①。同时，医疗机构级别越高对于农村老人的医疗需求排斥越大②。很多老人都是身患高血压、脑血栓、腰椎间盘突出、肺气肿等多种慢性疾病，这些疾病住院治疗效果不明显，门诊更方便，而且需要长期服药。在访谈中，很多老人提及看病问题，他们说自己的病都是"老汉病"（长期慢性病），住院看太贵了，看不起，去看门诊又都要自己付钱，也没有那么多钱，所以他们很少去医院看病，自己花钱买药吃（见表3-3）。从老人的表述中可以看出，经济因素是制约老人健康消费的首要因素。他们对于自身的健康维持在最低位的生存需求上，身体的疾病能忍则忍，尽量减少自己的支出，还是要留下一部分收入预防以后的生活开支。

表3-3 李村老人疾病治疗情况

类别	数量（人）	正规治疗（人）	不治疗因素（单位:%）				
			没钱	怕花钱	子女反对	不方便	治不好
高血压	50	10	32	42	5	9	12
腰腿疼	60	15					
脑血栓	45	20					
白内障	12	70					
呼吸病	60	20					

访谈对象10，T，70岁，男，患有肺气肿多年，咳嗽厉害；妻子65岁，患有高血压、腰椎间盘突出，自己种田。

问："你们生病去医院正规治疗过没有？就是住院治疗。"

答："这些病住院也治不好，住院白花钱啊，就熬着吧，年龄大了，肯定是问题多。我去年到镇里面的医院看，就立刻要我住院，我就住院了，一天都要1000多，住了4天院，花了5000多啊，也还是吃药、吊水，没有什么作用，现在不还是照样咳嗽、喘啊。"

---

① 陈在余等：《新农合对农村老年人医疗服务利用的影响——基于高龄、低龄老人分析》，《中国卫生政策研究》2018年第7期。
② 林晨蕾、郑庆昌：《新型农村合作医疗补偿机制对农村老人住院服务利用的影响——基于健康差异的视角》，《中国农业大学学报》2020年第6期。

问:"新农合不是可以报销吗?你们可以多住几天治疗效果会好一些呢。"

答:"那都是骗人的,人家医院都说了,这新农合是国家弄的,是可以报销,关键是他们把药费提上去了,原来只要30元钱的水,他现在给你开100,是可以报销一部分,但是这么多你自己不还是要掏很多钱啊,我住了4天,自己不还是要付1000多,比以前住4天院花的还多。"

问:"大妈的病有没有去医院看呢?"

答:"看了,这住院也看不好,去医院拍过片子了,只有住院才给报销。住院啊,住不起啊,还麻烦,家里没有人,也不行。还是自己到药店买点儿药吃吧,看电视广告的药好,就买点儿吃。"

问:"您生病费用是您自己负担还是孩子们也帮着分担一下?"

答:"都是自己出钱,你种地,儿子知道你手里面有钱,你自己不出,让儿子给你出钱看病,那也不可能啊,他们也不给啊,换句话说,就是我们手里面没有钱,要说去医院住院看病,他们也不乐意出。人老了,有点病是正常的,又不是城里人有点病就跑医院,那样跑谁能受得起啊。"

在李村,老人尽力压缩自己日常生活支出和看病支出的同时,还要面临村庄内外人情支出的重担。对于农村老人而言,这些人情支出的压力是他们退不出、卸不掉的重担。虽然他们和子女已经分家,但是由于他们还在种地,且儿女大多时间在外务工,远离乡土,留守在家的老人则承担起了人情来往的所有重担。老人省吃俭用的钱很大一部分都在这些人情来往中花掉,很多老人直接说:"我们种地要是不出礼,足够我们老两口花销的了,以后还能存点儿钱,关键是现在这个人情来往太厉害了。"

综上所述,李村老人基本是自我养老。据统计,李村老人的平均寿命在73岁左右,很多老人只要身体健康就可以一直自养,直到完全丧失劳动能力;最后一个阶段即完全被赡养阶段,持续时间并不长。虽说儿子履行了相应的赡养义务,但是老人生存异常艰难。这也是很多老人不愿意自己过早地进入被赡养状态的主要原因之一,他们虽然自己辛苦劳动,但是毕竟还能掌控自己的生活。

表 3-4 李村老人的支出结构

单位：%

支出类别	占总支出比例
吃喝日用	15
生产投入	30
看病	10
住房建设	10
人情来往	35
总计	100

分家之后，李村老人在代际关系中采取了务实性的工具性交换策略。代际关系的工具化伴随着农村现代化的推进而逐步形成，这种工具性关系形成的主导者是子代。子代的逻辑在于交换，即只有老人用剩余劳动力和他们交换，他们认为才有养老送终的义务。因此在这样的工具性代际关系中，老人处于弱势位置，子代则处于强势位置，老人只能接受而别无选择。但是伴随着农村现代化和"社会化小农"[①] 现象的深度渗入，农村老年家庭保障的可能性进一步消解，老人对子代养老的期望值也降低了，促使他们形成了代际理性关系，即老人开始对子代进行有限度的付出和工具性的交换。他们开始更加看重自己现在的生活，他们首要的是保证自己的生活得以维持下去，而后才开始量力而行地帮助子代。

访谈对象 11，S 家庭，2 个儿子，大儿子在 W 市上班，小儿子在外务工。两家都需要老人带孩子。老人只好分开带孩子，结果是他们无力耕种土地，收成不好。老人要求 2 个儿子开工资来补充他们的土地损失。具体是大儿子每月给 500 元，小儿子每月给 300 元。老人每月有 800 元收入，他们坦言，到城里面大儿子家养老不现实，以后老了不能动了，还是要靠小儿子伺候，所以要的这些钱都是交换，来弥补他们现在的损失，将来老了以后，也可以作为让小儿子抚养的交换资源。

---

① 徐勇、邓大才：《社会化小农：解释当今农户的一种视角》，《学术月刊》2006 年第 7 期。

农村老人代际理性行动的逻辑起点是家庭保障的不现实性以及第二阶段的生存困境，他们开始为自己日后生存预留可支配的经济资源以购买子代的赡养行为。农村老人的这些行为会降低家庭生活的亲情感，使得子代与父代之间形成工具性关系，进一步消解了传统家庭养老。但是针对当前农村的社会现实，这些老人的行为对于其自身而言无疑是明智的选择。农村老人的这种理性算计并不仅仅是经济方面的计算，还有在道德规范、代际关系和家庭结构等层面进行的综合考虑，他们试图规避自己的生存风险，通过自我生存实践来获得晚年生存资源。

第三节　李村老人自我生存保障实践逻辑

在前面的分析中，我们可以总结出李村老人自我生存保障实践的方式：劳动参与、与子代分家析产和压缩消费。在这些实践背后都有其特定的逻辑和指导思想，要理解老人的这些行为，就需要深入他们的日常生活。

一　维持个体生活的自在

在李村的访谈中，笔者也对这些老人执着于分家产生了好奇，他们完全可以跟儿子一起生活，没有必要去分家析产来进行晚年的生活再造。很多老人直接用"自在"两个字回答了这个问题。老人们这种自我生存保障方式实质上是他们自养的生存实践，这种生存实践与李村内部的老人赡养水平和赡养方式高度相关，也是因果相应的。前文说过，在李村，子代对老人的赡养维持在一个极低的水平上，只能保证维持基本生存，在这样的赡养状态中，老人生活是较为拮据的，如果此前没有积蓄，他们真的是一无所有。

在采访中，有位老人被儿子赡养后，没有零花钱，因而自己养了几十只小鸡，希望通过卖鸡蛋的方式来获得一些零花钱。但是儿子媳妇不愿意了，他们说，我们给你粮食是给你吃的，不是给你用来喂鸡的；如果你喂鸡，我们就是一年再给多一倍的粮食也不够；这样你还到处说我们给的粮食不够你吃。因而他们就制止老人的养鸡行为。虽然老人辩解说你只要给够我粮食，不够吃我也不找你要，但是儿子媳妇依然不愿意。他们认为老人为了养鸡，到处去捡庄稼，外边人不知道还以为他们不孝顺，连粮食都不给老人吃，说老人糟蹋了他们的名声。老人最后被迫卖掉了自己的小鸡才算平息了这场风波。故而，如果完全被儿子赡养，老人则几乎失去了所有的自由，零花钱也要看儿子媳妇的脸色才能获得少许。

老人自己种地所获的收入，即便在最坏的情况下，也可以保障自己最低的生活水平，他们至少不用为吃的发愁。如果在风调雨顺的年景，他们还可以获得4000元左右的收入。这对于老人而言是一笔较大的收入，足可以保障他们日常生活正常进行了。在平日里面，老人压缩消费，保障了他们手中现金的流动性，也无疑为他们提供了良好的生活预期。因此，土地使得他们有了一个稳定的收入来源，也延长了他们稳定生活的期限。李村老人在日常生活中通过积极参与劳动，实现自我供养。老人主动要求分家析产，另一个深层动机是保持自身生活的独立性，不被子代干涉。他们有地可以自己耕种，不需要子代负担，就可以做到我的生活我做主，而不需要在一些事情上考虑子代的心情和看他们的脸色行事。他们可以根据自己的心情和身体状况随意安排自己的日常生活，农闲时，他们可以去集贸市场购买自己想要的东西，在邻里等社会关系上也可以保持相对独立的社会交往空间。

二　减少代际冲突

在李村，近三年来的代际冲突明显下降。根据访谈资料，李村里面代际冲突次数一年也只有十几次。而老人说在以前哪家一年不吵几次呢。李村代际冲突频率的下降，可以归结为以下几个因素。

其一，子代与父代分开居住，代际空间距离的延伸减少了日常生活中的摩擦，减少了日积月累的代际生活差异而引致的矛盾冲突。同时子代通常外出务工，一年也就回来几次，而且来去匆匆，因而，这种代际冲突因素也缺少了时间的累积。

其二，农村家庭经济来源的多样化，减少了代际的经济冲突。李村年轻农民外出务工收入远远大于父母在家务农收入，经济上的宽裕减少了子代对于父代的索取，这是代际冲突减少的核心因素。所谓贫贱夫妻百事哀，有老人坦言"穷吵穷吵，越穷越吵"，以前代际冲突很多是经济因素引致。用老人的话说，"他们年青一代的巴不得把你家的什么东西都弄家里去，你不给，那不就吵了嘛。现在人家在外面能挣钱，买的东西哪样都比你家的好，人家看不上你家东西啊，还嫌你的不好"。

其三，双方需求转变，代际矛盾有所缓和。伴随着务工经济的兴起，子代大部分时间在城市，家里的事情还是要请老人帮忙，尤其是有了孩子，更需要老人帮忙照顾，故而子代对于老人的需求反而多于老人对于子代的需求。首先农村老人自身生活角色的转变，减少了代际依赖，从而给子代创造了宽松的生活环境。他们自食其力，不再干涉子代的生活，在不指望子代赡养的心理预期下，他们把过好自己的日子作为现阶段的人生任务。他们在家里面守着几亩土地，依据传统经验种地，进行相应的人情来往，这些他们都可以不依靠子代自己完成。其次在务工经济中，候鸟式的农民工需要牵涉两个不同的空间，农村的家和城市里面的务工单位，当子代进入城市时，农村的家只有交给老人，他们才能安心在城市务工。具体而言，他们的小孩需要老人来照顾，他们的土地需要老人来进行相应的田间管理，甚而有的全部由老人耕种、收割，他们则是坐享其成。可以说，正是农村老人在家庭中的代际支持，子代才能够在外面安心务工。

> 诚如采访中的一位儿媳妇所言："我们不在家里面，家里大大小小的事情还不都指望老人嘛，现在是我们求着他们多咧，真要是和老人吵架了，他们真不管了，你能怎么办？那就要留一个人在家里，那不还是自己吃亏嘛。所以我们现在要哄着老人咧，从外面回来，要给孩子爷爷奶奶带点东西，钱不多，老人高兴啊，他们也愿意给你干活。"

由此可见，李村老人在家庭中的角色逐渐由以前"无用的老人"变为农村生活和农业生产的主要承担者，李村老人角色的转变和贺雪峰等学者提出的"老人农业"的判断完全一致。正是这些积极的角色转变，李村老人在面对子代时自己有了更多的选择。

从以上的分析我们可以看出，李村老人一直坚持经济上的自我生存保障,他们除了要给自己留一个稳定的生活预期之外,还有更深层次的考量,即减少代际的摩擦,在经济上与子代进行相应的分割。

三　积极角色的建构

能干(有能力)、勤劳、整洁、讲道理、知进退的老人是很多李村老人积极形象建构的理想类型。在农村老人积极实践过程中,这些老人大部分基于一个积极者的身份建构来支配自己的日常生活实践。这种类型的建构以李村老人对自身需求的压抑和外在的积极行动来获得。很多65岁左右的老人依然具有劳动能力,还有部分老人有手艺,能外出挣钱,因而他们对自我形象的建构是积极的。对内,保持长者应有的尊严,力争不成为子代的负担;对外,在过日子中也依然参与村庄内部的竞争,不输给邻里,"我能干"是他们引以为豪的事情。

他们基于个体独立的原则,在日常实践中建构自己的独立性,在代际关系中,他们秉承理性交往原则,保持生活自给自足。虽然他们在生理年龄上已经是老人了,但他们不认为自己老了,而且在日常生活中,有的老人还故意显示自己没有老,即李村人口中的"不服老"。

访谈对象12,Q,男,67岁,是从别处招女婿过来的,妻子也不是李村人,他们在某种程度上都是外来户。老人有手艺会修桥,是一个石匠,性格较真,干什么事情都要讲究干得好。由于年龄大一些,有哮喘病、肺气肿等不能外出揽活,他只好在家里面侍弄土地。虽然老人身体状况不是很好,但是他生活的劲头不输给任何年轻人。

"我心劲不老,我能干活呢,我闺女在外面上班每次都要我不要种地了,在家里面歇着,养身体,你说我们农村人就这命啊,一者你不种地,谁给你钱花呢?生病了连看病的钱都没有啊。伸手向儿子要?你也得看他的脸色不是?再说了,他们负担那么重,怎么给你钱啊,你老的能和小的去抢东西啊?怎么着都不如自己种点地能收多少就是多少,一年也能有个几千元收入,日子也能过得去。人啊,你要么就不种地,要种就得把地种好了,种不好,你是糟蹋地啊,人家地里面都干干净净的,没有草什么的,庄稼都长得有模有样的,你家地里面黄豆比草少,看不见黄豆了,你说,你自己能看下去啊?人家走过去的也会说这家人太懒了，也不会过日子，一旦你种地了，你就要负责的。不管什么原因，种一季，就要管好一季。"

最后，老人特别强调了他的观点："种地和你们上班是一样的，农村人他生来就是种地的，你地都种不好，你到哪里都不行，你以为城市里面就到处都是钱，弯弯腰就能抓起一大把，不是那样的，也是一个汗珠子摔八瓣换来的。其实这做人和过日子种地都是一样的。"

这位老人在村内具有较好的形象，很多人提及他都说他是能干的人，很要强，什么事情都不愿意落人后面。这些老人背后的逻辑是积极建构自己的角色，以此来证明自己的勤劳。在农村，勤劳和节俭依然是村庄内获得认可的主要标准，很多老人都把勤劳作为自己安身立命的基础，因而他们就用自己的劳动来证明自己的勤快。虽然他们的生活有的还是非常艰辛，但是对于个体而言，他们依然秉持自己的价值选择，努力做一个勤快的老人。农村老人生活贫困是多种因素的叠加，而不是他们懒惰所致，因而，李村老人就把自己勤快的形象寄托在土地上，通过勤奋劳动来建构自己的积极角色，以此获取村庄生活的自信和相应的声望。

第四节　总结

现代化在提高农村社会生产力、丰富农村居民物质生活的同时，对农村社会结构体系也产生了深刻而长远的影响，这些影响在潜移默化中改变着农村社会的生活方式。在现代化的视域中，在经济效益至上的市场竞争逻辑中，农村社会实现了再阶层化的社会分层，在这个过程中伴随的是农村老人社会地位和经济力量的全面衰减。缺乏现代性知识和生活技能，同时面临身体机能的自然衰退，农村老人毫无疑问地陷入了社会底层，在农村已经出现老年"贫困场域"。

农村老人作为能动的个体，在日渐变迁的社会中，在面对生存困境时，也在以自己的方式进行积极的自我生存保障实践，在日常生活中运用各种策略来建构自己的生存保障体系，这些个体的生存保障实践在某种程度上也逐步改变着农村养老体系的格局和结构。

李村老人在面对家庭赡养的非现实性和社会养老的遥远性时，他们开始紧紧围绕自己的生存展开相应的理性实践。这种理性实践包含了经济理性成分，他们坚持劳动，以获取相应的物质资源，为自己的晚年生存尽可能多地预留相应的经济资源，试图用经济资源来换取子女在晚年的照顾。尤其是女性老人，照顾她们的责任几乎都落在儿媳妇身上，但是儿媳妇因为血缘上的隔阂，对于老人照顾的效果是存在疑问的。老人虽然已经看到了子代赡养在空间和时间上的不可能性，但他们还是希望在家庭中养老，只不过采取了较为理性的方式，用自己的积蓄去换取子代劳务的提供。他们也深受传统思想的影响，即家产不外流，钱财都要留给儿子才算是为人父母。而敬老院中的生活则会隔绝他们与子代的情感联系，对于他们而言并不是最好的养老选择。因此他们在经济上坚持自我生存保障，积极参加劳动，获取收益，提前分家析产以尽早地开始自己的晚年生活，并且开始了理性计算，在经济上与子代进行了相应的切割。同时他们在消费上尽量压缩自己的日常消费需求，以尽可能地增加自己的经济能力，为自己获得更多的积蓄。尽管很多老人因为经济问题无法享受相关的医疗服务，但是对于他们而言，以后的生活可能会更为艰辛，对于以后的悲观预期使得他们还是尽可能地压缩自己当前的健康消费，以应对遥不可知的未来需求。这样的实践在外人看来是不可理喻的，是非理性的行为；而这恰恰是他们生活理性的真切体现，不去深入了解农村老人的生存处境，我们就不可能对他们的行为有着清晰的认知。在他们辛苦为自己的晚年进行相应理性实践的同时，他们的经济能力确乎有了较大的提高，与老伴自行开始晚年生活有了一个较好的经济基础。

第四章　代际中的李村老人情感理性实践

李村老人生活中的日常实践场域呈现费孝通先生所言的"差序格局"，在探讨了李村老人具有个体化特征的经济实践后，本章重点探讨李村老人日常实践的另一个核心场域，即家庭。在家庭生活中，他们日常实践同样遵循着特定的逻辑和原则，以期为自己建构一个良好的生活预期和生活意义。

第一节　家庭日常生活场域的呈现

家庭对于任何一个中国人而言地位都是举足轻重的，中国社会是家国一体的，家庭是国家的基础和基本单位。家庭作为人类社会的一种基本制度和形态，是构成整个社会关系的最小单元，对于个人和社会的重要性不言而喻。在人类学中，关于家庭比较典型的定义出自默多克，他认为，"家庭是一个社会集团，以共同的住处、经济合作和繁殖后代为其特征"。农村老人对于家庭更有着与城市老人不同的期待，因为他们的老年是与家庭深度同构的。家庭是他们老年生命延续的核心支持，也是他们老年人生意义的全部寄托，家庭是他们最后的生存资料的提供者。但是伴随着家庭结构的变迁，农村老人家庭生活中的日常实践也在发生着变化。

一　农村家庭结构的渐变

杨善华认为改革开放三十年来，我国农村家庭经历了三个阶段的变迁，每一个阶段的变迁都对家庭的结构和功能产生了较大的影响。

第一阶段是从 1978 年到 1991 年。家庭联产承包责任制重新恢复了家庭生产和独立经济实体的地位，从而影响到家庭的其他功能和结构变化。

第二阶段则从 1992 年到 2000 年。这一阶段社会变迁的显著特征是市场化进程加速、社会分化显著、区域差异出现、市场经济意识浸入农村社会、小农家庭的经济意识觉醒，这些宏观背景对于农村社会家庭的影响是与市场化相伴的非农化进程的加速。但对于大多数农村家庭而言，这个阶段的家庭依然以小农经济为主，外出务工只是作为一个新的事物刚刚出现，维系家庭结构的依然是父系权威，故而这个阶段父系家庭结构依然是主流形式。

第三阶段则是从 2000 年开始延续至今。这一阶段农村社会变迁的特点是郊区城市化日益发展，土地与家庭开始出现分离，农村人口涌入城市，农村家庭结构进一步变化，在小型化的基础上出现了空心化和候鸟化特征。在村落成为空心村庄，妇女、老人、儿童成为留守主力的同时，家庭结构也出现了空心化，核心主力人员全部在外，家庭中的边缘群体则留守在家中，家庭成员像候鸟一样在农忙、年节、红白事情中出现在村落中，与家庭成员短暂团聚。

当前家庭结构日趋核心化与小型化，核心家庭成为主要的家庭结构，在农村社会中，子代结婚之后，父母与子女的分家析产已然是常态。分家这一习俗在中国持续几千年而传承至今，已经内生为具有中国乡土特色的制度文化，也是农村居民日常生活中重要的事件，它左右着家庭关系，体现不同的行动逻辑。在当前农村社会的张力和压力下，农村中的年轻人有着强烈的权利意识和积累财富观念，因而分家在时间上大大提前。笔者在李村调查中发现，分家大都以结婚时间为起点，20 世纪 90 年代以前，结婚 1 年内主张分家的仅有 3 户，在 2 年内分家的有 20 户，到第 3 年才开始分家的有 40 户。问及为什么那么晚分家，很多人表示，一是因为子女才结婚年龄小，不太懂事，分家早不利于小家庭在村庄内部的社会生活；二是因为大家都以大家庭生活为荣，小孩刚结婚，老人也都希望和子女一起生活，结婚不久就分家容易被人说闲话。所以老人都希望能晚一点分家，以维持自己在村落中的面子。这也和费孝通先生在 20 世纪 40 年代的调查结论相吻合，"在农村里面一谈到分家没有人会理直气壮地认为这是应当的，多是要用不得已、不争气等宥词来表示行为和标准不合的苦衷"[1]。分家总不是一件很光荣的事情，但是在当前的李村，90%的小夫妻都是结婚一年内快速与父母分家单过，以下几方面因素使得农村分家时间大为提前。

第一，年轻人经济上的独立性增强，分家有了坚实的物质基础。很多女孩子在结婚时与丈夫合谋，通过"代际剥削"已经把小家所需完全置办齐了，家电、摩托车等都有了，不需再为新家添置任何物品。另外小夫妻手里还有一笔嫁妆可以随意支配。最关键的是，他们不需要从父母那里继承大笔的债务。如果不分家，则家里所有的收入都会被父母首先拿去还债，他们外出务工的收入也会被父母拿走。而分家之后，这些都成了不需要考虑的问题，他们在外务工，经济完全独立，收入较为稳定，且远高于父母在家务农所得。

第二，脱离了乡村生活的场域，分家有了足够的条件。乡村年轻人在初中毕业16岁左右已经随着家里的亲戚朋友在外务工，习惯了城市生活的节奏。如果一个年轻人20岁了，还未出去打过工，反而会被村里人认为是一个有问题的人，因为正常的人都会出去打工挣钱。这些年轻人一旦结婚，也不会在乡村里生活很久，而是夫妻双双外出打工，不会在乡村的生活场域中依靠父辈经验生活。他们大部分时间在城市度过，因而在空间上，已经脱离了由父辈掌控的乡村场域，摆脱了乡村经验型的生活和生产方式，获得了足够的生活空间。

第三，农村老人观念转变。20世纪80年代及以前的农村家庭，很多年轻人主动要求分家，老人则视分家为不光彩的事情和家庭不睦的象征，因而极力避免分家，极力把大家拢在一起过日子。而今，农村中老人的家庭观念发生了较大变迁，他们意识到子代与自身的差异性，也认可了年轻人的生活方式。有的老人坦言，"分家了，日子更好过，他们年轻人过他们自己的，我们老人也单独过自己的日子，省得在一起磨牙吵架"。

---

[1] 费孝通：《乡土中国·生育制度》，北京大学出版社，1998，第181页。

二 家庭代际关系的演变

王跃生认为"代际关系是家庭诸种关系中最重要的关系形式，也是社会关系的基础"①，中国传统家庭权力关系的纵向性保障了家庭接力式的延续。家庭生活中权力轴通过代际传递，即以"父—子"为核心的权力轴，安排出了家庭日常生活的实践向度和生活维度，家庭成员都依附于这个轴心依次向外拓展。老人作为家庭权威和资源的主宰者，处于代际关系的核心，尊老爱幼，先要尊敬老人，而后爱护幼儿。传统家庭代际关系就是通过这样的制度安排，实现了代际关系的平衡，且在这个过程中，家庭内部的亲情伦理得到了制度和资源的双重保障。这是一种有着浓厚骨肉亲情内涵的家庭代际平衡，是代际在相互奉献牺牲基础上的平衡，是父母为子女全力操心、子女孝敬父母基础上的平衡。

伴随着家庭小型化和核心化，一家只有一个孩子成为很多年轻人的选择。传宗接代的意义被生活的现实价值所替代，孩子在社会中成为稀缺性资源，家庭生活的重心都集中在孩子身上，农村老人在家庭中处于边缘状态，他们迅速让位于孙代，一切生活习惯皆以孩子为核心，代际重心下移②。老人在代际关系中处于依附性地位，即他们老年之后必须依附于子代，才能获得相应的资源维持晚年生存。

面对这些变迁，老人作为能动的个体也开始重新认识代际关系。很多老年父母形成了有限操心的认知。父母与已婚子女大多分成两家，父母与子女各有各的考虑，也不会为对方全部付出，这种代际关系平衡是以夫妻关系为主轴的平衡。因此，在这个代际平衡关系中，已经有了两个重心，在代与代之间已经有了更多理性计算的成分。这种新型的代际关系平衡是建立在相对理性、有限、有距离及较少相互期待基础上的代际平衡，是一种类似"接力"的平衡。农村代际角色与分工同传统社会产生了较大的张力。在李村中，子代更多地承担了挣钱养家糊口的工作，成为家庭中的支柱，在家里面他们成为主要角色；在代际分工上，老人承担的是看家、留守以及隔代抚养的任务，还要负责农田里面的耕种等。在经济上与子

---

① 王跃生：《中国家庭代际关系的维系、变动和趋向》，《江淮论坛》2011年第2期。
② 贺雪峰：《农村家庭代际关系的变动及其影响》，《江海学刊》2008年第4期。

代进行分离；在居住方式上更多地选择分开居住，另外由于子代外出务工的常态性，他们与子代的空间距离进一步拉大；在职业上也出现了显著的分化，老人依然固守着土地，做着本分的农民，而子代已经开始进入城市，作为农民工在城市里面从事相应的工作，与土地基本隔绝。老人与子代的角色和职业渐行渐远。

三 家庭日常生活中的实践

在农村，一些日常事件是家庭生活的主要事件，也是家庭代际冲突的导火线。家庭日常生活中哪些事件会是双方冲突的起点？哪些因素会积累双方的怨气，最终引发冲突？农村家庭代际冲突的表现形式是什么呢？笔者按照家庭生命历程，梳理了引起代际冲突的主要日常事件。

（一）子女婚事——代际日常生活的开始

在家庭生命周期中，子女结婚是一个小家庭的开始，是父母老人角色认定的开始，由此开启了老人与子代真正意义上的代际日常实践。因而，在老人的日常实践中，子女婚事的操办具有里程碑式的意义。李村老人对于自己的人生价值的定义是所有的孩子全部结婚成家，最好在他们有生之年再抱上孙子，这样他们就彻底完成了自己的人生任务。老人在子女婚事的操办中，既存在着冲突性实践，也存在着经济理性的实践模式，关于这些实践类型下文将详细论述，此处不再展开。

现在农村的"代际剥削"[①]在婚前体现为男孩与女孩合谋共同剥削自己的父母。在索要高昂的彩礼方面，有的女孩要的不多，男孩甚至会怂恿女孩多要。在他们心中，只有这个时候才能让父母多出钱，为自己准备好以后生活的物质基础，结婚以后要钱就名不正言不顺了，而且父母也不会轻易给。这点与阎云翔在黑龙江下岬村调查得出的结论是吻合的，在这种合谋的情形中，男方的父母面临着非常大的压力，即使明知道自己儿子在其中起作用，但在一般情况下，只要有能力办到，他们都不会拒绝，因为在他们看来，这笔钱以后还是要回到自己家里来，没有便宜外人。

但是对于有的父母而言，彩礼压力过于沉重，他们总想着少一点彩礼，自己能少一点儿负担，就通过媒人和女方讨价还价，有的女方因此而

---

① 郭俊霞：《农村代际关系的现代性适应》，博士学位论文，华中科技大学，2012。

拒绝了婚事，直接导致了代际冲突。儿子认为父母不为自己考虑，只是心疼他们的钱，或者愤而离家，或者在家里面故意处处与父母作对，此时他们还没有能力与父母公开冲突，因为他们自己没有成家。

(二) 分家——家庭实践中的关键

分家这一习俗在中国持续了几千年，传承至今，已经成为具有中国乡土特色的家庭制度文化，也是农村居民日常生活中的重要事件，它左右着家庭关系，体现着不同的行动逻辑。在当前农村社会的张力和压力下，农村中的年轻人有着强烈的权利意识和积累财富的观念。分家是一个持续的过程，是一个纠纷不断的过程。有的农村曾有"分家分到公鸡叫，一头母猪还走俏"的歌谣，真实反映了分家中的代际冲突。

在李村，分家都是特指父母与儿子分家，女儿是不参与分家过程的，因为女儿要嫁出去，不算家里人，是亲戚。分家是一个持续不断的过程，因为很多老人不止一个儿子，并不是一次性把家分清。只有一种情况例外，就是只有一个儿子，儿子结婚后分家就等于做父母的把家分了。如果儿子下面都是女儿，则父母和女儿一起生活，直到把所有的女儿都嫁出去，他们才算完成任务。而有很多儿子的家庭，则是结婚一个就分出去一个，没有结婚的则和父母一起生活，直到其结婚成家为止，然后再和父母分家，因此，很多父母都经历了持续不断的分家。

不论是子代还是父代主动提出，分家都涉及家庭财产的分配问题。虽然现在的年轻人在经济上较父母已经好很多，但是在分家过程中还是与父母产生很多冲突。这些冲突的产生一方面是经济因素，另一方面是兄弟间的攀比。

在很多家庭中，多次分家产生的冲突几率很大。分家的原则如前面所说的，按照人口均分土地财产等，但是在弟弟们的分家过程中，总是能看见哥嫂的身影，哥嫂担心父母偏向小的，他们早分家的会吃亏，在弟弟分家过程中，那些对于分家不是非常满意的哥嫂更是想着法儿来吵闹。

在李村诸如此类的事情非常多，所以农村分家是一个非常谨慎的重大事件。在分家导致的代际冲突中，代际双方的地位开始出现转变，老人的优势地位消失，儿子媳妇占据了强势位置，他们提出分家的主导原则，这种冲突也是真正意义上代际冲突的开始。

(三) 土地——家庭日常实践中的重要因素

在农村有不成文的规定,土地承包权是有继承权的①,儿子为父母养老送终②,父母的土地就归他们耕种。在农村分家过程中,土地作为重要的财产被列入可继承的范围。尤其是现在的 30 年承包权不动政策的实施,土地收益长期化、固定化,使土地的收益放大,土地承包权的继承问题更加强化了。李村老人土地承包权过早地被子代分走,引起老人生活质量下降,使得老人无地可种、晚景凄凉③。

围绕土地的代际冲突多是因为子女要强行耕种老人的土地,而土地是老人最后的生存保障。在笔者采访中,目前李村老人面临的最大问题是一旦年满 60 岁,很多人的土地就被子代强行耕种,老人成了真正意义上的一无所有者。这种冲突在李村较为常见,子女强行占有耕地就是剥夺了老人最后的收入来源,因而很多老人会强烈抗争,保护自己的耕地,其实质是维护晚年生存的经济自主权。

(四) 赡养——家庭日常实践中最后的选择

在这个阶段,代际冲突反而不是很强,但老人生存条件更加恶劣。究其原因,老人此时完全失去了自主权,成为被赡养对象,失去了和子代冲突的能力与条件,成为完全的弱者。老人在孩子全部结婚之后,就会分家单过,如果老人拥有自己的土地,自食其力,在经济上自主,则生活上也相对独立。即使没有土地,在这个阶段,他们依靠自己微薄的积蓄或者其他途径获得的经济资源也可维持自己的生活,故而他们不需要子代赡养。即使那些身患疾病的老人,只要老伴在,也不需要子代赡养。老人在完全失能且独自一人的情况下,才真正进入被赡养状态。

---

① 1999 年之后国家规定土地承包权 30 年不动,即增人不增地,减人不减地,农村也执行了这个规定,事实上,土地承包权成了长期固定土地使用权。
② 事实上,很多儿子对于父母只是尽了送终的义务,而没有所谓的养老,因为老人都是自己养自己。很多老人对于儿子的要求就是死了后有人给他们体面下葬,不奢望儿子平时善待他们。
③ 李村这个情况和其他地方的土地抛荒是不同的,虽然李村的青年、中年人都外出务工,收入也较种地更为可观,但是没有一家愿意放弃土地,或者是抛荒出租的。相反,他们对于土地的渴求更加强烈,问及原因,很多人都认为土地是他们的依靠,他们迟早要回来,手里有土地他们在外面也心安。况且近些年农产品价格不断上涨,再加上政府的各项补贴,土地的价值被放大,耕种土地也不影响他们外出务工,因而他们还是想尽办法多占有土地。

第二节　李村老人情感实践的分析

一　过好日子——李村老人情感实践的核心

中国人是在家庭生活背景中来理解和实现自己的人生价值的，也是在家庭中实现自己人生意义和生命归属意义的。人生意义是通过传宗接代实现家族和生命再续，生命归属意义则是指在"祖荫下"实现了人生终极目标。恰如吴飞所言："过日子，就是管理家庭，并在管理家庭的过程中安顿自己的生活。只有自己所在的家庭整体过得好了，一个人才谈得上安顿了自己的生活，也就是过上好日子了。"[①]

在家国同构的传统社会中，家庭是每个人生活的重心所在。家庭生活中的"情"构成了家庭成员所有实践的逻辑起点，因此，李村老人的情感实践更多的是集中在自己的家庭内部。在空间上，家庭是他们日常实践的核心场域；在日常关系上，家庭成员是他们日常实践对象的核心所在；在情感上，亲情是他们日常实践的基本出发点。在家庭本位的影响下，中国人的日常生活得以建构，即中国人的日常生活是以家庭为中心来进行相关实践的。

翟学伟认为"中国传统的农业文明、以家族和村落为中心的社会生活、以儒家思想为中心并涉及民间信仰的价值体系构成了中国人社会关系的基础。长期的农耕性的与聚居性的家庭生活要求人们在彼此的面对面的关系上将'情'而非'理'作为日常生活的核心"，"中国传统的家庭生活提供了一套以情为中心的规范体系和运作制度（早期为宗法制后来为宗族制）"。[②] 在传统社会中，从养育孩子开始，一直到子女成家立业，农村老人终其一生是为子女而活，甚至子代的子代也是他们操心的对象，老人几乎没有自己的生活空间和时间，无论其生命历程还是生活场域，均与子女的生活空间高度重叠和相互交错。

故而农村老人日常生活中的核心实践也是家庭内的日常实践。在这些

[①] 吴飞:《浮生取义：对华北某县自杀现象的文化解读》，中国人民大学出版社，2009，第34页。

[②] 翟学伟:《人情、面子与权力的再生产》，北京大学出版社，2004，第228页。

实践中，主导老人实践逻辑的生活理性具体表现为亲情理性。在今天，农村生活方式日渐变迁，进城务工子女的生活方式与留守老人的生活方式已然呈现不同的轨迹，展现出较大的差异性。进城子女接受都市现代化的生活方式，而身处农村社会的老人依然遵循着自有的生活轨迹，两者必然产生碰撞。碰撞的结果是农村老人的生活方式被称为落后与不卫生的生活方式，可以说，"从乡土社会进入到现代社会的过程中，我们在乡土社会中所养成的生活方式处处产生了流弊"①。面对这些差异，很多农村老人不是抱怨，而是对子代生活方式秉持相对理性的态度，与子女生活保持适度距离，更加关注自身内在需求，把更多精力放在了自己的生活上，寻求自己的生活价值。维系家族的伦理人情已日渐式微，家庭结构日渐核心化，乡村生活中出现了文化文本与价值取向的二元背离，老人被"虚置"于乡村生活和家庭生活之外。

面对这样的生活现实，李村老人依然采取了较为积极的实践策略，在生活理性上积极建构了亲情理性实践，参与了家庭的发展和继替。要真切地理解李村老人日常情感实践，从他们的家庭入手，无疑是最为现实的。从他们的家庭生活中，可以看到他们在日常生活中如何建构自己的人生角色、进行自己的亲情关怀、获得自己的情感寄托。

李村老人在情感实践中，把"过日子"作为家庭日常实践的最高目标，也是他们着意经营的日常实践，因为只有把日子过好了，他们才能获得自己的情感寄托，从而在情感生活上实现自己的人生意义和价值追求，在祖荫下谢幕。因此很多李村老人谈及家庭日常生活时，他们嘴边经常说的一句话就是，"现在好不容易过上好日子了，要是不把一家人日子过好，你不是瞎活了嘛"。因此，他们在以亲情为纽带的家庭实践中采取了较为积极的实践。

（一）"当家权"的转移，积极建构子代的自主角色

"当家权"是指在家庭生活中由具有权威的角色负责全家的经济安排、进行家庭发展的决策以及承担家庭责任的权力，它直接制约家庭成员日常生活的轨迹和行为方式，是家庭核心权力所在，也是家长制的重要保障，是传统社会家国一体化的重要体现。传统社会中"当家权"被赋予了至高

---

① 费孝通：《乡土中国·生育制度》，北京大学出版社，1998，第11页。

无上的伦理意义和权威保障，但是在当下农村社会中，伴随着家庭功能的分化转移，家庭的经济功能逐渐外移到社会中，家庭成员对于家庭的经济依赖大幅度弱化，家庭对于成员的控制弱化，家长制权威逐渐离散。因而很多农村家长的"当家权"出现了"名实分离"，即使有些老人依然行使着当家权，但是他们自己也不得不承认，他们确实老了，跟不上形势，老人不太适合当家了，不能再管事了，要把权力交给儿子媳妇了，否则会引起家庭矛盾。

这种"转移"主要是从子女日常生活内容中退出。他们不再积极介入子代的生活，开始关注自己的生活空间和时间，不再干涉子女家庭事务，在子代家庭中保持一个多做事少说话的形象。同时儿子成家立业，面对村庄内外的人情世故，需要有自己独立的角色定位，这种角色首先实践的场域只能在家庭内部。所以很多老人在面对这些现实时，往往会主动转移"当家权"，把家庭交给儿子媳妇经营，自己则逐步退出家庭生活的决策角色，尤其是在日常生活中的决策。剥离当家权是老人向老年人生迈出的重要一步，在角色上实现了老人的自我认定。这也是老人为成年后的子代去除的第一道障碍。在村庄内部事务中，他们把儿子推到前台，自己则慢慢隐退到幕后。让儿子在村庄中慢慢找到自己的位置，形成自己独立的社会圈层。老人"当家权"禅让和退出的最重要体现是他们不再干涉儿子的生育选择，生男孩生女孩都由儿子和儿媳妇自己选择，他们不会强迫子代一定要有儿子。深受传统思想影响的他们能主动适应现代社会对于性别的态度，这应该是他们面对现代农村社会变迁的主动适应和接纳。

访谈对象13，Z，男，63岁，"没有分家之前，我儿子结婚半年后我就不当家了，把家里的存折和户口本都给了他，我也不拿钱了，要用钱就给儿子说，他也给，家里都是他说了算，我们也不掺和。我老了，什么也不懂，跟不上，再说了，他们出去打工挣的钱也多，我们就在家里面弄地。现在小孩出去打工后都变得精了，待在家里面不出去就显得憨多了。所以我们就让他当家作主看看，也能锻炼他啊，这村庄以后是他住在这里，和人打交道，不早训练训练，以后人家也看不起他啊。这样出去人家就不把他当小孩看了，他就是当家人啦"。

（二）参与子代的村落竞争，积极建构家族自信

阎云翔说，"走出祖荫的个人似乎并没有获得真正独立、自立、自主的个性。恰恰相反，摆脱了传统伦理束缚的个人往往表现出一种极端功利化的自我中心取向，在一味伸张个人权利的同时拒绝履行自己的义务，在依靠他人支持的情况下满足自己的物质欲望"①。虽然农村日常生活看似单调、重复甚而是乏味的，但是这些貌似琐碎的生活中充满了竞争，大的方面体现在建房等显而易见的事上，建房子依然是一件具有重要意义的大事，要穷尽家庭积蓄甚而举债，是一个家庭的脸面。小的方面则是谁家的孩子考上大学，谁家的庄稼收成比较好等不易察觉的事情，这些都是农村社会话题的来源，也是日常生活中攀比的事项。很多老人虽然在儿子结婚后就分家析产，但是儿子家的日常生活依然是他们的重心所在，子代在村庄内部的竞争需求也直接激发了老人的亲情实践热情。

> 访谈对象14，H，男，67岁，"你说儿子日子过得不好，比人家差一大截，他不好，你当老的，也抬不起头啊，人活着不就是过儿孙日子吗，没有儿孙的人那过得什么日子，就不叫过日子啊"。

李村和中国广大农村一样，村庄内部的竞争也在静悄悄进行着，邻里之间憋着劲看谁家的日子过得更红火，谁家的楼房更高更宽，谁家的孩子上大学有出息，谁家的代步工具更先进。汽车已经作为生活用品驶入李村平常人家，虽然这些生活方式和老人基本无涉，但如果他们的儿孙都已经具备了这些硬件，他们说话的声音也会大一些，感觉自己在人前也有面子。相反，如果在这些看似平常的竞争中处于弱势地位，不但儿子会窝火生气，家庭不和，老人也会跟着受气，在人前抬不起头。因而在这些竞争压力下，很多老人会主动帮助儿子在村里竞争。

在具体实践上，他们会主动要求儿子媳妇外出务工挣钱，而他们则留在家里帮忙照看孙代。他们含辛茹苦为儿子哺育孙代，帮忙照看庄稼，诚如一位老人所言，"不帮儿子媳妇照看孩子，他们就不能出去，就比人家少挣很多钱，那在村庄里面抬不起头啊，人家都盖上楼房了，他家还是瓦

---

① 阎云翔：《私人生活的变革》，龚小夏译，上海书店出版社，2009，第56页。

房，被人家压着，他们没有面子，我们做老人的也抬不起头啊"。

(三) 自己家庭的积极生活

这种积极性主要体现于老人在自己小家庭中的生活，尤其是那些身患疾病的老人，他们的态度决定了自己的生活状态。他们的情感不仅仅体现在代际中，更多地体现在夫妻双方的互助和常年相伴积累起来的深情中。在老人日常生活中，由于代际隔阂客观存在，因此，代际的情感抚慰具有限制，很多老人对于子代情感慰藉不抱太大期望，能够在日常生活中相依为命的是自己的老伴。所谓少年夫妻老来伴，很多老人开始更加关注自己的另一半，他们年轻时迫于生活压力，双方的感情都是含蓄的，或者无暇顾及彼此，但是当他们进入晚年后，他们忽然感觉到了彼此的重要，原先深藏着的感情也开始表露，他们出门时可以相互搀扶着走路，也不怕别人笑话了，在家里面没有事情时，也可以坐在一起回忆以往的生活点滴。夫妻间的相互支持成为农村老人日常生活中最为重要的情感支持。很多老人说，"有了老伴，过日子还像是一家人，如果是自己一个人那就不是在过日子，而是在熬日子，孤零零的，像个苦鬼"。因此，很多老人把自己日常生活的重心慢慢转移到家庭内部，开始经营自己的二人世界了。

> 访谈对象15，A，女，72岁，"以前年轻时，在生产队里面都是规规矩矩的，在外面，就是年轻夫妻也不能老是在一起，这样人家会笑话的，等到有了孩子，不打架就算是一家过好日子了，还能想起来他什么。分产到户了，天天拼命干活，哪里有时间来管别人，我只管好孩子吃穿就够忙的了，哪里有什么感情啊，在一起能过日子就行了。想不到那么多啊。但是老了后，反而觉得还是自己老伴好啊，孩子又不在跟前，就他和你一起，你心啊还就在他身上了，他要是不在家，就感觉空落落的。我在闺女家给她带孩子，她爸就一个人在家，我在那里蹲了1个月，整整瘦了10斤，想家哦，其实家也没什么，就是老头子在家里面，一会儿怕天冷了，他不知道穿什么衣服，又怕他省钱舍不得吃，身体弄垮了，生病了躺在屋里面也没人知道，你说我心里着急啊。后来我实在待不住了，就赶紧回家了。一个老头儿在家里面不会弄吃弄喝的，几个月人就能糟蹋毁了，我们现在这些老人还能指望着孩子过日子？都是指望着老两口过日子，他万一有个好歹

的，以后我的日子也就难了。趁着我们都还好，赶紧给他伺候好了，把他身体多养养，也能过几年好日子。"

这个老人的丈夫对于妻子外出给女儿带孩子，心里虽然不愿意，但是基于对女儿的情感，还是让老伴去了，但是在听说老伴第二天就要回家的时候，据老人说，整整一夜没有睡觉，第二天一大早就到县城里面的汽车站去接老伴了。

因此，李村老人在与子代分家析产之后，他们更加注重自己家庭生活的经营，二人世界的重新回转，老人的夫妻情感日益加深。对于老人而言，身体健康是老两口过好日子的基础，老人最大的期望就是自己和老伴身体健康，能够过几年好日子。但是对于那些老伴身患重病的老人来说，虽然日常生活比身体健康的独居老人家庭要艰辛一些，但是他们依然精心维护着自己的家庭，精心照顾自己的另一半。在李村，有两对老人家庭成员有重大疾病，都是女性老人瘫痪在床，不能动，由老伴来服侍。其中一个瘫痪在床10年后因病去世，另外一个老人也瘫痪在床上13年后才去世。谈及这4位老人，村里人全部都竖起拇指，赞赏他们。在两位女性老人瘫痪在床的十几年时间里，老伴伺候得干干净净，老人也吃得白白胖胖，几乎没有受过委屈，与被子女照顾的失能老人相比，她们的人生无疑是幸福的，很多女性老人感叹嫁给这样的男人也算是有福气。

访谈对象16，H，78岁，妻子因为脑血栓摔倒而瘫痪在床上10年了，大小便不能自理，不能说话，只有右半身有知觉，右手可以抬抬、动动，其他的只能靠眼睛转动、嘴巴动动表达自己的情感。由老伴照料，老人被养得白白胖胖的，身上也干干净净，心情看来也不错。他们育有2个儿子、2个女儿，大儿媳妇有三个孩子需要照顾，抽空还要外出务工养家，大儿子自顾不暇，对于他们是有心无力；二儿子在镇里面买了房子，在镇上开了小吃铺，也没有时间来照顾老人；大女儿在北京，一年最多能回来一次，每次匆匆回来看过父母后，都是哭着离开；唯有小女儿在附近，但也是常年在外打工，过年过节回来看看父母。这些子女并非不孝顺而不照顾父母，对于他们而言，他们没有充分的时间来照顾年迈的父母。在这样的家庭生活中，照顾瘫痪妻子的责任都落在 H 老人身上了。平时他基本不在村里面走动，农忙时间，他一个人下田干活，回家后伺候妻子，烧饭洗衣服。他会编柳条筐子和篮子，算是有一点儿手艺。因此在农闲时间，他就割些柳条，编成筐子和篮子拿到集市上变卖，贴补家用，平时还要在家里面种些青菜等送给在镇上的小儿子，老人不可谓不辛苦，但是他数十年如一日照顾病妻不曾怠慢过。村中有人认为老太太就是个拖累，让他干脆睁只眼闭只眼，把老太太作践死算了，他也算解脱了。老人面对我则说出了心里话，"你看我侍候她这么多年，可累呢，肯定累啊，可是我家里有个人在等我啊，她虽然不能说话，但是她有表情啊，我一回家，她就对我笑笑，拍拍床，让我坐下来，休息休息，我就给她按摩按摩，然后就和她说这一天里面的事情，村子里面的事情。她听得很在意，我心里面也畅快，我这还算是一家人啊，我把她作践死了，我一个人活得干净，活什么劲啊，天天坐草垛根干什么呢，和人打牌啊，还不如我跟她说说话呢。儿子、闺女都指望不上，天天连个说话的人都没有，回家也是黑乎乎的，那也不是家嘞，就是个房子啊。有个人总比没有人好啊，再说了，她跟我生了几个孩子，人哪能那样绝情呢"。H 老人的话语很朴实，没有什么慷慨激昂的大道理，核心就是过日子有个伴总比没有好，尽自己的努力去积极生活，积极构建自己小家庭的生活①。很多老人坦言，像瘫痪在床这样不能动，在床上生活十来年的要是由子女照顾，恐怕早就死了，不是被糟蹋死，就是自己寻无常（自杀）了，哪还能再活这么多年啊。

过好日子是李村老人在家庭生活中的核心实践，过好日子既包括他们自己过好日子，也包括其子代也过上好日子。因而他们在日常生活中也是遵循这个原则来积极建构自己家庭生活中的实践方式，帮助子代获得村庄内部相应的社会地位，并推进整个家庭生活有序安稳。因此，某种程度上，李村老人的过日子原则是一个积极的情感实践原则。我们可以从李村老人的日常情感实践中看到，老人的情感实践逐步向更加适合于他们自身

---

① 补充说明：H 老人获得县模范家庭荣誉称号并且获得了县好人的光荣称号，在李村，提及这位老人，村里人都竖起大拇指赞叹老人重情义、厚道，是一个好人。

生活的方向转移，由原先对子代全部付出和无尽操心的实践方式逐步转向关注自己的情感寄托，即对于老伴的情感寄托逐步强化。

二 诉与不诉——李村老人的情感困境

李村老人在家庭日常生活中，不可避免地要遭遇与子代的矛盾和冲突。如何处理这些矛盾和冲突，更好地维持家庭生活或为自己营造一个更好的生活环境，是他们必须要面对的问题。李村的老人在不同的考量下，采取了不同的实践策略。李村老人的选择有两个方面，一是不诉，不诉诸法律，坚持在村庄内部依靠自律和乡村社会的伦理来解决；另一个是诉，就是求助于法律，依靠法律来制裁子代。事实上，在李村社会中很多老人在与外人的冲突中很少走诉的道路，因为法律和法庭对于他们而言太过陌生，也太过庄严神秘，他们不到最后时刻是不会选择法律的。在代际冲突中首先坚持的原则是无诉，以求家庭的稳定和日常生活的继续。

（一）无诉——代际冲突中的乡土实践

在李村的代际冲突方面，60%的受访者表示，家丑不可外扬，他们很少会对外来的人讲述自己家里的事情。由于村庄作为一个熟人社会，每一个家庭的情况大家非常清楚，他们不主动提及，别人也不会主动去打听。这部分老人本着息事宁人的态度，宁愿自己忍受，也不愿意给子女带来麻烦。另外一个原因是他们自己要面子。在农村生活中，面子是非常重要的。什么是面子，怎样维护面子，在研究中国社会的学者著作中大都有过精彩的论述（林语堂、翟学伟、费孝通等），甚而有的学者认为在谈及中国人的时候就不能离开"面子"，面子已经成为中国文化和中国人性格的一部分。李村老人小心翼翼维护着自己家庭的外在形象，对于爱好面子的老人而言，吵架终归不是一件光彩的事情，能忍则忍，不愿声张。

在李村，老人在面对代际冲突时，一部分人选择了沉默，但是也有一部分人开始了具有乡土特色的抗争，他们既不愿意与子代对簿公堂，也缺乏制约子代的能力，他们不得不寻求外在的帮助，寻求亲属的调解。

亲属中舅舅是一个举足轻重的角色。在农村亲属关系中，作为母系社会特征的舅权在家庭生活中起着举足轻重的作用。马林诺夫斯基认为"部落的法律和威权制度，禁止某种喜欢做的事务的规矩，已经影响到女孩或男孩的生活，然而代表这类法律和约束的不是父亲而是另外一个男人。这就是母舅，这个社会里面的男家长。他实际掌握权力，并且大加运用了这种权力的人"① 人类学谓之"舅权"②。在传统社会中，舅舅不仅仅是亲属，更是一种权威体系的代表。有学者认为，舅舅是社会关系的调节者，也是妈妈的代言人，是妈妈娘家人的核心代表。凡是妈妈在夫家受到不公正对待，舅舅则责无旁贷为自己的姐妹撑腰。皖北依然保留着强大的舅权权威，如果外甥做了不当之事，尤其是对自己父母不孝顺，舅舅教训外甥被认为是天经地义之事。

在访谈中，村民曾谈及一个家庭纠纷中凸显的舅权。子代与父母发生冲突，辱骂父母并且有打父母的行为，母亲愤怒之下喊来自己的两个弟弟，为自己撑腰，让舅舅教训外甥。舅舅们带着自己的儿子到姐姐家找外甥兴师问罪，让外甥当众下跪，并且狠狠打了外甥一顿。在被舅舅教训的过程中，外甥没有任何反抗。据村内人的解释，不是这个外甥不想反抗，而是因为自己理亏，不孝在先，而且舅舅家还有几个儿子，人多势众，他也不敢反抗。

有的老人自己娘家人弱小，不能为自己出气，舅舅也不能直接制约外甥，在这种情况下，他们会主动寻求村庄内部社会关系网络内的人来"说和"（调解）评理，如寻求村庄内部的能人来主持公道，而这个能人就是乡土社会中的权威。这就是费孝通先生笔下的"无讼"。在费老笔下，"无讼"的过程也是一个教化的过程，充当教化者角色的都是本地乡绅，把双方各骂一通，相当于各打五十大板，然后再按照传统的伦理教育一番，便罢了此事③。在李村，村内权威人物评理的机制依然存在，但在邻里冲突中，这种伦理教化作用已经式微，村民之间更愿意通过法律途径来解决问题。而涉及家庭内部的纠纷，由乡村内部的权威人物主持调解依然是主要形式。在李村，当老人寻求调解时，会寻求在村内有一点声望、做人比较正派公道的人来调解。调解者会把双方喊在一起坐下来，正常情况下，以调解者"要面子"开始，"你们既然请我来，那是看得起我，大家都给我点面子吧"。通常情况下，这种调解是有效果的。代际双方本来就没有原

---

① B. 马林诺夫斯基：《两性社会学》，李安宅译，上海人民出版社，2003，第45页。
② 费孝通：《乡土中国·生育制度》，北京大学出版社，1998，第197页。
③ 参见费孝通《乡土中国·生育制度》，北京大学出版社，1998，第55～57页。

则性矛盾,而是家庭内部矛盾,调解相对容易。在村庄内部权威体系中,这个调解者应该是家庭经济较好、有一定的家族势力、在村落里面说话有分量的人。如果不给调解者面子,这些子女以后在村落里面生活,可能会遭遇各种刁难,村庄内部不言自明的"为人处世"规则都在这些生活中得到体现。

如果熟人调解不顺利,或者没有起到应有的效果,部分老人会利用舆论、关系甚而是法律来维护自己的权益。这种抗争是被迫的生存抗争,而不是对子女的反击。他们的抗争无疑是一种自我宣泄的过程。

有的老人是和媳妇对骂,公开吵闹,在公众面前揭露儿子媳妇的不孝,以获取村庄内部舆论的同情;有的是直接找到媳妇的娘家评理。由于皖北李村的婚姻圈比较小,姻亲范围基本都在一个乡镇不同的自然村之间,属于半熟人社会。因此,类似这样的矛盾会很快就传到媳妇的娘家,别人也会说娘家父母没有教育好自己的女儿,李村人称之为"不循理"(不讲道理)。媳妇娘家也要面子,媳妇是不愿意这样的矛盾传到自己娘家去的,甚而给娘家的嫂子留下话柄,故而,很多老人看准了儿媳妇这个心理,如果都不要面子了,他们就主动到媳妇娘家去评理。

> 访谈对象17,L,67岁,女,"我也豁出去了,就拼我一个人了,任由她闹,我们家非要家败不可,早晚弄出人命来,这几个小的也不能受她的罪啊"。老人搬着小板凳坐到媳妇娘家的村子口,见着媳妇娘家的人就喊祖宗,把媳妇骂的言语全数转述给其娘家人听。这样效果很好,很快,媳妇娘家人就过来进行谈判和调解了,亲家来道歉,并且狠狠教训了女儿,在一定程度上制止了媳妇的这种辱骂行为。

这些老人虽然和子代发生了严重冲突,但他们还是坚持在乡村社会中来解决这些问题。而在渐变的乡土社会中,乡村社会的伦理对于子代已经缺少了约束的力量,在村落生活中,老人的代际冲突几乎都是以老人最后主动寻求子女谅解而告一段落。虽然也有老人和子代进行了激烈的抗争,但这对于老人而言也只是起到了情感宣泄的作用,对于解决他们的实际问题效果微乎其微。并不是所有的矛盾都能通过这样的调解或者代际直接争吵而解决,有的代际矛盾就需要依靠法律解决。

(二) 诉讼——代际冲突中的亲情决绝

诉讼，对于农村老人而言是一件非常重大的生活事件，在日常生活中，他们坚持无诉的生活原则，他们心中对于打官司、诉讼有着双重的恐惧，一是他们认为打官司是丢人的行为，他们本人对此是不接受的，这会提高他们在村庄内部的生活成本，会离散自己社会生活的关系网，因而他们不愿意进行诉讼。二是他们对于司法茫然无知，对他们而言，这是一个完全陌生的领域，他们在这个领域内是手足无措的，信息的巨大不对称使他们对于诉讼充满深深的恐惧，在他们的认知里面，打官司不是辨别是非曲直，而是人情关系和金钱的堆积。不到万不得已，老人不会诉之于法律。在代际矛盾激化，且前述的乡村调解无效的情况下，老人们想到了运用法律来恐吓儿子，维护自己的合理权益，但是他们的初衷绝不是把儿子送进监狱，法律只是用来吓唬儿子的工具而已。

访谈对象18，Q，65岁，二儿子盖楼的空间不够，要把隔壁父母的老房子拆了，给他们腾出一部分空间来，这样楼房内部面积大一些，也好看。可是老人的房子是分家的时候作为公共财产保留的，要等到老人需要赡养或者去世的时候被3个儿子均分，因而，二儿子这样做，其他几个儿子就不乐意了。老人自然不能让老二把自己的房子拆了，那样自己以后就没有地方住了，以后养老是大问题，儿子间也闹矛盾。老二说他们可以选择住在自己家的楼房里面或者给他们单独再盖一个房子。与儿子一起居住不现实，老二媳妇和老人一直处不好，经常吵架，所以老人不可能住在他们家的楼房里面。老二说在村头给他们重新盖个小房子，但村头没有人住，他们在那里住像个野鬼，而且没有电，不方便，老人坚决不同意。在不断的冲突中，他们的矛盾越来越大，结果，二儿子趁他们都不在家，用铲车一下子就把他们的房子推倒了。在二儿子的思维里面，我是你儿子，我就是强抢你的东西，你也不能把我咋的。因而，他也没有多想，光想着先把自己家楼建好，再和父母好好谈谈。老人回来后一看家都没有了，抄起了一把叉子（农村用来挑草用的农具）就追着二儿子打，二儿子把他的叉子抢过来，反而对着老父亲打。结果老人肋骨、手臂被打骨折了。老人报警后，儿子被抓了，关在派出所里面。虽然老人后来又去派出所求情，写各种说明说自己的伤不是儿子打的，但是儿子还是被拘押了几天，而且名声也传出去了。

在这个案例中虽然老人在法律层面实现了对于自己权利的有效维护，惩罚了儿子，但是在亲情实践中，他们却是失败者。儿子表示永远没有这个父亲了，虎毒尚且不食子，你还想把我抓进去坐牢。孙子孙女从此也对老人不再理睬，与老人断绝了关系，在他们眼里，老人把自己的父亲抓进去坐牢，是绝情透顶的。因为殴打老人在附近的村庄都出名了，儿子在村子里面抬不起头来；老人在村庄里面也是被舆论议论的对象，有的指责，有的幸灾乐祸。

据这个村T老人说，他当年和儿子闹矛盾的时候，也去法庭告儿子，要求法院判解除父子关系，还出了500元的诉讼费。法官告诉他，你要真告你儿子，把他抓起来你后悔也来不及啊，这是不能反悔的。后来他想了一天，就撤诉了，500元钱白花了。

从这一点看，"法律下乡"是实现了对老人权益名义上的保障，很多判例也如同老人所预料的那样，老人是赢了，但很多时候这些官司是一笔无头账，没有真正的赢家。有的老人只是想把法律拿来作为恐吓儿子的工具，一旦真正进入法律程序，首先慌张的是他们，因为他们本意是不希望子代去承担法律后果的，那样有可能会给儿子带来牢狱之灾。因而很多老人在发生家庭冲突之后，虽然报警了，但当警车呼啸而来的时候，他们自己反而替儿子遮掩，不承认报警。

在一位已经退休的法庭庭长看来，父子对簿公堂的问题只是小事。所谓清官难断家务事，法庭没有办法把他们的血缘关系给断开。他说"我经常遇到这样的老头儿来找我，说要和儿子划清界限，让我给他出证明说是要断绝父子关系，这样儿子就不会讹他啦，以后他也不要儿子养，两家人各过各的。我直接把他训了一顿，你是老人，你管不好儿子，跑来打官司，有用吗？你拿着这个回去就不是父子啦？你孙子就能直接喊你名字了？回去好好找人去解决这个问题，实在不行，他要还是打你，你就报警，让派出所把他抓进去关几天，教训一下。父子关系是你能脱离就脱离的啊？！"从这点看来，基层法庭对于这类家庭矛盾也是束手无策的。他们只能是调解，依然不能保障老人的权利。在赡养纠纷的案例中，老人通过诉讼获得了被赡养权，但是这注定是没有赢家的诉讼。老人在诉讼时面对非常大的伦理压力，一旦进入司法程序，老人将面临彻底失去亲情的境况，因为儿子一旦被判有罪，在亲属看来，老人是无情的，是自私自利的。在村庄内部舆论看来，老人是自私的，不懂得虎毒不食子的道理，家庭矛盾再大，也不能把自己儿子送入监狱，所以老人在诉讼中是得不到村庄内外舆论支持和亲属支持的。

三　沉默是金——被赡养中的寂静生活

在李村，老年人的晚年分为两个阶段。第一个阶段是老年人的自养阶段，虽然老人已经年老，但在与儿子们分家析产之后，他们开始建构起自己的晚年生活，坚持劳动，耕种自己名下的土地，获取收益，实行自养，这部分老人的年龄在60~70岁，他们几乎不需要儿子物质上的帮助，而且他们中有的人在力所能及的范围内还要帮助儿子。在李村，一个老人正式进入被赡养阶段的标志是土地耕种权的转移。如果他们不能继续耕种自己名下的土地，并且把这些土地的耕种权都转移给了儿子，那么在名义上，他们就进入了被赡养阶段。这个时候，儿子也开始进入赡养老人的阶段。他们要为老人提供相应的粮食和零花钱以及部分经济作物。如果老人继续耕种自己名下的土地，儿子是不会给他们提供粮食和相应的物质支持的。这在李村已经成了不成文的规定。李村真正意义上被赡养的老人不多，在笔者的调查中，70岁以上的老人坚持自养的占70%，75岁以上的自养率为10%，老人有健康的身体是他们实现自养的基础。

自养和赡养对于李村老人而言意味着两种完全不同的生活方式，自养意味着他们还具有相应的日常行动能力，有自己的收入来源，可以支配自己的收入，生活还是相对自由的。但是进入了赡养后，他们失去了经济来源，所有的依靠都寄托在子代身上，因而他们的日常生活呈现了人身依附状态，失去了对日常生活的掌控。

笔者在访谈中得知，李村老人被赡养时间经过了三个阶段的变化。

第一阶段，集体化时期的自然家庭养老。

改革开放之前，李村老人由于对于资源的控制而始终处于优势位置，且孝文化依然处于主导地位，村庄舆论压力强，老人的赡养不是问题。很多老人表示一家人参加生产队干活，不存在养不养的问题，老人自己也能算半个劳动力,大队也给粮食吃,而且那时都是和儿子在一个屋檐下生活,就是分开了,老人跟着谁过,都要给吃的。所以老人的赡养是从所有儿子全部分家之后开始的。

第二阶段,1980年代中期至1990年代末,被迫提前养老。

改革开放之后,农民重新获得了土地的使用权,生产积极性被彻底激发出来,伴随而来的是土地生产能力的飞跃提升。李村老人说,在生产队的时候一亩地就产200来斤小麦,这还算是高产的。但是在1980年分产到户后,第一年庄稼就有了好收成,一亩地都能收到300多斤了,一家人都有粮食吃,再也不会饿着了,土地在他们心目中也更加金贵了。土地成为广大中国农民近乎唯一的经济来源,也成为寄托农民全部希望的资源,人们在失去对土地自主支配权的近三十年的时间里,对于土地的依赖是依附于集体组织的。在1985年前后,中国沿海地区改革开放不断推进,特区经济如火如荼地开展起来,农村外面的城市已经发生了翻天覆地的变化,但是对于身处内地的广大农民而言,广东依然是一个遥远而且似乎永远都不会和自己生活相关的地方。农民仅有的精力都放在了几亩田地上,他们想尽办法来获得土地。在李村,公共路边都被人开垦种上了庄稼;沟渠也被临近的家庭慢慢填平,成为自己家田地的一部分;宽阔的乡村土路被开垦得只剩1米宽,仅能走拖拉机等农用车;一些原先的公共用地都被当地人开垦了;土地无疑成为财富的代称。有了地家里面才能过好日子,在这个区域至今还流传着嫁女儿的顺口溜,"愿往南走一千,不往北走一砖"。这是因为该县北部区域土地相对较少,人均只有1亩左右,在以土地为生的年代,没有土地就意味着穷。而在李村及其以南的乡镇,人均土地数量则多得多,有的地方达到人均7亩左右,每户人家都有30亩左右的田地,因而生活相对富裕一些。

家庭内部对于土地资源的争夺成为代际矛盾的焦点。伴随着年轻人的孩子逐渐长大,他们的负担也越来越重,在没有其他经济来源补充的情况下,他们只有尽可能多耕种土地,才能获得相应的产出,在向外无处发力的情况下,他们只能把目光对准自己年迈的父母,索取他们名下的承包地。分家时,土地都是按照人头分的,各自都有自己的承包地,不存在土地多占的情况。一旦老人年满60岁,而且所有的子女都已经成家,即老人的任务已经完成,不需要再攒钱为孩子们的大事操心的时候,很多子女便盯上父母手中的土地。按照子代的理解，父母已经60多岁了，也完成自己的人生任务了，已经不需要花销了，父母就要支持子代，把自己名下的土地都分给子代才合理，因此子代便开始或明或暗地逼迫父母让渡土地的使用权。有的老人知道当下的社会环境，基本不需要儿子媳妇多说，就把地给他们种了，他们则开始养老了。有的老人坚持自己种，为此和儿子媳妇吵架，有的甚而进入司法诉讼。把土地给儿子耕种的老人站在了道德制高点上，他们会在不同的场合来塑造自己明事理、懂事非的形象，是一个仁慈的父母。而继续耕种土地的老人则被塑造成自私和无情的人。同理，村庄内儿子媳妇之间也会攀比，谁家老人又把土地给他们种了。久而久之，围绕土地的矛盾便激发出来。

访谈对象19，H，男，75岁，"那时候，年轻人手里面确实有点儿紧，自己地又少，就十来亩地，只够一家老小吃的，小孩要上学，还要人情来往什么的，确实很多人撑不了了。你再勤快，地少啊，收成也少卖不出来钱。人家地多的，那明显就不一样，手头就宽裕一些。像村里面的某某多种了他伯伯一份儿地，他伯伯是个老光棍，无儿无女的，算是五保户，大队里面就指定让他作为亲属来养活，老人名下的土地都归他们种。那个老人天天不闲着，到处刨地开荒，最后他一个人就弄了8亩多地，都归侄子种了，老人能吃几个？一年也吃不了几百斤小麦。剩下的不都是他们两口子的了。因而某某在这个村庄的年轻人中手里面算是有钱的，说话声音都大。他们无疑也成为很多年轻人攀比的对象。所以啊，很多人家都是这样看着的，一家看一家，都把地给孩子了，哎，要不他们在村庄里面日子过得不好，不丢人嘛。他天天来找你吵，你日子过得也不顺心啊。把地都给他们了，他们每年给我们点儿粮食，我们也不是老了不能动了，自己想其他法子吧。反正我们老了，也不要花多少钱了。我家就一个儿子，按道理讲，我们死后，不都是他的啊，又没有人和他分，地给我们种和给他种不一样吗。哎，他就不干，他说地我们自己种着，收入都归我们了，平时都花掉了。我有4个女儿，都花给女儿了。到我们老了以后，我们一点儿钱都没有，还得到他们家养老，还得让他们抬棺材来埋，他们自己不吃大亏了吗。临时种地钱也不够啊。他给你算这个账，我们一开始也不给啊，自己种点地，方便啊，不伸手向他要钱，日子也好过啊。可是不行了，他们经常来吵，还动不动就来找碴，你说就这一个儿子，他就这样来赖你、闹你，这日子过得也不安生啊。干脆就给他们了，我们就留下1亩地种点菜什么的。哎，地一给他们，儿子媳妇也不来闹了，过年时候还喊去他家吃饭。哎，你说这不都是钱闹的啊。穷啊，他们没有法子，只能来刮老的了。"

从这位老人的叙述中，我们不难看出，这个时期的家庭矛盾多是经济方面的矛盾，而且大部分是土地引致的。李村的年轻人好吃懒做的不多，不务正业的也不多，大部分人是勤劳肯干的，但是由于机会的稀缺和资源的短缺，他们的勤劳并没有为他们带来相应的财富积累，仅有的土地无法让他们的勤快获得丰厚的回报，因此他们只好去"剥削"父母的土地，来获取更多的收入，支持他们在村庄中的竞争。在这样的逻辑下，这个阶段的老人提前"被赡养"了。失去了土地的老人，开始接受儿子的口粮供给，但是这些口粮仅仅够维持他们的基本生存，几乎不能满足他们其他的日常需求，因而，作为尚有劳动能力的他们不得不依靠其他途径来维持自己的晚年生活，如捡拾庄稼，在家里面养鸡鸭、猪牛等贴补日常开销。

第三阶段，2000年开始的延后赡养。

2000年以后，伴随着务工经济的兴起，农民的收入来源日益多元化，土地不再是他们唯一的经济寄托，因而很多外出务工的子代开始将土地返还给老人，让他们自己耕种，保障自己的生存。老人耕种自己名下的土地，子代也不再强行索要老人的土地了，有的子女索性让老人连自己的土地一起种，他们就不需要为了种地来回跑。因而在这个阶段，李村老人或被迫或主动几乎又都开始耕种土地。在这样的情形下，老人被赡养的时间被推迟了，这样的状况可能要持续到他们彻底失去劳动能力或者是失去生活自理能力的时候。

与外出务工相比，土地价值被削弱，土地作为财富来源的唯一性被消解，因而人们对于土地的情感也出现了分化。青年一代虽然是在农村生活场域中长大，但已经日渐与土地脱域。土地对于他们而言既熟悉又陌生。虽然父母经常讨论土地，但是他们却很少有机会去触摸土地，几乎没有伴随着父母从事农业生产的经历。因而他们对于土地秉持着无所谓的态度，反正以后他们是不会去种地的，也不会靠种地为生，这是他们目前最为现实的想法。中年人则是基于替代性的务实想法，他们以打工收入为主，也回去种地，平时就不管庄稼了，最后能收多少就收多少，家里老人平时帮着管理。土地放在那里，等他们不能务工了，回来再种地也不迟。

对于老人而言，土地是他们的全部，缺乏技术的他们既失去了外出务工的年龄优势，也没有能力在家乡创业。因为创业需要资本支持，而他们几乎一无所有，土地是他们晚年的唯一希望。他们和土地打了一辈子交道，对于土地的感情是融入血液中的，土地是他们的牵挂，他们之所以不愿意移动，很大程度上是因为土地把他们的心拴在了那里。土地对于农村老人而言具有双重意义，一方面是他们晚年生存的经济来源基础，另一方面是他们感情的寄托所在。脚踩在土地上，他们才会心安，而走在城市不见泥土的马路上，他们总是过客的心态和感觉。

在李村，老人的赡养是一个较为复杂的过程。老人进入赡养阶段后，就面临着谁来养以及如何养的问题。

儿子的责任和义务

在谁来养的问题上，责任是很明确的，养老是儿子的责任，基本和女儿无涉。在李村，女儿至今不参与正式的赡养安排，与之相对应的也是女儿没有继承权。因此娘家对于女儿而言就是亲戚，而儿子才是家里人。在事关老人的问题上女儿是没有发言权的，如果女儿女婿在老人的问题上说话，很快就会被呛声，"你插什么嘴呢，这是我们家人的事情，你是外人，没有你的事情"。因而女儿女婿是被排斥在李村老人晚年赡养安排之外的。

由儿子养老涉及独子和多子供养的问题。如果老人只有一个儿子，那么问题会相对简单一些，既然老人的所有家当、土地都是由他一个人继承，那么老人的养老安排也需要他一个人承担。如果是多子，则是轮流供养，按照约定，每家固定住上一段时间，在这段时间内，这个儿子负责老人吃喝等。身体尚好、有活动能力且自己愿意单过的老人，则按照约定给老人一年口粮，比如李村就规定是小麦800斤、黄豆100斤、零花钱若干。很少有子女给老人零花钱，因为现在老人都有新农保的基础养老金70元/月，这对于部分高龄老人而言，效果是非常显著的，虽然不多，但是毕竟拥有了自己可以支配的一点儿收入。失去活动能力且不能单住的老人则由儿子们接回家赡养。

老人赡养期间的居住问题。部分尚能自理的老人依然在自己的住处居住，由儿子把口粮和相应的物资送到他们住处，他们自己烧锅做饭。对于那些生活不能自理的老人，儿子们会在自己家院子里面或者门口搭建一个简易房子，老人就在那里面躺着，一日三餐由儿子或者儿媳妇送饭进去，至于老人的清洗则都是由女儿来完成。儿媳妇通常都会说："他们一把屎一把尿地伺候你们长大，老了也该你们伺候他们，轮不到我们儿媳妇伺候，他没有伺候过我们屎尿。"在李村，很多男性外出务工，因此赡养老人实质上是由媳妇来完成的。

女儿的义务

虽然在李村老人赡养中，女儿作为外人没有赡养义务，但这并不代表可以忽视女儿在老人晚年生活中的支持作用。女儿在老年人赡养中的作用是精神支持。在李村，经常听到一些老人"人老思儿，猫老吃儿"的感叹，他们对于亲情的渴望是强烈的，因而女儿若能经常走动，来看望父母，对于父母是莫大的精神慰藉。另外，女儿还要承担的一个任务就是为年迈的父母提供相应的衣服，儿子媳妇几乎是不为老人买衣服的，老人的衣服都要由女儿来提供，因此，在李村，人们可以通过老人的穿着来判断女儿的孝顺程度。此外，女儿还要负责为生活不能自理的父母清理个人卫生。一个老人处于生活半自理状态，则需要女儿每隔一段时间来打扫卫生。如果一个老人身上很脏，而女儿又很长时间没有来，村里的人一般不会去指责媳妇，而是去指责女儿，大家都会说："你看养个闺女到底不中用哦，自己亲妈都糟成不像样子了，也不来给洗洗，哎，寒心啊。"或者"是不孝的女儿，半年来一次有什么用啊，自己妈妈都不要了。儿子还能给口吃的，作为女儿可不是在不能动的时候伺候一下子的嘛"。

在李村，老人被赡养是以他们交出土地为时间起点，而不是以年龄作为起点的。在老人彻底丧失劳动能力之后，或者是由于身体原因失去行动和生活自理能力之后，他们就自然地进入下一个老年生活阶段，即被赡养状态，在这个阶段老人的日常实践几乎是空白的。

在李村，老人与子女多分家居住，即使是在被赡养之后，也是在各自居住的空间生活。只要老人能保持基本的生活自理，他们还是愿意在自己的小屋里面度过余生，除非在不得已的情况下，才会和儿子媳妇一起生活。在采访中有80%的老人表示，只要有活动能力都会自己一个人住，单独做饭吃，只有万不得已的时候才会和儿子一家住，一起吃饭。李村老人的平均寿命在75岁左右，很多老人都是带病生存，大部分老人都有慢性病，但是这些慢性病在平日不会影响其活动能力。

  访谈对象20，L，76岁，女，丧偶独居，有2个儿子、3个女儿。老人由两个儿子供养，每家给400斤小麦，50斤黄豆，一年给她300元钱买油、买菜吃。老人说："我只要能动一天，就自己一个人过一天哦，不想到儿子家去住，和他们一起吃饭，这么多年都不在一起吃饭，感觉都有点生分了，平时儿子们还好，该给的都给，过年过节的也都喊过去一起吃饭，这就足够了。你看平常吧，还真无所谓，就是一到过年过节的时候，要是还一个人吃饭，觉着怪可怜的，人家都是一家子热热闹闹的，你一个人像个苦鬼一样，在这里吃饭，哪能吃得下去呢。过年时候，中午在大儿子家吃，晚上就到小儿子家里面吃，下午就和他们一起包饺子，他们包好饺子了，晚上就吃点饺子，然后也给我再带一点儿回来，好留着初一吃。我老了，一顿吃不了几个饺子的，他们有这个心，我就满足了。平时还是分开过得好，他们给我的粮食也够吃了，我一个人吃不了多少，钱也够花，不是还有那个70多元的钱嘛，平时女儿也能给点，我们又不要出礼了，只要没有病，钱就够，人老了，平时这儿疼那儿疼的，主要没有大病就谢天谢地了，要是有病了，俺也不去医院了，看了也费孩子们的钱。"

  在采访中，一位老人总结道："你说，你老了，儿子能给你口吃的就满足吧，还要闹什么呢，还争吃争喝的，不是自己作自己嘛，在儿子家里面要自觉，要不吱声，有活能干就干活，不能干活你就蹲在那里，不要出声，也少招人烦点儿，自己日子也好过一点儿"。

在李村，处于被赡养状态的老人由于其在家庭位置中被边缘化，家庭资源减少，部分老人在家庭赡养中处于最低的生存层次，儿子只是满足了最基本的生存需求——一日三餐。至于老人的健康问题，伴随着年龄的日益增大，很多老人在身体方面几乎是听天由命，平时有一些小病的，自己能行动时,就到附近的村卫生院里面去看看,能吃药就吃药,他们几乎不去镇里和县城的大医院。在对李村卫生院的采访中,医生介绍,这个村来看病的老人几乎都是自己来的,而且很多老人在生病时来打吊针,只是控制了病情,并没有治疗好,一旦症状减轻了,他们就立刻不来了,认为自己好了,不要花钱了,因而很多老人病情反复发作,最终耽误了治疗时间。乡村卫生院人手少,而且缺乏较为专业的设备,很多老人独自前来,在输液过程中,容易出现风险。在近两年内,该卫生所已经有3位老人在输液过程中去世。一位70岁的老人输液时独自坐在椅子上,没有人照看,等医务人员去给他换药时发现其已经死亡;另一位老人由于患有脑梗死、高血压,去医院输液治疗,在输液过程中出现药物反应,没有及时发现,最终死亡。这些死去的老人,反映了老人赡养中的悲惨生存现实。

四 解脱尘世——亲情无望的决绝

自杀作为主动终结人类个体生命的行为,一直与人类行为相伴。不同的学者基于各自的学科背景对于自杀给予了相应的现实关照和理论聚焦,自迪尔凯姆开创了自杀的社会学研究范式以降,后世的社会学自杀研究便循着这种范式向前推进。迪尔凯姆将自杀定义为"人们把任何由死者自己完成并知道会产生这种结果的某种消极或积极的行动直接或间接地引起的死亡叫做自杀""自杀未遂也是这种意义上的行动,但在引起死亡之前就被制止了"。[1] 迪尔凯姆依据社会整合和社会规范两个变量考察了自杀的类型,进而建构了自杀的四种理想类型(见表4-1)。

表4-1 自杀的四种类型[2]

变量	程度	自杀类型
社会整合	高	利他型
	低	利己型
社会规范	低	失范型
	高	宿命型

---

[1] 迪尔凯姆:《自杀论》,冯韵文译,商务印书馆,1996,第11页。
[2] George R., Goodman D. J. *Classical Sociological Theory*. Beijing: Peking University Press, 2004.

大部分学者在中国的自杀问题上基本达成共识，即中国的自杀现象具有不同于西方社会的特点，中国式自杀呈现西方社会不同的社会逻辑和范式，而且在区域和群体上又有着不同的差异。在不同的时间段，中国式自杀呈现不同的群体特征，如中国农村地区的自杀率明显高于城市，是城市的3倍；女性自杀率显著高于男性，比男性高出25%[①]，有学者指出农村女性自杀率比男性高出66%[②]。吴飞通过对华北某县的田野研究建立了一套具有中国特色的自杀理论，揭示出自杀现象背后深层的中国文化逻辑，揭示了家庭是影响中国农村自杀的核心要素，他通过对"过日子"的讨论分析了中国农村的自杀文化。在中国农村，作为农民基本生存区域的家庭是农民个体生活幸福的来源，家庭成员的生活过程围绕着妥善处理个体关系、财产关系以及仪式性关系而开展，一旦这些关系没有得到妥善处理，家庭成员便会认为自己受到了家庭的不公待遇，他们会选择自杀来对抗家庭[③]。

在农村老人自杀问题上，一些学者对中部地区京山农村的老年自杀现象进行了研究。贺雪峰和杨华从京山农村的民间宗教信仰状况和农民死亡观念等角度出发，解析了京山高自杀率背后呈现的农村社会价值体系的衰落现状[④]。陈柏峰从代际关系变迁和农村老人家庭生活边缘化的视角阐释了农村老人的弱势型自杀[⑤]。刘艳舞认为传统社会中具有优势地位的老人在1980年以后开始失去了位置，因为集体体制的解体、市场逻辑的侵入，他们的生存和权威遇到了双重挑战，从而走上自杀之路[⑥]。

从以上研究可以看出农村老年人选择自杀的主因是疾病和贫困，失去劳动能力的老人无法基于他们个体的能力来改变自身境遇，他们的晚年只有寄托在外部，但是制度的缺位使得他们晚年生存寄托呈现单核化，只能依靠子代。但是，代际关系中老年人弱势位置明显，外在社会也缺乏有效的机制来保障子代赡养的有效性，因此，遭遇生存困境的老人似乎只有

---

① 上官子木：《中国人自杀现象的本土特点》，《社会学研究》1995年第2期。
② 费立鹏：《中国的自杀现状及未来的工作方向》，《中华流行病学杂志》2004年第4期。
③ 吴飞：《论"过日子"》，《社会学研究》2007年第6期。
④ 贺雪峰：《农村老年人为什么选择自杀》，《热风学术》2009年第3期；杨华：《自杀秩序与湖北京山老年人自杀》，《开放时代》2009年第4期。
⑤ 陈柏峰：《代际关系变动与老年人自杀》，《社会学研究》2009年第4期。
⑥ 刘燕舞：《自杀秩序及其社会基础》，《现代中国研究》2009年第10期。

"自杀"才能解脱。

在李村，老人自杀不是主流，这点和贺雪峰、陈柏峰在华北农村调研得出的结论有所区别。据笔者统计，李村自2000年以来自杀的老人仅有4位，与京山农村高自杀率形成了鲜明对照。同样是代际关系紧张，甚至李村代际关系紧张程度和冲突强度较京山农村都要高，但是老人自杀率却很低，可能是老人对于生存还有着一定的渴求、对未来有一定的期待。笔者分析这种现象和当地老人对于子代的期望值较低，而且在村庄内部已经形成了较为浓厚的排斥老人的文化氛围有较大的关联。在李村访谈中，谈及被儿子及媳妇辱骂甚而殴打，老人们只会憨憨地笑着说"哪家不是这样啊，农村里面普遍都是这样子呢"。可见子代不孝甚而辱骂和殴打对于老人而言已经不再是难以启齿的事情了，他们经常可以从村庄内部其他有类似处境的老人处获得安慰。"人人都这样了，死了也是白死啊""好死不如赖活着"等，这些实际的想法和情况也降低了李村老人的自杀率。李村自杀的老人多是因为无法承受代际冲突的强度，且身患重病，失去外部支援而导致生存无望，所以选择了自杀来解脱。

> 案例23，D，65岁，自杀，因宅基地等家庭琐事与儿子公开争吵，基本断绝了父子关系，父子在村里面面对面都不说话，后来老人查出来患有食道癌，无钱医治，儿子不闻不问，在各种因素影响下选择了跳门前的池塘自杀。

李村的这例自杀与老人身患不可治愈的疾病高度相关。老人身患疾病后，在没有治愈的希望下，一方面不愿意给家庭和子代造成太大的经济负担；另一方面，在与子代冲突后，彻底失去了生存的意愿，选择自杀来解脱。对于大多数老人而言，自杀并不是他们的首要选择，如果还有生存希望，他们会选择继续生存。诚如一位老人所言："为什么要死？我自己的日子自己过，就是出去要饭，日子也能过下去，死了有什么用啊，你要是得了癌症，治不好了，想死就死还能说得过去，像其他的人自杀，都是憨啊，想不开呢。"

第三节 李村老人情感实践的逻辑

一 代际理性——李村老人代际实践的渐变

在李村,由于老人与子代的关系逐渐呈现理性化趋势,很多老人坦言,现在不指望孩子将来为自己养老,趁着自己还能动,赶紧把自己的日子过好。对于儿女们,他们该尽的责任都已经尽到,任务已经完成了,后面的生活就是他们自己的生活了。很多家庭在这样的思想主导下,家庭成员之间的关系出现了理性化的趋势。这一点在发达的浙江地区已经成为主流。朱静辉、朱巧燕提出了"温和的理性"概念,旨在概括当前浙江农村的代际关系,他们认为浙江农村地区的代际关系显现了独特的代际实践逻辑,以"温和的理性"所呈现的代际关系体现了浙江地区农村社会的地方性规范[1]。在李村老人的日常生活中,生活理性逐渐成为他们日常实践的主导原则。浙江经济相对发达,农村老人拥有较好的经济基础,他们对于自己晚年生活安排有较高的自主性,基本不需要依靠子女的经济支持。浙江市场化程度较高,农民较早进入市场体系,因而,对于代际关系,老人在实践中经济理性因素多一些,他们的理性实践也是建立在充分的经济自主的基础上。而在经济欠发达的安徽农村,很多老人的理性化实践是建立在孱弱的自我生存保障基础上的,因而他们的理性实践显得更加无奈、被动。

在李村,老人的代际情感实践日渐减少,这种代际关系的转变也是李村老人日常实践理性化的后果。在代际关系紧张的农村,只有保持理性的日常实践,老人才有可能为自己的老年预留部分经济资源。

伴随着农村社会生产和生活方式的变化,家庭成员之间的关系日渐理性化,老人的社会价值和经济价值再次凸显,年轻人也开始转变思路,不再一味地认为赡养老人是他们的负担,而是和老人形成了某种默契,老人用当下的劳务交换将来子女的赡养。很多子代认为老人们现在还能干活,带孩子、帮助看家和打理庄稼等,这样他们才能外出务工,否则受损的是

---

[1] 朱静辉、朱巧燕:《温和的理性——当代浙江农村家庭代际关系研究》,《浙江社会科学》2013 年第 10 期。

他们自己。年轻人主动与老人缓和关系,代际矛盾相对缓和,并在彼此的忍让中慢慢消失。用很多老人的话说,"现在是年轻人巴结老人喽,世道变了,我们也知道他们心里想的是什么,双方心里面都有数,就是眼睛眯缝着过日子吧,都是自己的儿女,怎么能计较得起来呢"。

访谈对象24,W,女,30岁,"你说现在这些老人们都开始想着过自己的清闲日子了,不管我们的事情了,看样子他们将来也不指望我们养他们了,我们的活他们是能撇下的就撇下,我们也不能硬逼着他们来干活啊,分家了嘛,各过各的日子啊,我们也只能跟着他们学了,在家里面花销的,都要他们记个账本,过年我们回来一次性给他们,否则他们不愿意给我们带孩子,在家,孩子买一些零食,打防疫针等,一年也要好几千呢。我们逢年过节也给他们买些东西,表示一下吧,否则老人也会心寒,人家凭什么给你带孩子啊"。

二 代际缓和——代际关系的新阶段

老人日常生活理性实践提升了自身生活满意度。虽然文中已经分析了李村老人的理性生存实践都是在被动的情况下进行的,与江浙一带的温和理性有着较大的差异,但事实上,他们这些行为的选择对于自身生活满意度的提高是有帮助的,既帮助他们摆脱了对于子代无尽的责任,又帮助他们在精神上获得相应的放松。

在理性实践理念的指导下,很多老人对于子代已经不抱有强烈的情感寄托,他们开始在代际生活之外寻求自己的人生价值和人生目标,主动减少对于子代经济和情感的依赖,专注于自我生活水平的提高。此外由于子代对他们的需求加大,在代际关系上,他们拥有了一定的主动权,这样的生活实践导致了李村代际关系的缓和。

李村老人家庭权威的变化是从改革开放之后出现的。改革开放之前,老人可以借助集体主义在家庭日常生活中延续权威。改革开放之后,农村社会发生了巨大变迁,农村社会中的年青一代有了更多的生存选择,脱离土地的途径更加多样化,因而他们对于自己日常生活的掌控力度也在增大,老年人的家庭权威出现某种程度的下降,与之相伴,老人在家庭内部的情感实践方式也发生了变化。

李村老人在家庭内部的情感实践呈现不同的时代特征。在家庭联产承包责任制时期，家庭重新成为一个生产单位，由于村庄内部的竞争如土地、社会空间、宅基地等，是以家庭为单位而展开的，因而这个时期农村家庭呈现高度融合的状态。家庭成员关系紧密，家庭既是生活共同体，也是生产共同体，一定程度上恢复了传统的结构和功能。老人在这个时期的家庭生活中起核心作用，他们日常生活实践的核心目标是提高整个家庭的竞争力或者是过好日子。只要他们还有劳动能力，就要为全家劳作，这个时候分家的很少，几代同堂大家庭生活是一种常态，因而老人不需要为自己的晚年生活担心。他们不能劳动时，依靠儿子供养，也不需要为自己以后的生活操心，虽然代际矛盾也经常出现，但这一时期的代际冲突中老人处于强势地位。李村老人在这个时期的情感性实践紧紧围绕着家庭的生计，具有较大的自觉性。

伴随着农村社会生活的市场化和理性化，李村老人的家庭实践更多的具有了交换的意味。造成农村老人养老困境的因素是多重的，孝文化的衰落固然是重要因素，但是当下农村社会竞争和子代的向上流动过快也是造成代际回馈断裂的现实因素。聂洪辉认为新生代农民工向上过快流动导致40后、50后农民面临养老困境，这种过快流动就是80后、90后农民工迫切在城市买房、定居，从而使其代际支持能力不足[①]。这种情况在李村也普遍存在，据笔者调查，李村一个比较小的村庄，总户数是40户，其中有20户家庭的子代在附近县城买了房子，孩子在县城上学，他们都背负着沉重的债务。面对这样的现实处境，很多李村老人在代际交往中也开始进行全新的考量，虽然他们不再把养老完全寄托在子代身上，但是他们也希望与子代关系融洽。因此在代际关系的实践中，他们能体会到在这个经济社会快速变化的时代中，子代的生活方式已经与他们的认知相差很远了，子代生活也着实不易，他们坚持经济上自力更生，不轻易给子代造成经济压力，这样就在情感和经济上与子代达成了共识，减少了代际认知差异和冲突。在现阶段，李村的代际关系在相

---

① 聂洪辉：《代际支持过度与代际回馈断裂：农村养老的代际结构性困境》，《广西民族大学学报》2017年第6期。

互理解中呈现缓和趋势。

三 亲情牵挂——老人日常生活中的寄托

从前文可以看出，李村老人在努力转移着自己的人生价值目标，通过外在的人生意义来稀释日常生活中的情感寄托，希冀借此来摆脱对于子代的无尽义务和付出，但血缘关系的先赋性对社会生产及人们的生活起着决定性作用，这在人类社会产生之初就已存在。血缘关系在个人社会关系中居于最为重要的位置，相对于地缘关系和业缘关系，人们对血缘关系具有更高的期待，因而，具有血缘关系的子代无疑也是老人晚年生活的依靠。

李村老人日常生活的核心依然是对于家庭成员的情感投入。农村老人的社会关系网络日渐疏离，在外部参与的社会活动日渐减少，因而他们的精神生活越来越贫乏，社会支持弱化。在李村，没有老人协会之类的组织帮助老人排遣日常生活中的困顿与寂寞。他们只能生活在自己的世界中，精神寄托只能放在家庭成员身上。即使他们在日常生活中采取了理性化的实践，但是这并没有减少他们的情感性依赖。只有子代拥有较好的生活，至少比他们的生活质量高时，他们才会基于自身的考量进行理性化的代际实践。而一旦子代生活出现重大变故，或者是生活不如意，他们的实践则会全部围绕子代展开。很多老人经常挂在嘴边的一句话就是"人活着不都是为孩子嘛。人活着就是活孩子劲，没有孩子，你活着给谁看呢"。有的老人虽然与子代有冲突，但是在一些关键的时候还是会去帮助子代。

> 访谈对象30，Z，女，63岁，"前几年我家老头子和儿子一家吵架，吵得厉害，和儿子一家走对面都不说话。过了没几天，儿子家的邻居欺负儿子一家，我老头子就要上去和那家吵。我说你去干什么，儿子都不理你，你老老实实地在家待着吧，不要去丢人了，他们自己的事情，他们自己弄去。结果老头子就冲了我一顿，'你懂什么，人家说打狗还看主人哩，人家讹你儿子，不就是等于讹我啊，不行我要去出头'，老头子就跑到那家门口大骂去了"。

在李村，老人与子代分家析产已成为常态，所以老人独居也已经是日常生活中的常见现象。如果老人夫妇都健在，他们可以互相依靠，从对方那里获得相应的情感支持。有老人说："老伴老伴就是老了有个伴，就是能和你一起做伴的人，生气了，有人听你唠叨，你说话有人回一声就行了。"诚如前文中的 H 老人对于瘫痪在床的老伴一直不离不弃地侍养着，因为这对于他而言是人生的感情寄托所在。对于老人而言，来自家庭内部的情感慰藉是他们能够继续生活下去的动力所在。在李村，老人自杀现象不突出，仅就目前可及的两例而言，老人自杀都是因为家庭代际关系恶化，老人的情感无处寄托，疾病缠身只不过是给了他们以合适的借口结束自己的生命。尤其是对于该村一位女性老人的自杀，村里人的一句感叹说明了老人自杀的无奈——"她死了要比活着享福啊，那样活着太可怜了"。村民的言下之意是这样的遭遇放在任何人身上都是要早死的。

第四节　总结

李村老人在家庭生活中的日常实践更多地以情感性实践形式体现出来，他们在变迁的家庭结构中日渐处于边缘位置，家庭结构的核心化和权力的转移，已然使老人丧失了传统社会中的权威位置以及家庭资源的掌控者和分配者的角色，但是源于血脉的亲情关系一直在延续，故而亲情成为老人日常实践的核心考量，是他们日常生活的情感寄托。他们通过在家庭生活的日常实践来实现自己的人生意义和价值追求。在李村，老人的家庭情感实践主要围绕三个方面进行。

其一是围绕过好日子这个日常生活的最高目标进行，在他们与子代的互动中，过好日子是所有家庭成员的一致追求。至于如何才能过好日子，怎么来过好日子，他们没有具体的规划，但是每一个成员在日常生活中都不自觉地在生活理性的支配下，进行着自己的家庭生活实践，以求过上好日子。对于老人而言，他们过上好日子就是对子代继续付出和操心，主动禅让"当家权"来建构子代自主生活角色，帮助子代进行相应的村落生活竞争，以此来建构家族的生活自信，实现自己的人生价值和意义。孩子成家立业，并且都过上了好日子，这样他们就认为自己的人生是完满的，可以在祖荫中寻求心灵的慰藉。同时他们在情感转移中，更加积极地营造自己的晚年生活，尤其是那些配偶健在的老人，对于配偶的关注日渐提升。其二，对代际冲突的不同处理。在老人过好日子的过程中，代际剥削的力度加大和提前，即子代出于自身经济的需求，希望尽早从父辈手中获取更多的经济资源。在代际索取和代际剥削的双重压力下，代际冲突不可避免，李村老人处理代际冲突的实践也在情感因素的影响下游移不定。他们一方面基于亲情，本着家丑不外扬的心态，尽量将代际冲突在家庭内部解决。在他们无力解决这些矛盾时，才向外寻求解决之道，有的采取了较为强势的态度来处理代际矛盾，寻求乡土伦理规范制约子代。另一方面，伴随着代际冲突进一步加剧，很多老人开始在诉讼与不诉讼之间犹豫，不诉，则要继续忍受子代剥削，以退让来换取情感的满足；诉讼，代际矛盾进入法律实践，意味着亲情的割裂和家庭的肢解，这样的后果也是老人们无法承受之重。其三，赡养中的沉默生活。老人们逐渐步入暮年后，则面临赡养的生存困境，在赡养中的日常生活则是他们渐渐失语的生活建构。他们安于子代的供养，秉持着凑合活的心态，退出日常生活实践。但子代的供养，仅能维持生存，有的老人在赡养中进行了相应的抗争。但从最后的结果来看，他们几乎都是失败的，反而进一步加深了自己的生存困境，因为他们最后还是需要子代赡养，因此这些抗争可能会加深子代赡养中的情感遗弃。在这样的现实生活中，很多老人抱着只要有口饭吃、就可以凑合活着的心态，对于子代的赡养行为保持沉默，慢慢等待自己生命的尽头。老人自杀是老人对于亲情彻底绝望和深陷生活泥潭无力自救后，选择解脱苦难的方式。在李村，老人自杀不是主流，但是这种选择无疑会对其他老人产生较强的心理冲击，从而在村庄内部营造出一个悲情的生活世界。

故而在李村老人的情感实践中，我们可以看出亲情的延续是他们日常实践的逻辑起点。伴随着社会生活的变迁，老人的情感实践也在转变，很多老人在代际实践中采取了理性行为，这些理性实践在日常生活中表现为生活理性，即由传统的生活伦理制约，开始向现在的经济理性渐进，他们更加关注自己的生存现状，对于家族的延续和子代的绵延，有了更多的不同想法，一代只管一代事，只要把自己的任务完成了，子代的任务不是他们现在所能左右的。在他们的生活预期中，自我生存保障是最重要的。在下章中，将主要探讨李村老人在变迁的村落生活中如何运用生活理性来积极建构自己的社会交往体系，以此来获得一个良好的晚年生活。

第五章　社会中的李村老人礼仪理性实践

如果说家庭是农村老年人最核心的生活领域，那么亲属关系、村庄乃至跨越村落的共同体则是农村老年人日常生活的另一个重要层面。传统的乡村社会结构和生活方式正在发生变迁，这些变迁对于农村老人的影响是多维度的，作为个体的农村老年人，他们一方面被排斥在日常社会参与之外，另一方面又是农村仪式性活动的重要参与者。故而他们的日常生活依然紧紧围绕着乡土社会的人情礼仪而展开。本章将重点分析农村老人在地缘性的村落空间和人情关系中的日常生活实践。

人际关系是社会学和社会心理学的基本概念之一，社会学家们在这一领域内建构了诸多的理论框架。如齐美尔的形式社会学、米德和布鲁默的符号互动理论、戈夫曼的戏剧理论、霍曼斯与布劳的社会交换理论、科塞的社会冲突理论以及格兰诺威特、林南的社会网络理论等。中国关于人际关系的本土化概念则是人情。人情概念的外延和内涵极其丰富，既具有高度的概括性，又具有浓重的生活气息。中国人生活在一个高度组织起来的人情关系网络中，人情与每个个体高度相关，具有血缘和泛化的含义。"中国人的生活，既一向倚重于家庭亲族之间，因亲及亲，因友及友，其路仍熟，所以遇事总喜欢托人情"[1]，翟学伟认为"这一从家庭转向社会的人情关系基于中国传统社会和组织的结构，是家庭结构的翻版和推延，使得人情从家庭向社会泛化成为可能，只是社会上的人情已然没有了血缘基础，也意味着人情关系从原先的必然性变成了一种或然性，从原先的亲变成义再变成利"[2]。

---

[1] 梁漱溟：《中国文化要义》，《梁漱溟全集》第3卷，第63页。
[2] 翟学伟：《人情、面子与权力的再生产》，北京大学出版社，2013，第103页。

第一节　李村日常生活场域的呈现

一　村落的界定和村民生活半径

在滕尼斯看来，乡村"是一个天然共同体"，既是人们的生产空间，也是人们的生活空间①。在这个共同体内，基于人与人、人与自然、人与社会的长期互动和相互统一形成了独特的乡村文化，并规范着人与人、自然与社会的基本关系结构，维系着人们正常的生产秩序和生活秩序。学术界对于中国的村落能否作为中国农村的基本单位以及村落共同体的关系问题有着较大的争议。日本学者平野义太郎主张共同体关系是维系村庄的核心要素，该共同体关系是通过村民精神价值体系凝聚而成的，其中心位置是村庙文化的实践熏陶。戒能则认为中国村落是松散的，缺乏维系力量，也不存在所谓的强有力的共同关系。福武直认为村落共同体是农村社会的一种理想类型的建构，而非有形区域上的明确指征②。施坚雅认为农村的集贸体系对于维系村落共同体起到了独特的作用，他依托集贸体系构建了农村市场共同体理论。他认为地方市场才具有传统农耕社会的完整特征，围绕着这个市场构成了一个完整的社会体系。他进一步论断农民的日常生活半径是由其所在的集贸体系决定的，而不是仅限于其所在的村庄③。杜赞奇认为中国的村落是国家权力和文化的基层渗透，依托完备的宗法体系结构与农村社会深度同构④。李国庆认为在中国，血缘关系是村落生活的基本组成形态，故而在农村社会生活中，村民的关系是秉持血缘关系优先生活法则的。

无论是日本学者还是欧美学者，他们对于中国乡村社会的描述和界定在一定程度上都厘清了乡村共同体的概念范畴和包含的层次，为中国村落研究积累了相应的理论基础。但是他们的论断都是建立在对中国农村社会

---

① 滕尼斯：《共同体与社会》，林荣远译，商务印书馆，1999。
② 李国庆：《关于中国村落共同体的论战——以"戒能—平野"论战为核心》，《社会学研究》2005年第6期。
③ 施坚雅：《中国农村的市场和社会结构》，史建云、徐秀丽译，中国社会科学出版社，1998。
④ 杜赞奇：《文化、权力与国家》，王福明译，江苏人民出版社，2010。

某一个区域研究的基础上，中国农村社会的生活方式、居住方式的人文和自然差异迥然，这些解读都带有特殊的地域色彩。尤其是在乡村共同体的界定中，其内涵具有非常大的伸缩性，应该说这种共同体既是意指也是实义。在实际生活中，笔者认为中国乡村共同体更多地指向乡村社会中的熟人社会，这样的熟人社会才具有学界谓之的共同体内涵和特质，故而在中国，界定熟人社会的地域范围也就非常有必要。熟人社会在国内更多意指乡村生活中特定的地域范围，这样的区域又称为村庄。在中国，村庄分为行政村庄和自然村庄。行政村庄具有政治内涵，是按照一定的组织形式形成的一个官方概念，自然村庄则是自然形成的人口聚集地，村庄可大可小，人口可多可少，村民生活范围相对固定，村民间的日常生活联系更为紧密，是真正意义上的熟人社会。故而在本书中，对李村熟人社会的界定是以行政村下辖的自然村庄作为区域位置划分的，本书也试图勾勒出李村的村落界限和村民的日常生活半径，并以此作为农村老人日常生活的实践区域。故而本书所言及的村庄都是以自然村庄为特定研究区域。

在皖北大部分区域，自然村和行政村是相互隔离的，自然村是一个实体存在，而行政村则是政治称呼。一个行政村包含若干个自然村，但是每一个自然村都有自己的村落界限和土地范围，村民们的主要生产和生活区域仅限于自己所在的自然村，很少涉及其他自然村，自然村之间的距离在1~3公里[①]。李村的村庄（自然村）是一个典型的熟人社区，其特征是农户聚集在一个紧凑的居住区内，与其他相似的单位（村庄）隔开一段距离（在中国有些地区，农户散居）。村庄内部每家每户都非常熟悉，村庄里面来了一个陌生人都会引起大家的猜想，这是谁家的亲戚，什么亲戚，或者是哪家未过门的儿媳妇等等。李村的情形与贺雪峰等学者提出的"村民小组内仍属于熟人社会，较大范围的行政村内却只是一个'半熟人社会'"[②]的判断基本相同，李村作为一个行政村也呈现一个半熟人社会状态，且这个半熟人社会仅限于周围村庄。故，本书认为李村每一个相对独立的自然

---

① 自然村之间的距离取决于每个自然村拥有的土地数量，皖北为平原地带，很少有高山、湖泊等，围绕在村庄周围的全都是农田。由于历史遗留下来的问题，每个自然村拥有的土地数量并不是均等的，即该村人均土地数量不是一样的，同样是李村，有的村庄人均土地达到5亩/人，而有的村庄则只有2亩/人。

② 贺雪峰：《论半熟人社会》，《政治学研究》2002年第3期。

村的界限就是村落的界限，村民的日常生活半径也是本村庄内部。在李村内部，各个自然村之间具有较高的同质性，因而，李村作为一个地理名词在本书中是作为一个行政村来使用的。

因为婚嫁等原因形成的"老亲"① 在事实上进一步扩大了村民交往的范围。因为传统婚姻圈狭小，老一代李村村民的婚姻关系都集中在一个行政村之内，即一个村庄的村民与其前后左右的村庄的村民都会有亲戚关系。村庄之间的联系多是基于姻亲关系而建立的。在几十年前，婚姻关系很少出一个行政村，一方面，人们不能在自己村庄内部通婚；另一方面，娘家又不能离得太远，这既是因为要照顾自己的父母，也是因为交通不便，知根知底是他们对彼此的评价。因而，尽管一个村庄与另一个村庄在人际关系上的熟悉程度比村庄内部要弱一些，但他们还是能很熟练地认识村庄中大部分与其年龄相近的人，可以很容易通过孩子的长相就说出这是某某家的孩子。不同的自然村村民之间是有来往的，这种来往类似于村庄内部的朋友关系，不需要专门通知，约定俗成，主家办事时会吹喇叭，喇叭的声音通常前后村庄都能听见，大家就会相互打听事由。喇叭在丧事和喜事中吹出来的曲调是不同的，丧事上吹的是"老棺调"，有着明显的悲伤，而喜事则是欢快的歌曲②。

李村附近有一个集镇，距离李村约3公里，李村大部分人都到这个集镇上进行日常买卖。这样的集镇在无形中为附近村庄的人互相交往提供了相应的场所。虽然作为一个行政村而存在，但是由于集体经济日益衰落，各个自然村之间的交往并不频繁，尤其是距离相对远的自然村。

二 村落内部的公共生活空间

每一个村庄内部都有自己的公共生活空间，在这个空间内部有着约定

---

① 在访谈中，经常听到李村老人说和某某村庄有"老亲"的，所以老一辈的人都很熟悉等等。"老亲"是指上一代人在这些自然村之间形成姻亲关系而使得每个自然村的农户之间都有或远或近的亲缘关系。

② "老棺调"是特指在丧事上用喇叭吹奏出来的哀乐，如《大出殡》《十跪父/母恩》等，农村人都能听懂。现在农村办丧事吹喜庆的喇叭、放流行歌也普遍了，所谓的丧事喜办，甚而跳脱衣舞在这个区域也已经流行了，这种现象一方面反映了现代人对于生死观念的淡薄，或者是家族意识的淡化；另一方面也是农村社会道德下滑的表现，脱衣舞作为一种低俗的色情现象在农村社会公然大行其道折射了农村社会成员价值观的扭曲和基层管理的不到位。

俗成的习惯和方式。哈贝马斯（1964）认为公共领域是开放的社会生活空间，在这个空间里面可以形成舆论等自由空间。原则上讲，公共领域对所有公民都是开放的，人们在这里面可以不受到任何的外在压力，保持高度的独立性来进行他们相应的活动，这种活动不会因为其性质和个体特征而受到外在的制约和影响。

公共生活空间的构成主要依赖于三方面的因素。其一是场所，所谓"场所"是指为互动提供各种场景的空间。康德曾经把空间界定为"待在一起的可能性"，空间使社会主体的相互作用成为可能，行动主体正是运用不同场所提供的各种"空间场景特性"，来赋予其互动活动以具体的意义内涵，进而获得主体互动的一致行动力量并形成特定的社会关联形式。这些公共生活空间都是在一定的场所内进行的。其二是活动主体，即哪些成员参加这些公共活动，成为这些公共活动的主体性参与者甚而是掌控者。其三是这些公共生活空间内部的惯习和相关约定。村落作为一个公共舞台和公共生活空间，每一个群体都不能脱离这些场域，尤其是老人，他们生于斯、长于斯并终于斯，在一个熟人社会中，每一个老人对于村落内部的事情都了然于胸。村落里面的行为准则和行为主体在实际上是一个逐步递嬗的过程。

（一）坍塌的李村场屋

在李村访谈中，有老人曾经带着笔者到一个大池塘边上向笔者介绍，池塘边上铺满了光伏发电板，该地曾经是李村的政治、经济、社会生活的中心，在李村人的记忆中占据了核心位置。据李村老人转述，生产大队时期这儿是用来盛放庄稼的场屋（仓库），是最热闹的地方，一村子人全都要集中在这儿。场屋前面就是一个大场子，有十来亩地大，平平整整的，那个时候晒粮食、收粮食都在这儿完成。村庄里面白天几乎没有人，不是在地里干活就是在场屋里忙活，没有人能闲着。老队长很厉害，他那双眼睛只要扫一遍，就知道哪些人没有来，哪些人偷懒了，就会开批斗会，还要扣工分。这个场子也是李村政治生活的中心，村庄内部的政治性集会都在这个场屋里面举行，晚上要开会学习时，全村所有人都要到，不分男女老幼。据老人们说，社员最喜欢白天去学习，不用出工，还能休息，到那里去，有那么多人，还可以找熟悉的邻村人坐在一起拉拉呱。因此这个场屋在不同层面有着不同的功能。在国家层面，它是国家基层权威的空间载体,开会传达上级的精神,实现思想统一。对于老人而言,则是例行公事地到这里坐个半天,大队干部读的文件对于他们而言很多是陌生的,他们也不关心上面说了些什么,他们只是盘算着如何能多挣些工分,养活一家老小。有好几个大马灯①挂在屋檐下面,场上都看得清楚,老队长在上面念,下面人坐在地上听。随着分产到户的实行,村民的日常实践都集中在自己的生产队里面,大队的场屋逐渐破败。首先被摒弃的是它承载的经济功能,所有的粮食不需要再储存在这里了,而被各家各户储存在自己家里面。场屋开始日渐荒凉,伴随着大规模集会的减少,场屋的政治功能也逐渐弱化。老人说1985年左右,场屋由于一直没有人管理而漏水,后来就塌掉了,这些地也都分给农民了,场屋彻底消失了。伴随场屋消失的还有村民日常生活中的公共空间。

(二)"场"中的劳动与邻里关系

伴随着象征集体主义的大队场屋的破败和消退,象征个体家庭的"场"兴起。"场"作为农村家庭生产空间,见证了农村社会变迁过程和农村家庭经济发展。因而"场"在整个皖北农村生活中有着举足轻重的作用,它承担着生产和社会交往的双重功能。

在分产到户刚开始的阶段,"场"是几家连在一起的非常大的开阔空间,几家人共同压场和修理;或者是把"场"直接修在自己的门前,用于粮食晾晒之后的储存。在这样的一个半公共的生产场域中,几个家庭都一起在场上忙活,邻里关系也较为自然,双方各干各的活,可以有一搭没一搭地讨论天气、收成乃至村里面的八卦等。很多人把自己家"场"上的庄稼收好后见邻居家还没有干完,便很自然地帮助挑草或者扫场等,这样的合作是自然而亲切的。待一天的忙碌过后,场上面变得干干净净,粮食基本做到了颗粒归仓。在夕阳或者月光中,场又变成了村子里面孩子的游乐场。场子平坦而干净,不会被绊倒。大一点的孩子在里面玩老鹰抓小鸡或者是打瓦瓦等游戏,小一点的孩子则作为旁观者大笑或者是帮助哥哥姐姐们拿东西。直到月上柳梢头的时候,在大人们长一声短一声的呼叫声中各

---

① 马灯是20世纪在中国产生的一种照明工具。它以煤油作灯油,再配上一根棉花拧成的灯芯,外面罩上玻璃罩子,以防止风将灯吹灭,夜行时可挂在马身上,在20世纪70年代用得最为广泛,是无电生活中的户外照明工具。

自回家。至今在该地还有"家后拉磙子——改场（常）了"的歇后语。今天这"场"真的已经全部改了，随着农业人口向城市转移和农业机械化的推进，皖北主要作物——小麦的收获早已经不需要"场"来完成了，联合收割机直接把干净的麦粒送到家，农民打个电话给粮站收粮的人，他们直接过来把粮食拉回粮站。粮食在田间地头就被卖掉了，不用进家，故而，很多人家"场"的晾晒和脱粒功能全部消失。既然不需要"场"了，很多人家在这里种上了树木，房前屋后都郁郁葱葱的。一家栽树其他人家势必要被迫种上树，原因是一家栽树之后，自家的场也不能用了，树大了，遮挡太阳影响晒场，遮挡风向影响扬场，一旦邻居家的树木长大之后，靠近人家的那排树木都长不起来了，小树只会在大树下面弯曲生长。所以只要一家栽树，一年之内全村人家基本都会种上树木，这从一个侧面反映了农村社会日常生活中的竞争，没有人家愿意落在别人后面。这样，偶尔需要场的时候，很多人家就选择了自己家承包地的地头，在麦子成熟之前，割掉一块，压场然后用作场地，秋收之后，复又种麦。这个时候，很多人家的场地就会间隔很远，围绕着村庄，到处都有"场"。场地逐渐离散，每家每户的人员也在逐步隔离，李村居民生活和工作的公共空间也在逐步压缩。

（三）路边的生活空间

伴随着李村公共生活空间的变迁，李村的公共生活空间场域也在转移。夏天，李庄附近的一条土路慢慢变成了相对固定的公共生活空间，这条土路联系着李庄的村庄和农田，因而是李庄人日常生活中较为重要的通道。路的两边栽上高大的杨树，在炎炎夏日中，繁茂的杨树枝叶几乎遮住了全部的太阳，这个凉风习习、满地荫凉的树荫下很快就会聚集一群人，大家在这里聊天说事。尤其是夏天，很多人都会到自家的田地里面去看看庄稼长势，顺便就在这条路上几个人蹲在一起谈天说地，还有很多人带着凉席，铺在地上，索性睡了起来。老年人也聚在一起，谈论各自的收成和孩子的情况。在冬天，这条大路则显得荒芜，这个时候的公共场所就转移到了村庄内部避风的地方，墙根、草垛旁就成为天然的聚会场所。

三　村落生活的原子化

当前农村的个体化与原子化倾向正在逐渐瓦解村庄内部的凝聚力。农村社会的个体化已然成为一种社会事实，农村社会成员原子化倾向已然非常明显。

原子化是当前乡村社会变迁的直观表征。贺雪峰认为"当前中国农村社会中出现的问题在于，构成农民行动基础的自家这个基本的私的行动单位，已经下降到了核心家庭这样一个很小的范围。由于国家权力的进入，族规家法不再具有力量，家族作为差序格局中的一个自家的单位，越来越被虚置。中国社会传统差序格局的核心层（家庭）以外的层次，逐步变得不再有意义，不再为格局内的行动者所认同"，"在极端情况下，农民成为以核心家庭为单位的行动者，其上其外的差序各方，都被虚置，核心家庭之间，恰如互不相关的原子，此即所谓村庄的原子化"①。

阎云翔通过在黑龙江下岬村的调查，指出在20世纪90年代的农村社会中，摆脱了传统伦理道德束缚和公社集体所有制约束的个人，往往表现出一种极端功利化的自我中心取向。这种"无道德个人"的大量出现，阎云翔称之为"中国社会的个体化"。阎云翔认为中国农村社会的个体化过程经历了两个阶段。第一阶段是计划经济时代人民公社时期，村集体高度集中的财产组织方式和劳动组织方式，将农民个体从家庭、社区、亲属所建构的传统网络中抽离出来，农民摆脱了以父权和儒家价值文化为主的传统价值和行为规范的束缚，个体被重塑为高度集体化的集体成员。国家通过去传统、脱嵌与再嵌入的个体化重塑过程实现了社会成员的"集体式个体化"，即国家将个人从个体—祖先的轴线上抽离出来，嵌入个体—党和国家的轴线上。第二阶段，当高度集中的人民公社解体以后，计划经济向市场经济转型，集体式个体化被颠覆，农民作为个体从集体中被强行剥离出来，在消费中心主义的引导下，在社会结构个体化的推动下，日渐成为自我依赖、自我竞争的高度独立的个体。阎云翔强调，国家的政策和制度，才是农民成为自我中心的个人的主要推手②。针对当代中国社会个体化趋势不断加强的态势，文军用"总体性社会（Totalitarian Society）的终结"来表述，他认为个体化社会已经成为今天社会生活的主要组成部分，在个体化

---

① 贺雪峰：《农民行动逻辑与乡村治理的区域差异》，人类学与乡土中国——人类学高级论坛，2005，第267~295页。
② 阎云翔：《私人生活的变革》，龚小夏译，上海书店出版社，2009。

社会中，国家的治理对象是单个的、无组织的个体而非传统的单位或者是家族。

20世纪70年代末期开始实行的家庭联产承包责任制重新建立了家庭单位的社会本体性结构，家庭成为社会结构的基础。伴随着改革开放的深入和现代化的深度推进，以家庭为单位的社会基础组织开始出现松动，国家从农村社会日常生活中全面撤出后，农村社会逐渐蜕变为无核心的松散状态，原子化的生活形式开始出现，原子化状态的个体崇尚独立和自由，不愿意受缚于村庄。村庄内部事务需要集体力量介入，但是很多人把自己独立于村庄之外，不愿意出钱或者出力进行相应的活动，他们的观点是我有自己的生活门道，不需要村庄的人我照样能进行自己的生活。在李村，老人去世都需要请人"举重"①，一般是由孝子到各家门口跪请，作为一种习俗很多人家都会前去。但是李村有一个人特立独行，他从来不去给别人家"举重"，用他的话说，我自家的事情，我自己都能弄好，干吗要找别人弄。所以村里的人至今都在等着看他的笑话，因为他的父母尚在人世，等着他的父母或者是他本人去世后，看谁给他抬棺下地。有人讽刺说，没有关系，现在老吊车那么多，花点儿钱弄个老吊车来把棺材吊到坑里面不就行了，一个人也不用请的。当然像这样的人在李村是极端个例，但是不可否认的是，在关乎村庄整体的大事上，很多人已经把自己当作旁观者了。在乡村生活原子化的现实下，村庄内部的公共事务也被搁置或被虚化了。发生在李村一个自然村庄的修路事件充分体现了村庄原子化的形态及其后果。

H庄基本情况如下，人口150人，共有40户人家，有李、何、章三个姓氏。该村距离104国道最远的位置也仅1000米，所以一直没有通公路。村内都是土路，每到下雨季节，人们在村里就不能开车，只能步行，出行很不方便。对于如何解决交通出行问题，村庄内部分成了两个群体——有车的人家主张修路，没有车的人家不想花钱修路，所以自费修路的事情一直没有达成一致意见。2010年，李村为H庄争取到了一个村村通公路的指

---

① 当地的隐晦用语，即抬棺材。这是当地习俗，一般情况下由8个人或10个人抬棺。被请者都是身体强健的成年男子。由于重量较重，很多人都会有畏难心理，但是谁都有父母，自己的父母去世，也需要请别人来抬，因而很多人基于这样的认识，只要身体符合要求，多半不会拒绝孝子的"举重"请求。

标，这意味着修路经费是政府拨大部分、村民自筹一小部分。村里人的意见是他们自己出人来负责具体事情协调和收费，村集体组织不过问这个事情。由于这个村庄内部人心不齐，完成一件公共事情很难，更何况，修路会涉及很多事情和利益，不好协调，所以村委会成员没有人愿意来做这个吃力不讨好的事情。H庄自己成立了一个修路小组，村民选举几个人出来主持这个事情。有意思的是，这次推选出来的修路小组成员都是老人，因为年轻人和中年人都坚决不干，而这些老人都很爽快地答应了，因为他们终于可以在村庄里面做些事情了，这对于已经退出村庄生活舞台的老人而言无疑是一次较好的机会。三个姓氏各自推选出1名老人，由他们来监督工程，三个老人的情况如下。

L，男，64岁，自学小学文化，没有家庭，无子女，由过继来的外甥女养活，曾经在生产队里面当过会计。

H，男，63岁，文盲，3子3女，家庭状况良好，子女都已成家，且都分开单过，自己和老伴在庄头搭建的新屋居住。

Z，男，65岁，1子2女，文盲，儿子早逝，两个女儿在家招女婿。Z性格强势，当过生产队长，但是与女儿女婿关系不好，给两个女儿各自盖了新房后，分开单过，老两口居住在老房子里。

这三位老人接受任务后，经常在一起开会，进行分工，非常认真负责。L负责和大队联系，H负责和施工单位联系，Z负责财务。为了节省开支，大队要求由本庄人来挖路基，把钱省下来买材料。三人小组立刻动员每家出一个人来挖沟垫路基。这个工作很快就做通了，每家都很快出人干活。费用由他们三人按照每家人数计算，分摊下去，再由他们到每家去收费，倒也很顺利。村里面的人也不好不给钱，因为自己以后还是要走路的。艰难的事情在后面。

首先是路的曲直问题，要尽可能地把路修得笔直通畅一些。因为该庄原先的土路是弯的，高低不平，而且每家门前都有树木或牛圈等，修路势必要对一些家庭造成影响。虽然大家都知道修路是好事，愿意出钱出力，但是一旦涉及自己家的利益，就会以自己为核心去考虑了。缺乏公共意识，原子化的生活形态暴露无遗，也让这个工作变得很难做。

其次是挖沟。修路就要挖沟排水，否则一旦下雨，路面的水不能排出去，路面泡在水里面，上面如果有机器碾压，路面很快就会毁掉。这是每个人都知道的道理，但是实施起来却是个极大的难题，因为挖沟涉及每家每户门前的通畅问题以及向家里面运输粮食等问题。在这样的现实利益中，农民的小农意识再一次暴露出来，谁都不愿意在自己家门前挖沟，也不准别人在自己家的承包地前挖沟，结果挖沟就这样作罢了。

下面的程序是铺路和轧路。由于乡村生活的地缘性，铺路工程全部承包给另外一个村庄的人T。该庄距离H庄不到500米，由于是半熟人社会，前后村庄的人都认得。既然是承包工程，利益肯定是第一位的，T开始偷工减料。负责和T联系的H实在看不下去了，他让T按照要求来修路，要保质保量地完成，为此还和T吵了一架。这个时候H的家人不愿意让H再继续干下去了，他们说老人是"二愣子"，"他做这个得罪人的事情干什么？又不是为自己家争光挣钱的，人家都不说，就你一个人能？还去得罪T，又不落村庄人的好。不准再去弄路这个事情了，不干这个了，不要去逞能了"。就这样，H被家里人强迫离开了这个小组，修路小组就只剩下2个人，他们有了这次的教训，也不再过问修路的事情。就这样H庄的路最后也修完了，但是质量可想而知，这条路用了不到半年，就全部坏掉了。

这也是H庄近几年唯一需要全庄动员的大事，但在高度原子化的村中，这样的事情也是草草收尾。老人在这个过程中体现了他们参与村庄事务的意愿和积极性，在某种程度上说明了他们在变迁的村庄中试图跟上社会的发展，力图重拾旧时的威望，努力建构自己的生存意义和生活价值。但是在高度原子化和权威散失的村庄，他们已然是缺失资本和能力的老人，虽然有了相应的舞台，但观者寥寥。因此，李村居民在思想上已经形成了一个差序体系，其结构如图5-1所示。

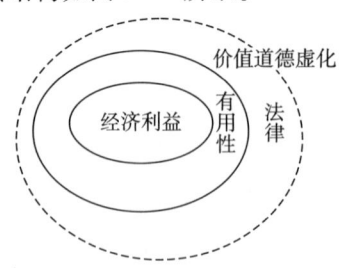

图 5-1 李村社会中的价值差序格局

在这样的思想差序体系下,在村庄的日常生活中,老人的社会生活位置已经被挤压到一个特定的空间内部。他们的日常社会参与呈现怎样的特征,他们如何在这个日渐原子化的村庄中来体现自己的存在,走出家庭的老人如何来建构自己的社会生活将是下节讨论的重点。

第二节 李村老人日常生活中的礼仪性实践

传统中国以礼立国,以礼治理社会,因此中国社会又被称为礼治社会。礼与个体的日常生活实践息息相关,是个体日常生活实践的内在制约。在儒家文化的长期熏陶下,礼已经内化为社会成员的道德实践,他们主动服从于礼的规范。在具体而微的日常生活中,人与人之间的伦理规范曾根深蒂固地植入人们的头脑,人们主动服从礼仪、礼俗所确立的权威,从而形成礼俗性思维或纲常性思维,礼成为人们日常交往所依据的准则。在当前的农村社会中,关乎礼的行为最好的例证便是老人的行为。作为深受传统思想影响的老人,虽然他们已经逐渐适应现代化的生活方式,但是很多老人对于礼仪习俗的遵守是源自内在的情感需求,而非外在的强制性压力。布迪厄认为"'仪式实践'(partique rituelle)实施的是一种不确定的抽象"[①],他同时认为"亲族关系是人们制造出来并用它做某件事情的东西"[②]。每个行为主体都倾向于通过不懈的养护工作,在生活中维持一个特殊的实应关系网,这个关系网不但包括处于良好运转状态的全部系谱关系,即亲属,还包括因日常生活之需而予以调动的全部非系谱关系,即实践关系。李村老人的礼仪性实践在不同的场域呈现不同的逻辑,但是这些实践的核心都在于"礼俗",因此他们的社会参与在某种程度上可以视为一种礼俗性实践。

一 日常区隔——村庄内部的不同生活实践

在李村的日常生活中,依照年龄,生活体系被区隔为两个不同形态的体系。

---

① 皮埃尔·布迪厄:《实践感》,蒋梓骅译,译林出版社,2012,第124页。
② 皮埃尔·布迪厄:《实践感》,蒋梓骅译,译林出版社,2012,第239页。

(一) 独具特色的老人房——有形的空间生活区隔

李村的村民采取聚村而居的居住形式，各个自然村的村庄结构和外形相似，放眼望去，各个村庄都差不多①，都是周围农田环绕，当中一片居民聚居点，村落前后掩映在树木中②。在这个区域内，很多有生活能力的老人都是与子女分开单过的，几乎没有健康的老人和子女在一起生活。老人分家之后，搬离原先居住的房屋，择地另建房屋，重新开始自己的晚年生活。笔者在走访中发现几乎每个生产组的附近，在庄头都有数量不等的老年人聚居点。低矮简易的房子，面积不过20平方米，房子前面搭个棚子作为灶房，老人所有的家当几乎都在这个20平方米的房子里面。因为没有电线延伸到这些区域，这里几乎还是用煤油灯照明。由于没有窗户，加上煤油的烟熏，房子里全年都是黑乎乎的。这是当地老年人聚居点的典型特征。这些老人独自居住于庄头并不是他们自愿选择的，而是因为在分家的过程中，把高大的楼房或者居住条件较好的房屋都留给了子女，风烛残年的老人没有能力再为自己建造像样的房屋，就抱着凑和的心态，在远离村庄集体聚居点的自留地里搭建简易房子。伴随着时间的推移，很多老人为了满足相互间的情感慰藉和日常生活的交流需求，便逐渐积聚在一起，形成了一个特殊的聚居点。在这里，大家的境遇几乎相同，可以互相安慰。他们与村庄里面的群体近乎隔绝，因为腿脚行动不太方便，他们很少到村庄里面去。另外因为农村日常生活的场域区隔，他们与中青年人已经形成了两个完全不一样的生活场域（媳妇们在一起就会念叨着老人的不好，而婆婆们在一起则会述说自己媳妇的不是）。这些特殊的老人聚居点反映了当前农村社会中老年贫困问题和代际关系不良，也反映了老人在代际冲突和社会生活中的弱势地位。这些老人聚居点也反映了当前李村社会结构的变化，即老人已经逐渐退出村里的生活，隐藏在这些简陋的聚居点内，远

---

① 曾经有个在城里面居住的同事随笔者第一次到这个村做调查时感叹说，"我就认不得农村的路和村庄，感觉都差不多，分不清哪个村庄是哪个村庄"，但是在熟悉的人看来，区别是一目了然的。同样，笔者在刚刚进入城市求学时，对于城市里面的街道和巷子也是异常头疼，每个巷子几乎差不多，总是难以找到上次去过的地方，这样看来是生活的习性差异造就了认知的障碍。

② 该区域内，村民都习惯于在道路两旁、房前屋后栽种大量的杨树。因为杨树是经济树木，十年之后就可以卖掉获取部分经济利益，这也是这个村村民的一个收入来源，只不过周期太长，很多老人等不到这笔收入便已经过世。

离村庄里面的公共生活。

在居住格局分离的空间结构下，李村村民在日常生活中自然而然形成了不同的交往团体。在冬天，老人几乎都聚集在一处，找个避风的地方，晒晒太阳、说说收成和村里的家长里短。由于年轻人大部分外出务工，村里面很少见到年轻人的身影，因而，老人的聚集点则成为村庄热闹的核心场域了，相比之下，村庄内部的生活则是冷清了许多。与有形的空间区隔相伴随的是无形的社会区隔的形成，在李村，表现为老人社会参与的边缘化。

（二）边缘化的社会位置——无形的社会区隔

李村内部的诸多公共事务也和老人们渐行渐远。老人由全面主导村落事务的"长老"逐渐变为边缘者。同时，他们的活动空间逐渐萎缩，由村落空间的规划者收缩到群体内部活动的参与者。在乡村的舆论场域中，他们逐渐成为失声的一员，对于村内事务，他们是基于看客的心态被动参与的。伴随着国家力量从农村的逐步退出，农村社会出现了权力真空地带，对权力的角逐在不同区域有着不同的实践逻辑。在宗族势力较为庞大的区域，如江南等地，宗族势力开始逐步掌控村庄内部的实际领导权，形成了内生型的权威系统。陈柏峰认为在宗族势力较为弱小的华北区域，则出现了"能人治村"现象。能人们都是依靠着一套特殊的关系网络迅速在乡村经济发展中捞得第一桶金，而后不断积累资本，在村庄生活中，逐渐掌控和垄断了村庄的资源，并确立自己的声望。在这样的村庄生活中，处于弱势位置的老人威望已经荡然无存，基层政府基于实际治理效果的现实考虑，有意识地扶持村庄里面的"能人"来代替基层政府实现基层威权的延伸。

对于很多老人而言，他们已经是被遗忘的一代人。其一，在社会关系网络中，年轻人已经建构了自己的社会关系网络，老年人成为社会关系网络的边缘者。其二，因为在亲戚的来往中，总是伴随着礼物的流动，而这些礼物都对老人形成了压力，所以他们不愿意在亲戚交往中作为主动者出现。阎云翔认为礼物是维系人际关系的一个核心要素，缺乏礼物的社会交往，则会让自己陷入尴尬和无奈，故而很多老人索性就不在亲戚关系中主动走动。其三，农村老人的污名场域逐步被建构起来。像贺雪峰等在京山调查的那样，"被规定为无用的老人"就是给老人贴上了污名标签。在李村、懒、脏、丑、乖戾等都是对于老人的污名化概括。老人行动迟缓、思维不清晰，也是被污名化的重要因素。村落内成员就这样通过污名化，把老人排斥出了村落日常生活的核心、边缘化他们的位置。这不是某一个子女的行为，而是在当下的社会环境中，大家自然而然的想法和做法，村庄内部就这样慢慢建构起了老人的污名化场域。

二 主动参与——礼仪性实践的积极参与者

伴随着当前乡村生活的原子化，老人在村落内部的日常实践也在逐步发生变化，他们在主动参与和被动参与之间摇摆。随着乡村的现代化，传统礼俗的消解，很多礼仪性活动也在减少，仪式过程缩减。但是在李村的日常生活中，礼俗依然存在，李村老人对于礼俗的遵从是发自内心的，因此在日常实践中，礼仪性实践是他们较为重要，也是为数不多主动参与的生活实践。在李村，人们在日常生活中一直是男女有别，尤其是在礼俗上，这种性别之分尤为明显。男性作为礼俗的主要传承者，理所当然地成为礼俗实践中的主角，老年女性则是礼俗实践中的幕后参与者。对一些日常生活中涉及的传统禁忌和礼仪，走出乡村的年轻人是一无所知的，能较为完整地掌握这些礼仪的都是老人。

村庄的禁忌体现得最为明显的就是葬礼，因为葬礼的每一个环节都有各种禁忌。这个时候往往是老人的作用和地位最为凸显的时候，很多老人也愿意在这个时候参加。丧事中需要主家请一个人出来主事，俗称"大老支"，意思是能安排好所有事，帮助完成整个丧礼仪式。"大老支"既能帮着主家把丧事办得顺顺利利，又能符合主家的意思，故而他必须要既懂礼仪，又有很强的人际交往能力。在丧事中，孝子不能在公开场合表态，只能在背后与"大老支"商量。

在丧事中，戴孝也是一门学问。前来吊唁的人要根据与逝者的亲属关系穿相应的孝衣。在很多情况下，一家逝者出丧时，围观者会根据送葬亲属的孝衣长度和样式来推断其和逝者的关系，如果有人穿错，会惹来笑话。更有甚者，因为孝衣尺寸的问题会争执吵闹甚至愤而离开。故而戴孝是一件极其严肃的事情，涉及吊唁者的身份、尊严和家族成员的亲疏远近。

依据李村老人的口述，笔者粗略整理出了李村孝衣和戴孝的标准（以逝者为85岁女性老人为参照）。

儿子和媳妇：全部穿上白衣，脚上鞋子全部蒙上白布，腰里要系上草绳，儿子、媳妇头上还要带着白帽子，叫做孝帽，这样的装扮一出来，人家就会知道这个是儿子和媳妇了。

女儿和女婿：女儿则是身穿和儿媳妇差不多长度的白衣，但是不系草绳，脖子上搭着一条长长的白布，女婿则是头戴孝帽，腰间系着白布，脚上穿白鞋。

侄子：系在腰间的白布比女婿短一些，也有孝帽，脚上鞋子缝一块白布。

孙子辈的则在孝帽上缝朵红花，重孙辈则是红绿各一，意味着老人高寿，孙子辈是穿红戴绿地送老人走。

同辈人不带孝。如夫妻一方去世，则另一方健存的不戴孝。其他的乡邻关系则是戴一个孝帽，本家宗族之内的都是男的一条"系腰"，女的一条白布巾搭在脖子上。

在一些人家有人去世之后，女性老人承担的主要工作就是帮助主人家"破孝"，即按照主人家提供的亲戚数量，按照亲疏远近关系先把孝衣做好。这些都是中老年妇女做的事情，她们很有经验，一方面要防止破得太多，给主人家造成不必要的浪费，另一方面又要保证主要的人有相应的孝衣，否则会因为这些事情起争执。年轻女性无法胜任这些事情，她们不懂基本的礼俗。有位老人感叹，"我们要是死了，将来连个破孝的人都没有了，他们年轻人哪里懂这些呢"。

外部事务中"大老支"的职责比较重要。他要熟悉各种礼仪等，要事先告诉孝子该如何做才能不失礼，避免惹出笑话。在开门（出殡）当日，主家对所有事情一概不问，只是负责守灵和答礼，所有场面上的事情都由"大老支"负责。这个时候，这些老人也不含糊，都能把主家的事情办得妥妥帖帖的，很多老人就是在这些红白喜事中获得了满足和尊敬。

结婚也是每个家庭的大事。操办婚礼的过程，往往也有部分老人参与。当然，更多的是由一些有点名望的中年人负责操办，老年人被安排去烧锅、洗刷碟子和碗筷，年轻人负责传菜。如果在一个姓氏中有这些红白喜事，而主家却没有邀请某些老人帮忙，他们就会感觉受到极大的侮辱。因为这些礼仪性活动他们是必须要参加的，他们要在这里显示出自身的价值，这是他们熟悉的场域，他们有能力去进行这样的活动。伴随着农村社会的原子化，李村礼仪性的活动越来越少，该村没有庙，也没有宗祠祭祖等活动，这些老人所能展示的舞台在逐渐减少。由于公共舞台的消失和公共活动的减少，农村里面已经很少有老人能够出头露面的机会了，村庄内这些红白事情是他们为数不多的活动舞台，所以这些活动对于老人而言非常重要。

三 单向度的人情礼——退不出的人情实践

李村老人的人情实践主要围绕亲属关系进行。他们的人情关系网络深深地嵌入日常生活，在某种程度上是李村老人日常社会交往的核心。他们正是通过这些人情来往，进行着社会参与，不管这对于李村老人而言是负担还是机会，这些人情来往都是他们在有限的人生中不可回避的重要生活内容。

在李村，只要老人还在种地，还没有完全被儿子赡养，所有的人情来往就都由他们来负担，儿子是不会出钱的。只要老人还健在，不论他有几个儿子，他还是只以自己的名义出一份礼。如果仅从经济理性的角度来考量，这些老人已经没有事情可办了，即他们不会再收到回礼了，所有的回礼都被儿子家办事情收去了，他们完全可以丢开这些人情来往，不去参加，或者索性就让儿子接着拉"来往"。但是在调查中，李村几乎没一个老人丢掉这些"来往"，究其原因是传统中礼和道德的因素在起作用。农村老人是固定在土地上的，他们没有流动性，就如费孝通所言"侍候庄稼的老农也因之像是半身插入了泥土里面""直接靠农业谋生的人是粘着在土地上面的""世代定居是常态，而迁移则是变态"①。在李村这些依靠土地生存的老人依旧完全依附于土地，他们是村庄生活场域中的不变者和深度在场者，因而在这个熟人社会中，低头不见，抬头见，他们不可能主动断掉人情来往，断掉来往的人在村庄生活中是没有面子的，是会被人指点评判的。恰如一位老人说的，"别人都知道你种地，手里面还有钱，你不去出礼，却推给儿子，儿子肯定也不会去的，这样的后果就是断掉来往，会被人指责"。故而，谁也不会主动去断掉已经有的这些人情来往，虽然

---

① 费孝通：《乡土中国·生育制度》，北京大学出版社，1998，第7页。

这些人情来往已经成为老人很大的负担，也许这就是中国传统社会一直尊崇的"义"的概念。

滋贺秀三认为"所谓'情理'简单来说就是常识性的正义衡平感觉"[1]。翟学伟认为"当人情中含有理和义的成分之后，人情的意思就发展成了中国人的主要交往方式"[2]。《礼记·曲礼》所言"太上贵德，其次务施于报。礼尚往来。往而不来，非礼也；来而不往亦非礼也"[3]。老人参与人情实践的出发点是面子，实质是"正义衡平"。作为生活在村庄这个固定场域内部的老人，人情往来是他们社会生活的重要内容，保持面子是他们日常实践中考量的重要因素。经过考察，李村老人的人情来往依照关系远近可以分为三个层面。

一是村庄内部的大小礼等[4]。陈柏峰等学者研究认为当前农村人情的异化给农村居民带来了沉重的生活压力。在李村，村民基于经济理性考量，都会对一些事情大操大办。以前嫁女之家不办事，因为嫁女面临着骨肉惜别，有"嫁女之家三日不举烛"的习俗，但是现在已经没有一家嫁女不办事了，"因为你不办事，你不收礼，别人家有事还是通知你，你吃大亏啊"。这些人情来往都要由老人应付，不能随意退出，否则要受到村庄舆论的谴责。

二是邻村的红白喜事。在李村，一个自然村与邻近的自然村距离只有500米左右，这些自然村中很多人家都有所谓的"老亲"，由此形成了半熟人社会，一些人家经常来往走动，前后村庄的人都比较熟悉，在这样熟悉的生活场景中，他们也不能随便"断往"了。

三是亲属关系中的人情来往[5]，这是农村老人人情来往中开销最大的部分，因为都是有血缘关系的亲戚，不能丢开，如老人自己的侄子侄女结

---

[1] 滋贺秀三：《中国法文化的考察——以诉讼的形态为素材》，法律出版社，1998，转引自翟学伟《人情、面子与权力的再生产》，北京大学出版社，2013，第201页。
[2] 翟学伟：《人情、面子与权力的再生产》，北京大学出版社，2013，第202页。
[3] 转引自翟学伟《人情、面子与权力的再生产》，北京大学出版社，2013，第202页。
[4] 李村作为一个行政村，其内部的各个自然村（村庄）是典型的熟人社会，每家的红白喜事全村庄人都要去出礼，称之为"庄邻礼"，这些事情在村庄内部不需要专门通知，到日子了大家自然而然地到主家上账吃酒。红白喜事一般称为大礼，像生孩子、过"十二天"、"剃毛头"、建房子、孩子考上大学的都是小礼。
[5] 这里面的人情往来不限地域，因为亲戚既可以是在本庄，如男方的亲族，也可以是别村的，如女方的娘家亲属。

婚礼钱最低都要 100 元，侄子侄女生小孩都要 500 元，另外如果亲戚家里面有人生病去看看也都要包上现金。

李村老人退不出的人情礼

诚如陈柏峰等学者研究的那样，农村社会的人情逐步异化，人情来往也是在计算中进行，礼金数目很大。在访谈中，一对何姓老夫妻一个春节（2 个月）总计出了 2600 元的礼金，老人给我们详细算了这笔人情账，如表 5-1 所示。

表 5-1 何姓老人的礼单

单位：元

娘家大侄子生孩子	娘家小侄子生孩子	外甥女受伤住院	外甥女公公住院	本家族老人去世	外孙剃毛头①	总计
500	500	300	200	100	1000	2600

与礼金数目飞涨相伴的是人情来往中的异化问题。在 20 世纪 90 年代，亲戚之间的来往还具有朴素的村民互助性质，在来往中有的亲戚会主动涨礼金，表示对办事的人家的支持和帮助，这种行为会被乡邻赞颂。在笔者采访中，也听到了很多人谈及人情来往中的涨礼金问题，但是大家的评价却与以前不一样，经过访谈我们才发现了隐藏其中的人情计算和异化。

> 访谈对象 25，Q，女，68 岁，"这个人情往来啊，要说的真是太多了，都是在算计着拉来往呢。像我们家的事情都已经没有了，我几个女儿都出嫁了，也都生了孩子，儿子有了两个孩子，我们几乎不会再有事情了。而我两个妹妹和一个弟弟他们几家的事情才开始，小孩都长大开始结婚生孩子了，他们就想着弄点子了，你猜怎么着？我家最后一个闺女出嫁时，他们都说要涨礼，一下子都从原来的 500 元涨到 1000 元，你说这以后我可怎么还啊？他们几家加起来事情要有十几头，我不是吃大亏了嘛，要花多少钱啊，况且那个时候我也没有钱

---

① 外孙剃毛头，作为孩子外奶（姥姥）要给厚礼，通常是给孩子买张床或者是电动车。女儿多是心疼父母没钱，早就偷偷地把钱给父母了，让父母到日子那天再去上账，以便给父母撑面子。但是做老人的也不能一点不出，经常自己再添钱买个东西，这样大家都有面子，否则女儿婆家会说三道四。

了，老了，苦①不到钱了，哪里弄钱去出他们礼啊，又不能比他们现在给的少，这些来往也不能断了，都是最近的亲戚啊，就是留给儿子出礼，他们将来也怨我啊，你说是不是这个理，我赶紧就阻拦住他们了，每家就只让他们涨100元。这样我们将来的负担也少点儿啊"。

在人情实践中，农村老人的生活理性表现为来往不断。来往不断即意味着人情不断、社会关系不断，故而不能"缺礼"。如果"缺礼"了，那就意味着人情断了，社会关系也断了。在维持人情和社会关系的过程中要仔细算计着每家可能有的事情，不能让对方吃亏，当然也不能让自己太吃亏。"礼"就这样镶嵌在他们的生活理性之中。

礼钱对于李村老人而言是一个沉重的人情包袱，很多老人省吃俭用节省下来的钱大部分都被用到这些人情礼中，他们也无法退出这些人情的循环。在这些人情来往中他们是单一的付出者，没有回收这些礼金的机会。很多老人表示现在"拉来往"都是给儿子拉的，如果老两口能自己种地，不进行人情来往，即不出礼的话，他们的生活还是很好的，可以满足基本需求，但是一旦出礼了，特别是遇上大礼，他们的日子则过得有点紧巴了。"人情正在由互惠变成赤裸裸的社会排斥与社会分层的工具，人情也成为经济分化的社会强制机制……由于人情的压力，奉化农村的穷人就不仅仅是在经济上贫穷，而是在社会地位、心理感受、在精神上也变得贫困起来。"②恰如以上所言，李村老人正在经历这样的人情排斥过程。

四 皈依宗教——向外拓展的人生

宗教对于中国人而言永远是神秘和超脱的。在传统文化中，中国人注重现世，对于虚缈的宗教以及来生并没有在心理上有真正的敬畏，只是停留在口头上。孔子曾说未知生而知死？子不语怪力乱神等，所以宗教在中国始终没有成为全民性的信仰。但在农村，基督教信众日渐增多，其中以老年人居多，笔者调查的李村同样出现了老人信教的热潮。

---

① 皖北农村人把挣钱称为"苦钱"，可见辛苦程度。
② 贺雪峰：《乡村社会关键词　进入21世纪的中国乡村素描》，山东人民出版社，2010，第69页。

李村老人入教之后，情感需求得到了一定的满足。情感慰藉是当前农村老人日常生活中经常被忽视的需求。进入老年期后，身体机能加速老化影响了老人的活动范围和活动能力，随着生活环境、自身角色和地位的变化，老年人的心理和情绪也会出现复杂的变化。一些以前可以在日常生活中轻易排解的情绪问题，在老年期却极易积累，最后形成悲观消极的厌世情绪，严重影响了他们的日常生活。穆光宗认为情绪是影响人们生命的首要因素，老年人的情感需求与青年人相比，具有更大的依附性。青年人可以随意表达自己的情感需求，并且可以去追寻自己的情感，而老年人情感的内敛性则限制了他们情感表达的意愿。穆光宗指出"不少老年人完全可以依靠自己的力量来满足经济性的养老需求，但精神方面的需求确实是普遍和强烈的，因为它关涉代际关系，关涉亲情和友情，所以老年人很难完全凭借自身的力量来满足这种需求，虽然老年人对于情感需求的表现可能是淡然置之和善解人意的"①。宗教通过赋予老人日常生活意义，为老人提供了相应的精神支持。在李村，老人一旦入教，就会在宗教的各种仪式性活动中被强化宗教认同，对于日常生活中的每一个细节都会赋予宗教的意义。正如安德明所指出的，"围绕着坚定的信仰观念，每一种宗教信仰中，都形成了一套自成系统的逻辑体系。它把一切问题都纳入到了这一体系之中。当相关的仪式举行之后，如果获得成功，则自然会归功于信仰的力量；如果不成功，它也能找到一种为信仰辩护的理由……这样，信仰领域的'灵验'，便总能得到一种自圆其说的证明，并且因这种证明而不断地在人们心中得到强化。这也就是所谓的'信则灵'"②。

从情感社会学的角度讲，"情绪感染是一个社会生理学事实。……人类像其他动物一样，在神经上要求相互响应；而且体验产生这些反应的社会情境是十分有益的③"。宗教中的祷告和讲经满足了当前农村居民集体生活缺失而产生的精神需求。当前社会生活原子化，农村社会公共生活空间萎缩，对于经历过集体生活的农村老年人而言，他们在心理上会有

---

① 穆光宗：《老龄人口的精神赡养问题》，《中国人民大学学报》2004年第4期。
② 安德明：《天人之际的非常对话——甘肃天水地区的农事禳灾研究》，中国社会科学出版社，2003，第196~197页，转引自程冉《乡村基督教的信仰与传播现状研究——以鲁西后高庙村为个案》，硕士学位论文，中国社会科学院研究生院，2011。
③ 兰德尔·柯林斯：《互动仪式链》，林聚任等译，商务印书馆，2009，第124页。

极强的失落感。由于顾及自尊和进行自我保护，他们在村里的生活中都奉行不做出头鸟、不多言多语的生活信条，在内心压抑着精神需求和社会参与的需求。而宗教的半集体化生活方式可以在一定程度上满足他们集体生活的需求，而且在这些高度同质性的人中，即信徒大都是遭遇了家庭变故、孤独、寂寞的人，他们可以抛弃所谓的自尊，摒弃提防的心态，相互接纳并形成非正式的组织群体，从而获得身份认同、安全感与归属感，满足精神慰藉、群体交往和情感宣泄的需求。同时宗教宣扬的向善和互助理念与当前农村老人的价值观相契，农村老人几乎都是传统的坚守者，看不惯当前乡村社会中由青年人主导的个体自利性行为和农村道德下滑的倾向，对于这些行为他们通常只能摇头叹息，却无力阻止或者改变。

访谈对象27，L，女，72岁，"以前不信教的时候，不知道这里是什么样子呢，看着那些人大忙天的时候，不干地里面的活，跑去信教，做礼拜。当时就想要是我家的人非打他一顿不可，太懒了，明显是躲懒的，哪有把小麦丢一地自己跑去玩的，不正经啊，不归过日子路。自从我女儿生病看不好，我也进去后，才知道那里和我们想的完全不一样呢"。

由此可见，李村老人在全身心投入宗教的过程中，日常生活出现了宗教化的倾向，伴随着宗教与日常生活的契合，很多老人自此开始走出家庭，向宗教来寻求自己的价值和意义。

第三节　李村老人礼仪性实践中的逻辑

在李村老人社会参与的深层动机方面，笔者通过对李村老人的深度访谈，大致总结出他们礼仪性实践的相关逻辑。

一　伦理——李村老人的坚守

虽然现在村落内部传统文化已然没落，内部张力扩大，村庄已经处于一种半解体化状态，但是正如很多区域一样，李村老人对于传统还是秉持了坚持的特性。虽然他们中很多人陷入贫困状态，失去了社会资源和生存资源，但他们在互动中还是重视自己的社会角色，因为传统伦理可以给他们相应的位置和角色，他们也曾经年轻过，所以还是希望在村落里面维持传统秩序，以保障村庄的正常生活。

一位老人说："现在很多人的思想都坏了，年轻人都不懂事，只想着他自己，也不想着乡里乡亲的，天要下雨了，看见人家的东西在外面也不提醒，就知道把自己家的东西收起来。"伦理道德是李村老人社会参与的核心逻辑，在他们的观念中，人过的是面子而面子需要他们在社会参与中获得，这种逻辑主要体现在李村老人人情来往和村庄内部礼仪性实践中。李村老人对于传统的坚守如同他们对于土地和家乡的坚守那样执着。作为生于斯，长于斯，最后终老于斯的主体，他们一辈子都围绕这片村庄和土地生活，在这里他们建构起了一张张亲情和人情关系网络，这些纵横交错的社会关系网络牢牢地网住了他们的心灵和信念。他们也在其中寻求到了自己的人生坐标——一个个称呼，即伦理角色，这些角色一旦赋予老人，他们便会把这些伦理规范内化，并依据其规则来确定自己日常行为的分寸。老人们的人生几乎是固定在这个村庄的，没有像年轻人那样脱离村庄伦理规范约束。对于年轻人来说，一旦其生活场域从村庄转移，村庄的习俗和伦理约束在他们身上就会弱化，而对于老人而言，他们的日常生活则深深地卷入了伦理体系的建构过程。伦理在场和礼仪在场成为他们自我内化的要求。恰如前文所述，笔者父亲家族中有人去世，尽管我们两家并没有很近的血缘关系，已经出了"五服"，笔者的母亲却无论如何也要回去奔丧，帮逝者家人料理后事，如果她不去，则为自己的伦理认知所不容。在他们退不出的人情关系网络中，伦理是他们日常行为的首要逻辑出发点。他们一旦主动断绝了相应的人情来往，也就意味着他们日常生活世界的坍塌。亲戚的互助也在一定程度上加深了日常实践中的伦理逻辑。李村老人的社会关系网络在空间上紧密相连，一家有事，很快便会通过乡村生活中特有的传导机制传遍周围的村落。我们可以看出，李村老人伦理性实践是他们主动建构的生活理性向外伸展。

二 公共生活中的无涉——自我保护

与李村老人日常伦理性实践向外拓展的逻辑不同的是，他们参加村落内部公共事务的逻辑则是基于"礼"而表现出向内收缩。

在现实面前，很多老人采取了主动撤退的策略，在村庄内部公共事务中保持沉默，退出了村庄日常生活，在区隔化的生活状态中进行自己日常生活的维持和再造。对于村庄的公共生活他们采取事不关己、高高挂起的态度，这种退却一部分是因为村庄治理中的主动排斥压缩了农村老人参与公共生活的范围；另一方面是他们基于面子的自我保护，因为他们在村庄内部已经失去了权威和话语权，很多老人知道自己的思维和行动已经跟不上现在的年轻人，很难和年轻人在一件事情上达成一致。一位老人说："老了，你不吱声，也就少讨人嫌，年轻人在面子上还能喊你一声，而如果你不识趣，在那里指手画脚的，不但没有人理你，反而还会讨人嫌，落个老不自觉的名声，以后更没有人拿你当回事了。"因此，在村庄内部的公共事务中，很多老人秉持着"多言多语遭难打，不言不语保平安"的思维习惯而远离这些公共事务。

三　利益——个体行动的起点

马克思说过人们奋斗的所有的一切，都同他们的利益有关，老年人的行动当然也是基于利益。

王增武、张甜甜在安徽省无为县的调查中发现农村老人积极参与土地征收工作，并且积极奔走做工作，推动这项工作进行，原因很简单，利益驱动。本来已经淡出乡村事务视野的老人缘何在此时成为该村活动的主角？他们是希望土地能够顺利被政府征用，之后自己能够拿到一笔不菲的养老金，用以安度晚年，实现经济独立，保障老年生活。在这样的现实利益刺激之下，很多老人非常积极地投入这项工作，甚而不顾自己儿女的强烈反对。

此外，家庭中的亲情是农村老年人在村落生活中考量的重要因素，很多老人在退出村落公共生活之后，开始了自己的生活，但是一旦涉及和家人有关的具体利益，他们便会挺身而出。家庭利益也会促使老人一改以往的消极态度，积极参与村落实践。毋庸置言，当前农村社会生活的基本形式依然是家庭生活，家庭依然是每个人生活的重心，也是生活的基本单位，是小我的缩影。

第四节 总结

李村老人在社会结构的急剧变迁中日渐边缘化，伴随着他们沉寂暮年的还有他们日渐沉寂的社会交往。他们的社会交往圈子逐渐压缩，勉为其难地继续着亲属关系中的人情来往，这些人情来往给他们带来了较大的经济压力，在某种程度上也是代际剥削，因为他们都是在为子代进行人情偿还和来往的。作为乡村社会中传统的坚守者，他们的这些实践具有更多的礼仪性色彩。他们遵循着你来我往的原则，运用理性的算计，在精打细算中实践着人情来往，小心翼翼地维护着自己的尊严。在日常生活中，他们更加注重同辈群体间的相互认同和互相安慰，因此他们的社会关系网络具有高度的同质性特征。在同质性的群体生活中，他们的日常生活实践具有相对的积极性，基本保持着正常的社会参与。同时与李村老人日常生活密切相关的还有人情实践，退不出的人情实践使得他面对高昂的礼金不得不精打细算，但是几乎每一个老人都认为人情来往不能因为任何原因而断掉，没有钱就是借钱也要拉下去，否则这个人就抬不起头。他们在面对亲属、邻里关系的时候，复杂程度要远比我们想象的多。这些人情关系也是他们为自己织造的社会关系网络。这些社会关系网络对于他们生活的支持几乎为零，即当他们陷入困境时，这些关系网络并不能有效支持其摆脱生活困境。但他们还是不遗余力地进行社会关系网络的维护，其中的因素是西方世界的理性思维所不能理解的，理性经济人在这里"水土不服"，中国人特有的思维逻辑是最好的解释。在这些虚实相间的场域中，主导李村老人日常实践的是传统社会中的理性，即传统社会中的"礼"。

另外在他们日渐寂寞的晚年生活中，他们逐渐为自己寻求到了另类的精神慰藉——入教。对于他们而言，这样的生活是基于现实的无奈选择。经历了集体生活后，曾经被塑造的集体主义价值观在现实的市场经济冲击下已经荡然无存，失去了精神寄托和意义的他们在晚年生活中无疑是孤独的。宗教生活填补了他们在世俗社会中的情感空白。在世俗生活中，没有人关注老人的情感生活，即使孝顺的子女也只是关注父母的身体健康和生活起居，对他们的精神世界几乎没有人愿意去深度进入。

李村老人日常生活实践具有一定的礼仪性，即遵从着传统的人情社会关系制约。在日常生活中，这些礼看似不经意，却深深地嵌入了他们的日常生活。与之同步的还有现实性的理，在工具性的理性思维下，他们的日常生活实践也具有了一定的理性，即努力建构属于自己的关系网络，对于外部的社会网络进行相应的区隔，以我群和他群来作为活动和社会来往的界限。

第六章 李村老人日常生活实践中的生活理性分析

第一节 生活理性的生成谱系

李村老人日常生活实践逻辑的建构是一个逐步变化的过程,在这个过程中,遵循着一个指导原则,这个原则就是"生活理性"。在日常生活中,他们遵循着一套特有的生存规则来指导自己的实践,这些生存规则对于他们的日常生活起着核心作用,因而本节重点讨论生活理性的相关概念和内涵。

一 生活理性的谱系追溯

(一)生活理性的复合性

肇始于经济学领域的"理性",被作为一种人的本能来论述,其认为人的行为都是按照经济利益最大化来进行的,故而称之为"经济理性"。社会学借鉴了经济学的理性概念,从人的社会属性上对理性进行了相应的界定。科尔曼认为,"理性行动是为达到一定目的而通过人际交往或社会交换所表现出来的社会性行动,这种行动需要理性地考虑(或计算)对其目的有影响的各种因素。但是判断'理性'与'非理性'不能以局外人的标准,而是要用行动者的眼光来衡量"[1]。在中国社会中,农民日常生活中的理性因素从来就没有离场,只不过中国社会的复杂结构和农民日常生活

---

[1] Coleman, J. S. 1990, *Foundation of Social Theory*, Cambridge: Belknap Press of Harvard University Press, p. 20.

的纷繁，使得农民生活中的理性经常被一些外在的因素所遮蔽。一些学者拨开覆盖于农民日常生活实践的表象后，探寻出了农民日常生活理性的要素和特质。梁漱溟认为中国人的理性是"平静通晓而有情"，郭于华认为农民在生存的长久困顿中凭借世代积累传承下来使其家族宗祠得以延续的行为不仅仅是理性可以解读的，还包含着更深层次的内容，即生存的智慧①。而徐勇等认为农民身上所具有的理性推动了中国农村社会从传统向现代的变迁②。文军认为"所谓'理性'简而言之，就是人类选择与调节自我行为的能力，其中包括对目的之选择和确认"③。

由此可以得出一个明显的结论，即在中国，农民理性是一直存在的，也是学术界的共识，农民日常行为中一直蕴含着理性的因素，只不过这种理性如何来界定和解读在不同的学科中形成了不同的范式，农民理性行为也给了不同学者足够的想象和理论演绎空间。

"差序格局"式的中国社会结构特质使得群体的生活方式和家庭伦理本位的组织方式成为中国社会组织的基础，个体在处理人际关系中秉持"关系主义"。表面看来中国农民似乎缺乏西方社会界限分明的个体理性，国人总是黏黏糊糊地牵扯在一起，搅拌在一起，形成一个一个的圈层、圈子。每一个个体都在圈子里面获得相应的位置和声望，他们的生活在圈子里面方显得从容和有度，而当个体一旦游离于圈子之外，缺乏了内部的制约机制，则很容易成为"无公德"的个体。综上，中国个体的理性可以分为两个层面来讨论，其一是在自己生活圈子的内部理性，即农民在面对日常生活中的理性，这种理性中的主导成分是社会传统理性，即伦理性、亲缘性、经验性，这成为农民个体理性的首选。刘少杰称此为"伦理的感性选择"，并认为它是中国社会传统的行为选择方式④。二是在个体生活圈层之外的系统中，在陌生人的世界中，个体理性体现为经济利益理性的主导性。经济理性的主导体现在农村社会集市之中。在集市上，虽然是熟人间

---

① 郭于华：《"道义经济"还是"理性小农"——重读农民学经典论题》，《读书》2002年第5期。
② 徐勇、邓大才：《社会化小农：解释当今农户的一种视角》，《学术月刊》2006年第7期。
③ 文军：《从生存理性到社会理性选择：当代中国农民外出就业动因的社会学分析》，《社会学研究》2001年第6期。
④ 刘少杰：《社会理性化的感性制约 建构和谐社会的难题》，《吉林大学学报》（社会科学版）2005年第2期。

的来往，但是双方都自然而然地选择了经济理性标准，随行就市进行相应的经济交换，双方都心安理得，没有任何的别扭和不适。

在社会转型的宏观背景下，中国社会结构出现二重性特质，即传统与现代并存，二者作为二元对立的结构性因素存在于国民的日常生活中。一方面中国人仍旧生活在圈子与关系的传统社会中，但是另一方面，伴随着市场经济在日常生活中的进入，个体的市场交换思维日益强化。因而在这些变迁的日常生活中，中国社会个体的日常实践理性呈现二重性特征，理性内部蕴含着传统与现代的因素，这种理性是复杂的，呈现伦理、情感和经济多元色彩。绝不是用"社会理性"和"经济理性"能概括起来的。经济理性选择与情感选择在中国社会生活中相互渗透，仅以西方社会的理性原则和方法分析中国社会的现实问题会迷失方向，因为中国缺乏理性实践的土壤和相应的制度安排。故而，分析中国人日常生活实践的逻辑思维既要立足于中国传统伦理、情感等，也要勾连出社会转型中凸显的经济理性因素，多角度深入研究中国社会生活的运转和维系机制。在此基础上，文军依据斯科特的"生存伦理"引入了"生存理性"概念，并在此基础上进行了更深层次的理论演绎，提出了社会理性概念，他认为"'社会理性'最基本的特点就是在追求效益最大化的过程中寻求满足，寻求一个令人满意的或足够好的行动程序，而不是'经济理性'中寻求利益的最优"。文军教授的研究为理性选择理论在中国一个特定群体上的运用提供了较好的分析视角和理论阐释途径①。

本书的"生活理性"概念深受斯科特"生存伦理"的启发，当前农村老人的日常生活及生存困境在某种程度上类似于斯科特笔下的东南亚农民的日常生存图景。但是，在中国"差序格局"中的农村老人不仅要维持自身生存状况，还要面对日渐变迁的代际情感和人情来往，中国社会中的伦理在他们的日常实践中打下了深深的烙印。同时本书也深受文军教授的思路启发，在深入分析农村老人日常生活实践图景之后，结合中国的传统与现实变迁，从农村老人日常生活实践的特征引申出"生活理性"的概念，进而通过农村老人日常实践场域和实践类型的建构，在不同维度上阐释了

---

① 文军：《从生存理性到社会理性选择：当代中国农民外出就业动因的社会学分析》，《社会学研究》2001年第6期。

生活理性。因而,当下农村老人的"生活理性"具有特殊性,既体现了传统理性的制约,又与现代经济理性杂糅,"生活理性"在李村老人身上体现出复合性特征。

(二)"生活理性"的日常性

"生活理性"来源于农村老人的日常生活实践,是农村老人的知识经验和逻辑演绎。因此在实质上,它是农村老人日常知识的一种。在知识社会学的谱系中,关于人类知识的结构,哈耶克和奥克肖特等提出了"默会知识"或者"实践知识"的论断,即人类的知识体系在来源上可以分为技术性知识与实践性知识(默会知识)。"前者的主要特征是它可被精确制定,虽然制定它需要特殊技巧和洞见,后者被共享和成为共同知识的方法不是被指定的教条的方法,其正常表达是以一种习俗或传统的做事方式,或者,简而言之,是以实践的方式。"[①] 从这个界定可以看出"实践知识"与现象学社会学中的"日常知识"具有较大的关联性。在实践知识的运作上,个体的认知图式与其所处场域高度相关,如果这种认知图景与这个场域高度契合,那么这种认知便可以持续进行,而且个体在该社会结构和相应的社会生活中也是一个相对的成功者;反之,如果个体处于一个完全陌生的空间,其内部的认知系统与外在场域出现分离,那么这个个体在行动上会出现无所适从的感觉,进而引致心理上的焦虑感,更为严重的后果是对自身知识体系的质疑,进而否定自身。因此,指导个体进行日常生活实践活动的则是被个体内化了的"日常生活知识"。社会生活中的实践知识是以"实践感"的面目呈现在社会成员面前,个体在实践中获得的主观价值意义和存在理由都源于这种"模糊性的实践感",即实践知识是只可意会而不可言传的知识,并借此区别于系统学习的理论知识,布迪厄认为日常生活实践是常识赖以组织的唯一法则。实践知识具有模糊性、权宜性、未经反思、功利实用等特征[②]。

"生活理性"就是在这样模糊、默会的日常生活实践过程中生成的,呈现出其独特性。首先,它具有默会的和模糊的特性。在场域系统内部,

---

① 奥克肖特:《政治中的理性主义》,张汝伦译,上海译文出版社,2004,第8~10页。
② 赵万里、赵超:《生成图式与反思理性:解析布迪厄的知识社会学理论》,《社会》2012年第2期。

布迪厄用"无意识"而非"意识"作为个体间理解与沟通的桥梁，并认为"'意识之相通'意味着'无意识之一致'"①。因此作为实践知识的"生活理性"展现出"默会性"特点，在日常生活中，面对日常互动的群体是不需要太多的语言来解释动机和逻辑的，"一切尽在不言中"便是最好的解释。"生活理性"的这一默会性特点使得个体的日常生活实践更加偏重于常识，而非理论的引导。人们在日常生活实践中会理所当然地运用内化于自身的传统伦理、经验和认知指导自己的行动。事实也确实如此，李村老人在日常生活实践中，并没有什么鸿篇大论来论述他们的理性，他们只会说一句"就应该是这样的啊，本来如此嘛"，意即人人都知道的事情，何必非要说出一堆理由来，那不就成废话了吗？

生活理性包含着常识性的价值取向。通过日常实践获得的知识是一种生活常识，而非系统化的理论知识。这些实践知识不需要去论证其正当性和内涵，而是在社会个体的日常生活中形成，并可以自如应对生活所需。"生活理性"是农村老人在日常生活中依托于他们的内在感知和外在需求而形成的。在内在感知上，传统的社会价值观依然是他们日常实践的逻辑起点，即传统的价值观已经深深内化在李村老人的日常生活实践中。他们的日常生活实践在思维向度上没有超越传统价值观的束缚，如家庭中的家族主义理想、人生意义的归宿和寄托。邓正来教授在关于中国社会市民研究的探析中提出了"生存性智慧"的分析框架，认为生存性智慧是当前中国特有的中国人实践行动，他基于哲学意义上的探讨为本书的"生活理性"积淀了足够的理论自信和学术自觉。邓正来认为"'生存性智慧'在时间上既是传统的，又是当下的，甚至还经由想象而成为未来的，是中国传统文化当中一直存在并流淌在中国人血液里的一种哈耶克意义上的'默会智慧'"②。

李村老人的"生活理性"中也蕴含着邓正来教授所谓的"生存性智慧"。伦理性是他们日常实践的重要维度，他们在自己的生活圈子内部遵循着基本的价值伦理，如传宗接代、把子女的婚事当成自己人生的重大任

---

① 布迪厄：《实践感》，蒋梓骅译，南京译林出版社，2012。
② 邓正来：《"生存性智慧模式"——对中国市民社会研究既有理论模式的检视》，《吉林大学学报》（社会科学版）2011年第3期。

务，这些都是传统价值观在日常生活中的体现。村民遵循着生活理性的实践逻辑，他们从来没有思考过自己为什么要这样做，但在本能上他们觉得自己就应该这样做，因为这是最基本的事情，不需要考虑那么多。从这个层面说，李村老人日常实践中的这些"生活理性"也是实践知识或者是默会知识，是他们在村庄这个场域中、在农村社会文化中自然而然的做法。所有的人都会这样做，当问及你为什么要给儿子盖房子、帮助他们娶媳妇时，他们会一脸茫然地反问你："我为什么不给儿子盖房子？我为什么不帮他们娶媳妇呢？因为这是我儿子啊，我不给他盖房子，我给谁盖房子？"就像"他不养我，谁养我啊"这样的逻辑一样，事实本来就该是这个样子，不需要来专门解释。这样的问题如果再追问下去，他们会感觉这完全是没事找事。

在李村，不论是个体的原因，还是家庭的原因，只要一个家庭中有一个成员没有在正常的时间内（一般情况男是30岁、女是25岁）结婚成家，他就会是整个家庭的负担，而且父母在人面前往往很难抬头，说话都要小声一点儿。Q老人有一个女儿在20世纪90年代考上大学，她一度成为整个村子里面的骄傲，Q感觉自己在人前特有面子，但是随着时间的推移，女儿大学毕业了，在城市里面一个事业单位，工作很有前途。只是不知道为什么，她就是不结婚。大学毕业十年了还是一个人生活，可想而知，这给父母带去了多大的压力，因为他们的任务没有完成。渐渐地，村子里面的闲话也就多了起来，以至于邻居家的孩子都经常当着Q说"上大学有什么好的，上了大学还不如不上大学的好，女孩子还能嫁出去，上了大学还要打女光棍，这大学上得也没有用处啊"，孩子的认识显然是从其父母日常谈话中习得的。邻居家经常说哪庄有个女的30多岁还不结婚等，每每听到这些，这对夫妻都是不作声地走开，再也没有了往日的风光和精气神。他们在村庄里面最害怕的是听别人谈论子女的婚事，仿佛他们的女儿在外做了什么对不起人的事情，仿若他们自己也做错了什么事情，渐渐地他们不再和别人谈话，因为很多人不论是好心还是别有用心都会探寻其女儿的事情，往往他们只能是叹气回答。他们见到女儿就会叹气，过年过节是别的父母最希望儿女回家的时候，但是对于他们而言，过年的时候也是最难的时候。别人家的孩子都是拖家带口地回家，而他们家女儿虽然是在外面上班，有一定的社会地位，但是没有成家，这显然不符合乡村社会的角色期待，因而她那些外在的光环在"成家立业"这个强大的传统价值面前黯然失色。这便是"生活理性"中的常识性问题，在中国传统的伦理体系中，对于个体而言，成家才是首要任务，如果这个任务完不成，后面的任务自然也就失去了基础，在遵循传统的人面前也是不值一提的，甚而被视为不孝，这种认知在乡村社会中被当作一种常识而为村庄成员普遍认可。

（三）过日子中的生活理性的权宜性

吴飞认为"过日子"的焦点在农村社会家庭之内，日子过得好坏是家庭生活的核心，因而吴飞在论述这个概念时，首先从家庭内部探讨"过日子"的内涵。在笔者的调查中，"过日子"同样也是李村村民使用频率最高的词语之一。但是李村村民口中的"过日子"与吴飞论述的"过日子"相比，在使用范围上有一定差异。如上所述，吴飞的"过日子"更多的是探讨个体在家庭内部的行动方式，在实质上，过日子不仅在家庭内部过，还要在家庭外部过，也要在自己的人情来往中过，因而过日子具有丰富的内涵与外延。对于农民而言，"过日子"的重点是在自己的家庭内部，但是家庭外部的社会更是他们"过日子"的重要场所。农民在过日子中呈现的脸面观更大程度指涉的是家庭的外部生活，意即你在外面有没有面子、别人给不给你脸等，这样"过日子"的范围并不仅仅局限于家庭内部日常生活，还与家庭之外的生活场域全部勾连起来。如同家里的矛盾，如果这个矛盾不为外人所知，或者说在这个熟人社会中，自己一些不光彩的事情没有别人知道，那么他的这个日子还是可以照样过下去的。但是一旦一些矛盾或者冲突被外人所知，就涉及另外一个核心词语——面子，即在这个熟人社会中丢了面子、抬不起头，那日子就过不下去了，过日子的进程就被打断甚而终止，出现自杀或者是他杀等极端行为。因此可以说在当前乡村社会，"过日子"与农民日常生活中的外在环境具有高度的相关性，在某种程度上日子是给自己过的也是要给别人看的。我们可以通过李村老人"过日子"中的不同适应形态来具体把握生活理性在不同场域中的权宜性。李村老人在"生活理性"中不断调整自己的角色和行动策略，来过好自己的日子。

我们可以看出在李村老人日常生活实践中始终贯穿着一个指导原则即"生活理性"原则，他们据此来处理代际关系、社会关系等。在日常实践图景中，无论是情感性实践、礼仪性实践还是经济理性实践，其背后都是"过日子"的体现，都充分体现了"生活理性"的内涵。在情感性实践中，他们依据亲情关系，在自愿或半自愿状态下，帮助子代成家立业、参与村庄竞争。实质上，这些实践活动可以称为代际交换，因为有些老人自身经济条件不是很好，他们需要子代在将来供养他们，所以他们只好在自己身体条件许可的情况下，力所能及地为子代付出，以获取将来子代赡养的情理认可。而对于一些经济条件较好的老人而言，他们参与子代情感性实践的程度较低，因为他们认为自己将来不一定完全需要依靠儿子养老，也有可能去养老院养老，也可以雇用儿子来养老。而且他们在现阶段也不需要儿子进行相应的经济支持，他们需要的是过好自己当下的日子，因而他们会有限度地参与子代的情感性实践，他们更倾向于参与礼仪性实践，这更能体现他们的价值。

二　生活理性的维度阐释

在李村老人的日常实践中，"生活理性"自始至终贯穿其中。"生活理性"如同其他概念，内部存在着相应的差序结构，在不同的位置上存在着不同的侧重点，对于"生活理性"我们可以从情感、伦理、利益三个层面阐释。

（一）情感理性的核心

诚如前文所述，情感是生活理性的重要维度，这要归结于中国社会的伦理，梁漱溟亦认为"人生实存于各种关系之上。此种种关系，即是伦理。伦者，伦偶；正指人们彼此之相与。相与之间，关系遂生。家人父子，是其天然基本关系；故伦理首重家庭。父母总是最先有的，再则有兄弟姊妹。既长，则有夫妇，有子女"[1]。对于国人而言，情感是他们生存的基础，中国人是在家庭生活中来实现自己的人生意义的。谈及家庭就不能不涉及血缘，费孝通认为"血缘，严格来说直指由生育所发生的亲子关系"[2]，因此血缘关系或是围绕着血缘关系而展开的实践应是分析中国人日常生活实践的起点。传统农民日常生活实践的最低目标是"老婆孩子

---

[1] 梁漱溟：《中国文化要义全集》，上海人民出版社，2005，第72页。
[2] 费孝通：《乡土中国·生育制度》，北京大学出版社，1998，第69页。

热炕头",对于小部分人而言,他们在日常生活实践中能够"光宗耀祖",为自己的家族增光添彩,则是日常生活实践的最终目标。故而对于大部分国人而言,他们的外在生活实践很多都是基于家庭成员的整体生活来建构的,因此维系家庭成员关系的核心要素就是情感,所谓血浓于水,打断骨头连着筋。虽然乡村社会发生了变迁,但是家庭和血缘依然是当前农村社会成员的核心单位与纽带。家庭结构发生了变化,核心家庭结构成为主流,血缘中的代际关系出现了新的变化,情感的日常维系呈现"单向度"特征,即子代把自己的情感更多地倾注在下一代身上,而对于父代则保持默然和失语状态。农村老人在失去了社会参与的机会和能力后,即使在子代情感付出弱化的情形下,还是把自己的情感寄托在子代的日常生活中。他们虽然在日常生活理性的指导下,与子代分家析产,经济独立核算,但是他们内心深处的情感一直维系在子代身上。故而在生活理性的维度上,情感是生活理性的核心维度,也是生活理性的传统来源和实践基础。

(二) 伦理理性的外展

伦理理性亦是生活理性的重要维度,梁漱溟认为"人一生下来,便有与他相关系之人(父母、兄弟等),人生且将始终在与人相关系中而生活,于教学则有师徒;于经济则有东伙;于政治则有君臣官民;平素多往返,遇事相扶持,则有乡邻朋友。随一个人年龄和生活之开展,而渐渐有四面八方若近若远数不尽的关系。是关系,皆是伦理,伦理始于家庭而不止于家庭"[①]。中国传统生活的基本伦理规范是五伦,即父子有亲、君臣有义、夫妇有别、长幼有序、朋友有信。

中国社会又是一个差序格局的社会,在这样的社会形态中,社会关系遵循着差序格局的结构而展开。费孝通先生描述中国的人际关系结构是这样的,"他们的格局不是一捆一捆扎清楚的柴,而是好象把一块石头丢在水面上所发生的一圈圈推出去的波纹。每个人都是他社会影响所推出去的圈子的中心。被圈子的波纹所推及的就发生联系",在面对这样的人伦关系结构时,农村老人的日常实践也必然呈现差序格局的状态,在生活理性的指导下,伦理理性是他们日常生活实践中的重要考量。中国本身就是一

---

① 梁漱溟:《中国文化要义》,上海人民出版社,2003,第94~95页。

个伦理社会，在伦理本位的指导下，形成了亲疏有别的人际关系格局，在礼仪上形成了面子的文化内涵，家本位的单元格局注定了农村老人的日常实践核心是家庭。

樊浩认为，"中国传统文化是一种血缘、情理、人世为要素的伦理型文化；中国传统伦理是以家族为本位的血缘—伦理—政治三位一体的伦理。"[①] 亲属关系是根据生育和婚姻所形成的社会关系。从生育和婚姻所结成的网络，可以一直推出去包括无穷的人，过去的、现在的和未来的人物[②]。生活理性在行动层面体现了以儒家人伦为中心的人际实践。在传统的"仁义礼智信"伦理格言的支配下，老人们的日常言行以此为根本。但是在变迁的现代农村社会中，这些传统伦理正在逐渐消散，老人们所坚守的伦理性实践注定会出现现实与传统的二元张力，从而为他们的伦理性实践带来困扰。

（三）经济理性的渐进

在乡村日常生活中，"生活理性"本身就含有的经济理性色彩日渐呈现。传统社会中老人的日常生活实践是围绕家庭进行的，他们的晚年生活有传统伦理保障和相应的安排，老人不需要为自己的晚年生活考虑，故而他们的日常生活实践是不需要进行经济理性考虑的。但伴随着生存条件的变化，农村老人的晚年生存保障条件被消解，农村老人不得不实行自养。自我生存保障实践是他们在家庭保障资源消解、制度保障缺位的情况下不得已而为之的经济实践。在生存压力大、社会关系弱化的情况下，老人的经济理性选择也是情理之中的。生活需要相应的物质基础，在当前农村老无所依已经成为普遍现象的时候，在代际关系中渐渐融入理性算计、更加关注个体的生活质量，开始成为农村老人日常实践的方向。

三 生活理性的文本界定

"生活理性"是笔者基于人们日常生活方式而提炼出的一个本土化概念。在日常生活中，人们大都遵循着一定的生活方式，这种方式与他们当

[①] 樊浩：《人文力与实践理性关系》，《南京农业大学学报》（社会科学版）2001年第1期。
[②] 费孝通：《乡土中国·生育制度》，北京大学出版社，1998，第26页。

前的生活环境相适应,既有理性算计,也有乡土人情,更有文化积淀,同时也是乡土社会的生活习俗和传统惯习的积累,具有重复性和实践性。"生活理性"是他们日常实践的指导原则,也是农民日常生存的法则之一。这个概念也是我们理解当前农村社会成员日常生活的重要依据,它是与吴飞所提出的"过日子"相类似的生存法则。确切地说是农民在过日子过程中依据变化的社会环境和自身的生活处境,主动选择的与自己日常生活密切相关的实践模式。甘代军从文化变迁的角度指出"生活理性是指在处理人与自然的关系、人与超自然存在的关系、人与人、人与文化的关系中形成的某些价值取向和行为原则,这些原则包括积极适应和改变历史传统和现实环境,追求偏好性价值需要和事物更大功效等的实现。因而,生活理性是引导人们调整其观念与行为以适应自然社会环境和自我需要的理智性力量,是创造、利用文化事物为具体生活服务的一种思想自觉和行为态度。'生活理性'源于群众世俗的生活实践之中"[1]。

甘代军关于"生活理性"的界定是基于文化变迁视角,他在文中一笔带过提出了变迁中的文化适应性,并没有对其进一步展开论述,也没有契合当前中国社会变迁的大环境,考察农民日常生活中"生活理性"的具体表现和实践策略。虽然本书中的"生活理性"和甘代军所提出的"生活理性"具有相同的字面意义,但是本质上更加具有现实针对性。本书直接深入农村老人日常实践中,考察"生活理性"在他们日常生活中的位置和价值。故本书所指称的"生活理性"是在李村老人的日常实践中提炼出来的,是他们对于外在生活环境变化的一种主动、积极的适应,也是他们过日子所遵循的法则,"生活理性"具体阐释为情感理性、经济理性和仪式性理性三个维度。正是"生活理性"的嵌入,李村老人的日常实践才有了意义的建构,他们的生活才有特色和希望。在农村社会转型过程中,我们深入底层,探讨农村老人的日常实践具有较强的理论和现实意义。

综上所述,本书中"生活理性"的层次结构如图 6-1 所示。

---

[1] 甘代军:《文化变迁的逻辑》,博士学位论文,中央民族大学,2010。

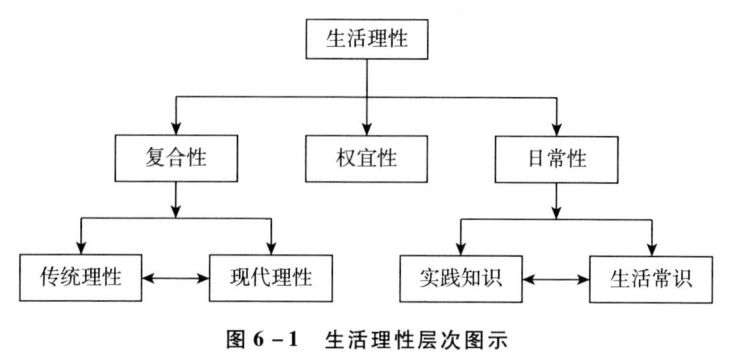

```
                    生活理性
            ┌─────────┼─────────┐
          复合性      权宜性      日常性
         ┌───┴───┐           ┌───┴───┐
       传统理性←→现代理性    实践知识←→生活常识
```

图6-1 生活理性层次图示

第二节 李村老人日常生活实践分析

一 李村老人日常生活实践的类型建构

李村老人的日常生活实践具有多样性，如果全程追踪其过程和特点，可以大致勾勒出他们日常生活实践的类别，基于前面几个章节的分析，我们可以建构起李村老人日常生活实践的理想类型。

（一）情感性实践

情感性实践作为李村老人日常生活的核心具有举足轻重的作用。家庭是情感性实践的核心场域。诚如梁漱溟所言，家庭在中国人日常生活中的位置是无可替代的，血缘关系的先天性造就了中国人日常生活的家庭性。个人的成就不是个人的问题，而是事关整个家庭，个人失去了主体性。没有家的个人是没有灵魂的。在现代词典里面可以追溯家的字面含义。中国的"家"在许慎编撰的《说文解字》中释义为："宀为屋也"，"豕为猪也"，两字合写为"家"。家字所从之"宀"，盖因其指代了房屋的具体象形，在延伸意义上则指称一个聚居的血缘单位，"豕"本指牲畜之猪，取其象征财产之义。因此"家"为会意字，其本义是表示一个以血缘聚居团体为基础的财产单位，这个财产单位就是"家族"[1]。

中国家庭的功能决定了个体只能是家庭的一个附属，家庭是个体奋斗的精神动力，一个人如果孤身生活，则必有其不可言说的隐秘，也不符合

---

[1] 梁颖：《"家"字及其相关问题》，《广西师范大学学报》1996年第4期。

社会期待，在古代这种行为甚而上升到伦理道德的高度，即"不孝有三，无后为大"，这样的伦理可以说是对个体生活家庭化的最大规训，同样项羽的"富贵不还乡如锦衣夜行"也是家庭观使然。因此对于广大中国人而言，很多人的动力来自光宗耀祖的理想，家族情感成为中国人实现自身发展的一个原动力。而在今天，由于社会的飞速发展和急剧变化，家庭功能发生了较大变化，家庭的经济功能日渐羸弱，生育功能和情感支持功能仅限核心家庭内部，随之而来还有家庭的结构和形式的变迁。这些变迁加大了核心家庭内部情感支持的力度，削弱了核心家庭以外的情感维系。对于老人而言，子代是他们永远的安慰和寄托，因而在非均衡性的感情付出中，老人依然是家庭情感性实践的积极主动者。老人以自己特有的方式来表达对子代的情感支持，平日里尽量帮助孩子在村庄内部立足，为孩子成家立业，而后还期盼着孙代健康成长、成才，最后他们才会满足地在自己的日常生活中考虑自己的将来。

（二）礼仪性实践

在当前的农村社会中，关乎礼的行为最好的例证便是老人的行为。作为深受传统思想影响的老人，他们虽然已经逐渐适应现代化的生活方式，但是礼已经深深嵌入了他们的脑海，这些并不会随着时间和外在情形的变化而变化，很多老人对礼的遵守是自发的，而非外力强制。布迪厄认为"'仪式实践'（partique rituelle）实施的是一种不确定的抽象"[①]，他同时认为"亲族关系是人们制造出来并用它做某件事情的东西"[②]。每个行为主体倾向于通过不懈的养护工作，在生活中维持一个特殊的实应关系网，这个关系网不但包括处于良好运转状态的全部系谱关系、亲属，还包括应日常生活之需而予以调动的全部非系谱关系。礼仪性实践是传统伦理的内化，李村老人借助这些仪式性活动构建和维持的自己社会关系网络。

（三）经济理性实践

伴随着理性主义在农村社会的兴起，在经济至上的思潮裹挟下，农村社会生活也呈现市场交换的意味。在传统社会伦理中，君子喻于义、小人喻于利，很多人对于市场行为是有抵触情绪的，尤其是在熟人之间，只有

[①] 皮埃尔·布迪厄：《实践感》，蒋梓骅译，译林出版社，2012，第124页。
[②] 皮埃尔·布迪厄：《实践感》，蒋梓骅译，译林出版社，2012，第239页。

在陌生人的世界里面才能实现当场结算。在李村同样如此，十几年前，家庭的剩余产品是作为礼品送给邻居们的，尤其是夏季的蔬菜、水果，自己家里吃不完，往往就会摘一部分分给左右邻居，邻居们也接受得理所当然。即使有一些交换活动也是在邻里熟人的推动下进行的，这种行为可称为半市场化行为。在李村，这种半市场化行为的典型例子就是年终的"派猪肉"，这种"派"最初可能是基于村庄内部朴素的互助行为，尤其对一些家庭生活困难的人，村庄内部成员基于道义，购买猪肉给予相应支持。在20世纪80年代，几乎家家都养猪，有的人家猪很早就卖掉了，但是有的人却要等到过年前几天再杀猪，然后卖给村庄里面的人，自己获取经济利润。事实上这种"派"的行为和逻辑是基于熟人社会脸面观的半市场化行为，因而，虽然家庭里面的年轻人不愿意，但是老人们无论如何都要买，因为这是维护村庄内部的人际关系，也涉及以后村庄生活和关系的协调等方面。随着李村年轻人成为家庭的主要决策者，他们对这种基于人情的"派"行为说"不"，很多年轻人更愿意到集上与陌生人进行交易，李村这种"派"的行为慢慢减少，现在已经全部消失。

对于李村老人而言，这种"派"的行为可能是一种传统，是基于农户之间互助的行为，但随着他们逐渐失去参与这些活动的能力，淡出村庄社会生活之后，在经济理性的指导下，他们更加关注自我经济生活的保障。例如他们专注于维持自己晚年生活的经济实践，手里面留下一部分资金保障自己的晚年生活。

二 李村老人日常生活实践中的形象建构

在日常生活实践中，很多老人都有一个自我身份构建的过程。他们试图以自己的日常生活实践来建构自己的外在形象或者是为自己的行为寻求一个合理的解释。

（一）积极能干、勤者形象的建构

能干（有能力）勤劳、整洁、讲道理、知进退的老人是很多李村老人建构的理想形象类型。这种类型的建构是以李村老人对自身需求的压抑和采取积极行动来获得的。很多老人，尤其是在65岁左右的老人，他们具备劳动能力，有的有手艺，能外出挣钱，因而他们对自我形象的建构是积极的，在家庭内部，依然保持着长辈的威严，在邻里间依然参与竞争，在过日子中也不能输给邻居，我"能干"是他们引以为豪的事情。

他们着力于建构一个符合传统认知的老人形象，努力在子女心目中建构自己的良好形象，如爱干净。由于农村公共卫生设施的短缺，农民日常生活中的个人卫生清理如洗浴等不是非常方便，对老人而言就更为麻烦。受日常生活中个人卫生条件所限，有的老人可能冬天就洗 2 次澡。距离李村最近的洗澡堂在 3 公里之外的集镇上，很多老人由于腿脚不便，无法做到经常性洗澡，最多就是在过年的时候去澡堂洗，称之为不能留"隔年灰"。这也是农村老人被污名化的一个重要原因。虽然不方便，但很多老人都在极力避免这样的污名建构，他们在努力维持自身良好的卫生习惯。有一位老人曾说，"衣服破了没有关系，但是要穿在身上干干净净的，这样你在别人面前蹲下来，别人也不会嫌弃你"。毫无疑问，一个爱干净、明事理、有自尊、不多言、懂进退的老人是受到众人欢迎的，至少是不会被儿媳妇和外人所嫌弃的。他们的建构主要分以下几个步骤实现。

首先努力避免与儿媳妇发生正面冲突，即使有矛盾也努力避免公开化，尽量在家庭内部解决，而且在外部的交往中往往是对媳妇给予正面评价。很多老人都是本着家丑不可外扬的心态来处理家庭、代际关系矛盾。他们对子代忍让的主要策略是装聋作哑，几乎完全践行了"不聋不哑不当家翁"的俗语。当儿媳妇心情不好、说了难听的话，他们就当作没有听见或者听不懂，不去接话茬，从而减少与儿媳妇发生正面冲突的概率，他们该干什么活还干什么活，干完活就立刻回到自己家里面去。等双方的情绪都有了缓和之后，再与儿子沟通，秉持这种理念的老人大都是性格平和的老人，并且在村庄内生活状况较好。

其次是抓住理，不论在社会交往中还是在家庭生活中，"理"都被看作根本，也是评价行为的根据之一。只要说某个人不讲理，剩下的意思就不要说了，大家都心知肚明，这样的人大家都敬而远之，因为很多事情都是要靠讲理来解决的。所以老人在实践中就是要为自己找到合适的"理"，这样即使发生矛盾和冲突也不会让自己处于被批判的位置。因此，在村庄内部生活中，那些不讲理的人，人们是不会和他交往的，李村有句俚语称呼这样的人叫"歪死缠"。李村老人在很多时候是需要讲理的，而且有时候他们还被当作中间人给有矛盾的双方去评理，这也是他们的价值被肯定。基于此，很多老人非常注重自己的名声，做一个讲理的人是他们日常生活实践的重要维度。

（二）自我奉献的宿命型生活认知

那些在日常生活实践中秉持着传统伦理的老人，在日常生活实践中也是遵从生活理性的逻辑。他们认为老人没有什么活头了，老人过的就是儿孙的日子。尽管在当前，子代对于他们的赡养已经弱化，但他们还是坚持认为自己应该帮儿子，甚至把自己辛苦积攒的一点儿钱也拿出来帮助儿子。很多老人认为自己贫困是正常的，说自己年轻的时候也穷，在生产队的时候没有一分钱积蓄，等到分产到户了，日子过得可以了，但是孩子多，农村人又不会去做生意，只能靠家里面几亩地熬着，又需要为每一个孩子成家，上学的还要花钱，粮食价格也卖不出钱，所以还是穷。等到时代变了能出去打工了，自己年龄也大了，自然也没有钱，这都是正常的。

在这样的认知下，部分老人较为保守，在涉及村庄的事务中，不会第一个发言，也不会有个人看法。和积极实践类型的老人不同的是，他们不会参与任何村庄实践，因为在他们看来村庄的事情都和他们无关。修路也好，选举也罢，那都是公家的事情，即使村庄的一些仪式性活动，他们也只是处于边缘位置，不是他们不清楚仪式的规则，而是他们不愿意参与这些活动，他们更愿意安安静静地享受自己的晚年生活。诚如一位老年人说："老年人了，人老了，火气也小了啊，性子也败了不少，你和年轻人争脸，你不退一步，难道还要年轻人向你服软？这不是以前的社会了，儿媳妇，你又没有养过人家，侍候过人家，凭什么要向你服软啊？干好自己的事情，他们年轻人的事不要多管闲事。我们也没有他们懂得多了，他们要怎么干就怎么干。这些都是老人应该注意的，否则你在村庄里面人家也会说你老的有问题，不会做人。"

（三）独立自主型的身份建构

在李村，也有部分老人的日常生活实践是基于个体独立的原则，他们是比较能想得开的老人，在代际关系中，他们秉持理性交往方式，保持生活自给自足，对于将来的养老，他们坚持只要能动，就自己单过，老了不能动了，才让儿子负责。儿子有养他们老的义务，至于怎么养老，在他们看来，到了那个阶段各种选择还是有很多，现在不需要想得那么远，反正他们是不会受现在有的高龄老人所受的罪，有很多老人说自己会早早买好老鼠药放在床头，老了不能动了，儿子如果也不孝顺，他们才不会受罪呢，自己就准备吃药死掉。在村庄交往中，他们本着事不关己就高高挂起的原则，事情涉及自身利益，他们才深度介入其中，甚而不惜与人冲突。在他们看来，我年龄这么大了，还怕人啊，这种类型的老人大多数性格较为强势，老了也不认老，即李村人口中的"不服老"。秉持理性化生存策略，他们在代际交往中掺入了理性和算计的成分，将亲子关系利益化。在面对儿子建房等大事时，态度明确，自己无法帮助，及早断了儿子代际剥削的念头。与子代保持距离，保持自己经济独立，这种看似消极对待家庭关系的实践模式，实质上也是老人自我身份建构的一个策略，他们试图拉远亲子距离以获得长远的亲情存在。

综上所述，"生活理性"影响了李村老人的日常生活实践，观察他们日常生活实践也是理解李村老人在当下社会变迁中生存逻辑的最好方式。李村老人这些日常生活实践类型体现了不同的动机、逻辑和生活伦理等，如表6-1所示。

表6-1 李村老人的日常实践类型

类别 条目	情感理性实践	经济理性实践	礼仪理性实践
面临问题	家庭成员的隔离化 生活情感空虚	晚年生存失去依靠	被排斥与无力参与
实践动机	过好日子	维持生存	保持面子
实践目标	亲情血缘	稳定的生活	维持礼俗
实践逻辑	情感逻辑	生存逻辑	情理逻辑
实践伦理	亲情伦理	经济理性	仪式伦理
实践方式	依附	自主	被动

第三节 总结

"生活理性"作为农村老人日常生活实践的指导原则，既有中国传统生活方式的理性，又包含了西方社会中的经济理性。它与农民的日常生活紧密契合，在诸如"过日子"等最为基础的日常实践中处处得到体现，因而它具有默会性和实践性的特征。我们可以把它划分为三个维度，即情感理性维度、伦理理性维度和经济理性维度，这三个维度随着当前农村社会生活的变迁和农村老人日常生活保障的弱化，出现了相应的变化。情感性实践逐渐向经济理性实践过渡。但在当前，情感理性依然是农村老人日常生活理性的核心，也是他们日常生活实践的重点，经济理性日渐浸入农村老人的日常生活，他们秉持自我生存保障的理性思维，积极建构自己的晚年。伦理性实践呈现弱化的迹象，伴随着李村老人对于社会参与的日渐退出和农村社会仪式性活动的日渐消失，李村老人在仪式性实践中日渐边缘化。他们在经济理性化的思维中已然认可了家庭代际养老的不现实和维持经济独立对于晚年生存的重要性，因而他们更加注重自身生存资源的获得和维持。同时，在"生活理性"的指导下，李村老人还积极建构自身的形象，如能干的形象赋予老人经济理性，从而使他们获得日常实践的舆论支持。明事理、懂理，则成为老人伦理性日常生活实践的支持，而血缘关系的延续和祖荫的传承则为李村老人情感性实践提供了足够的支撑。

第七章 结论与探讨

一 李村老人日常生活实践的主动适应性

在快速变迁的中国乡村社会,老人并不是完全被动承受农村社会变迁给他们带来的消极影响的,他们以积极的态度和行动来设计和安排自己的晚年生活,故而从这个角度看李村老人在面对农村社会变迁的过程中,是积极的行动者和实践者。他们凭借自身的资源积极形塑自己的晚年生活,他们的日常实践呈现"生活理性"特征。这种"生活理性"是李村老人对于变迁的社会结构的主动适应,也是他们面对乡村伦理衰落和孝道式微所做出的主动回应。他们开始运用"生活理性"原则来积极建构自己的晚年生活,有的老人甚而运用"弱者的武器"对周围不利环境进行了相应的抗争,他们选择抗争的途径日益多元。在家庭生活中,他们以情感实践为核心,一方面完成自己的人生任务,另一方面在情感实践中满足自己的情感需求。在代际矛盾中,他们选择了忍让,秉承生活理性原则,积极适应自己的角色,换取家庭生活的和谐。但在面对子代剥削时,他们在完成自己的人生任务后,果断地与子代分家析产,通过自主支配自己的劳动力和生产资料,进行晚年生存资源的积累,他们正在试图摆脱对于子代家庭的依赖,以求在最大限度上实现自己的人生自主和自由。他们坚持参加劳动,积极耕种自己名下的土地获取相应的经济来源,应对当前农村社会中家庭养老保障的消解和国家制度缺位的现实。我们在面对李村老人这些日常生活实践时,也看到隐藏于后的农村老人晚年生存的无奈与困顿。笔者在论述李村老人日常生活实践积极性和主动性的同时,并不是想否认李村老人晚年可能会面临的生存困境,事实上,他们在第一阶段的生存实践也只能勉强维持当下的生活。对于第二阶段的生存,他们的预期是悲观的,对于很多老人而言，当下能做的就是尽可能地把这个阶段到来的时间推迟，对于以后的生活似乎还无法虑及。

二 李村老人日常生活实践的内卷性

李村老人的日常实践具有较大的内卷性①，即他们的日常实践只能是不停地纠缠于内在因素，在家庭内部竞争有限的资源。他们无法进行相应的制度实践从而改变自身的生存境遇，他们在村庄内部是日益边缘化的。因而，他们更多地是在挖掘自身的潜力，缺乏向外部寻求帮助的途径，他们日常生活实践的内卷性特点如下。

（一）资源效益的低下

从前文我们可以看出李村老人日常生活实践的核心是自我生存保障，生存保障的需要迫使他们进行相关的理性实践和利益抗争，这些日常生活实践在某种程度上改善了他们自身的经济条件，但是他们只能着眼于当前，纠结于家庭和人情网络，进行自我支持，既无力去突破老年贫困，也无力在制度层面为自己争取合法的资源。因而他们获得的资源是有限的，也是不可持久的。

（二）情感支持的依附性

李村老人日常实践的一个最重要方面是获取相应的情感支持。在他们的日常实践中，情感性实践占据了主导位置，但是在现代社会，传统社会中的儿孙绕膝、其乐融融的场景注定只能是遥远的想象。李村老人的情感需求是强烈的，只不过这些需求都被残酷的生存现实压抑下去了，但是在面临生存困境时，他们不得不首先解决自己的生存问题，而后才能谈及情感寄托。老人的情感寄托还是在他们的家庭和子代身上。

---

① "内卷化"的概念首先由亚历山大·戈登威泽（Alexander Goldenweiser）提出，他用"内卷化"概念来描述这样一类文化模式，即当这类文化模式达到某种最终形态以后，既没有办法稳定下来，也没有办法使自己转变成一种新的文化形态，取而代之的是不断地在这种模式内部变得更加复杂化。格尔茨在《农业的内卷化：印度尼西亚生态变迁的过程》（1963）一书中提出"农业内卷化"理论。他认为"'内卷化'是一种社会或文化模式在某一发展阶段达到一种确定的形式后，便停滞不前或无法转化为另一种高级模式的现象"。黄宗智用"内卷化"这个概念研究了中国的小农经济变迁问题，解释了近代中国现代化的困境。

(三) 土地资源保障的有限性

土地是当前农村老人的生存保障，但是对于老年农民而言，劳动力日渐衰退，从土地获得的边际效益逐步减少。他们此时进行土地耕作只是勉强为之，因而，从土地获得的收入已经较为微薄。虽然土地成为农民日常生活的重要支柱，但是伴随着老人年龄的增长，身体日渐衰弱，他们耕种土地的意愿在降低，土地对于农村老人的保障作用具有时间限制。

三 李村老人日常生活实践层次的逆向化

人类的日常生活实践依据由低到高的发展进程划分为三个层次——生存型实践—社会型实践—发展型实践。在农村生活中，大多数中青年人的日常生活实践层次是一个逐步跃升的过程。他们在年轻时成家立业，并且从大家庭中独立出来，此时摆在他们面前的首要任务是保障小家庭的生存和维系。他们不得不开始生存型实践，努力进行相应的经济活动来满足家庭的日常生活需求。他们在日益解决了温饱问题后，即生存型需求得到满足后，开始向社会型实践迈进，精心构筑自己的社会关系网络，日常生活开始向外发力，在村庄内部积极参与各项活动，以期获得相应的位置和名声。

对当前李村的年轻人而言，他们依靠着父辈的积累，日常生活实践跳过了生存型实践，直接进入社会型实践和发展型实践。他们更加渴望在外面的世界中追寻自己的梦想，希冀在城市的生活和工作中满足自己的发展需求。

从这里我们可以看出，当前农村中年人以及年轻人的实践层次是依次递升的，他们的日常实践对于建构自己的生活具有良好预期。但是当我们把目光投向李村老人的日常生活实践时，我们可以发现农村老人日常生活实践呈现逆向化发展，即在他们的日常实践中发展型实践是空白，而社会型实践的力度和广度都在萎缩。他们年轻时，社会性实践也曾是日常生活的重要组成部分，他们也为自己精心编制了成熟的社会关系网络，但是在他们年老时，这些社会关系网呈现离散的趋势，与之相伴而生的是他们日常社会礼仪性实践逐渐消亡。最后李村老人几乎把所有的实践都集中在自己的生存型实践中，他们积极建构自己的晚年生活，进行自我生存保障。在生活理性的支配下，他们的日常实践缩减至家庭内部。从李村的情况看,农村老人的日常生活实践活动层次越来越低,几乎已经摒弃了其他实践需求层次。对于他们而言,维持生存,能够有个安度晚年的地方就很满足了,至于其他实践对于他们是不切合实际的。

四 生活理性的若干探讨

如同任何一项社会科学研究一样,笔者在最后也发现了本研究存在的一些问题,或者说是可以商讨的事项。

生活理性作为从李村老人日常实践中凝练和抽象出来的概念,在本研究中具有很强的指导性,在理论上具有创新性,但限于笔者的水平,对于其内在的含义和特质等缺乏相应的深入探讨。

(一) 生活理性的普适性

"生活理性"的普适性问题也是困扰笔者的一个重要方面,因为生活理性是从个案中抽象和提炼出来的,在价值上是否具有普适性,能否代表当前中国农村社会中广大老人的日常实践和日常生活的行为准则?在笔者可及的文献研究中,已有诸多学者在论述代际关系时运用了代际理性的分析和理论,但是对于老人的行动视角缺乏具体的关注。限于笔者的精力,笔者没有到其他区域探讨老人日常实践的特征,因而还需要在以后的研究中通过区域比较来进一步验证其普适性。

(二) 生活理性的解释张力

"生活理性"作为本书的核心分析框架,在面对李村老人的实践时,其解释的张力问题也是一个需要进一步深入研究的课题。面对农村老人复杂多样的日常实践,伴随着农村社会的转型,农村老人日常实践中的生活理性化程度是否会进一步加深或者是淡化,对于当前阶段的农村老人日常生活实践的影响程度是否会随着相关政策的制定而有所变化,其中的理性成分是否会出现扩展或者萎缩等,都需要我们在关注农村老年群体的时候进一步细分。

参考文献

著作类

陈功：《社会变迁中的养老和孝观念研究》，中国社会出版社，2009。

陈柏峰：《半熟人社会——转型期乡村社会性质深描》，社会科学文献出版社，2019。

丛春霞、刘晓梅：《社会保障概论》，东北财经大学出版社，2008。

常建华：《中国日常生活史读本》，北京大学出版社，2017。

程立涛：《陌生人社会的伦理问题研究》，中国人民大学出版社，2019。

丁立群、周来顺：《现代化与日常生活批判理论研究》，社会科学文献出版社，2019。

方青：《解组与重构——二元社会结构下的农村社会保障制度》，安徽人民出版社，2006。

费孝通：《乡土中国·生育制度》，北京大学出版社，1998。

郭士征：《社会保障——基本理论与国际比较》，上海财经大学出版社，2004。

耿言虎：《远去的森林——一个西南县域生态变迁的社会学阐释》，社会科学文献出版社，2018。

龚长宇：《陌生人社会：价值基础与社会治理》，中国人民大学出版社，2021。

贺雪峰：《乡村社会关键词》，山东人民出版社，2010。

贺雪峰：《什么农村，什么问题》，法律出版社，2008。

贺雪峰：《南北中国：中国农村区域差异研究》，社会科学文献出版社，2017。

贺雪峰：《在野之学》，北京大学出版社，2020。

黄宗智：《华北的小农经济与社会变迁》，中华书局，2004（重印）。

黄宗智：《过去和现在》，法律出版社，2008。

黄光国、胡先缙等：《人情与面子 中国人的权力游戏》，中国人民大学出版社，2010。

户晓辉：《日常生活的苦难与希望——实践民俗学田野笔记》，中国社会科学出版社，2017。

梁漱溟：《中国文化要义》，上海人民出版社，2005。

梁义成、李树茁：《中国农村可持续生计和发展研究》，社会科学文献出版社，2014。

林嘉：《社会保障法的理念、实践与创新》，中国人民大学出版社，2002。

李强、洪大用：《社会运行论及其发展——郑杭生学术思想研究》，中国人民大学出版社，2020。

李璐璐、石磊等：《当代中国社会：基本制度和日常生活》，中国人民大学出版社，2019。

李虎：《分离、互动与调适——一个壮族村落的人口流动与文化变迁》，2018。

穆怀中：《社会保障国际比较》，中国劳动社会保障出版社，2007。

彭华民：《福利三角中的社会排斥》，上海人民出版社，2007。

石彤：《中国社会转型时期的社会排挤——以国企下岗女工为视角》，北京大学出版社，2004。

史柏年：《社会保障概论》，高等教育出版社，2004。

孙光德、董克用：《社会保障概论》，中国人民大学出版社，2004。

童星：《社会保障与管理》，南京大学出版社，2002。

童星：《世纪末的挑战——当代中国社会问题研究》，南京大学出版社，1995。

唐丽霞、姜亚勤、赵文杰：《暮年有养——农村贫困老人扶持政策评估及重建》，社会科学文献出版社，2015。

王本刚：《实践社群与默会知识转移和转化》，《新世纪图书馆》2013年第11期。

王益英：《社会保障法》，中国人民大学出版社，2000。

王成程：《农村社会养老保险制度的变迁——基于主体互动的视角》，社会科学文献出版社，2019。

王维平：《乡村调研——宋家沟》，商务印书馆，2019。

韦璞：《农村老年人社会资本对生活质量的影响》，经济科学出版社，2009。

吴亮、高云：《日常中国》，江苏美术出版社，1999。

吴增基等：《现代社会调查方法》，上海人民出版社，2003。
吴毅：《小镇喧嚣：一个乡镇政治运作的演绎与阐释》，生活·读书·新知三联书店，2018。
肖群忠等：《日常生活行为伦理学》，中国人民大学出版社，2018。
谢立中：《日常生活的现象学社会学分析》，社会科学文献出版社，2010。
薛亚利：《村庄里面的闲话：意义、功能和权力》，上海世纪出版集团，2009。
薛晨：《日常生活意义世界：一个符号学路径》，四川大学出版社，2019。
徐勇：《中国农村研究》，中国社会科学出版社，2018。
阎云翔：《礼物的流动》，李放春、刘瑜译，上海人民出版社，2000。
杨公卫：《村落终结与乡土重建》，民族出版社，2012。
杨晋涛：《塘村老人》，中国社会科学出版社，2011。
杨善华：《城乡日常生活：一种社会学分析》，社会科学文献出版社，2008。
杨万泉：《塘村的纠纷》，中国社会科学出版社，2006。
叶敬忠、贺聪志：《静默夕阳：中国农村留守老人》，社会科学文献出版社，2008。
应星：《大河移民上访的故事》，生活·读书·新知三联书店，2001。
应星：《农户、集体与国家——国家与农民关系的六十年变迁》，中国社会科学出版社，2014。
于建嵘：《底层立场》，上海三联书店，2011。
翟学伟：《人情、面子与权力的再生产》，北京大学出版社，2013。
翟学伟：《中国人的关系原理》，北京大学出版社，2011。
张仙桥、李德滨：《中国老年社会学》，社会科学文献出版社，2011。
张兴杰等主编《社会学视野下的新农村建设研究》，华南理工大学出版社，2008。
张海东：《理解中国社会》，社会科学文献出版社，2018。
张占平：《多元化养老方式背景下家庭养老的衰退与承续》，中国社会科学出版社，2020。
赵旭东：《权力与公正》，天津古籍出版社，2003。
赵树凯：《农民的新命》，商务印书馆，2018。
朱晓阳：《罪过与惩罚》，天津古籍出版社，2002。

论文类

《我国中西部农村老年人生活状况调查》,《中国三农》2005 年第 8 期。

蔡志海:《鄂东北农村老年人养老状况的调查与思考》,《社会》2002 年第 2 期。

曾富生、朱启臻、徐莉莉:《农村老年人养老应对能力的现状及其提升路径——基于行动应对视角的调查》,《湖北社会科学》2010 年第 11 期。

陈辉:《"过日子"与农民家庭经济模式——基于关中 Z 村调查》,《西北人口》2012 年第 4 期。

陈柏峰:《"气"与村庄生活的互动——皖北李圩村调查》,《开放时代》2007 年第 6 期。

陈成文:《农村老年人的生活状况及其社会支持——对湖南省 1000 名农村老年人的调查》,《社会科学研究》1998 年第 6 期。

陈文江、杨延娜:《西部农村地区贫困代际传递的社会学研究——以甘肃 M 县四个村为例》,《甘肃社会科学》2010 年第 4 期。

陈天祥、应优优:《甄别性吸纳:中国国家与社会关系的新常态》,《中山大学学报》(社会科学版)2018 年第 2 期。

陈心想、段丹天:《养老模式的转型:以黑龙江省 A 县为例》,《社会发展研究》2020 年第 4 期。

陈军亚:《韧性小农:历史延续与现代转换——中国小农户的生命力及自主责任机制》,《中国社会科学》2019 年第 12 期。

陈靖、刘明:《上楼之后:"涉农社区"的生活秩序及其治理探索》,《中国行政管理》2020 年第 11 期。

慈勤英、宁雯雯:《家庭养老弱化下的贫困老年人口社会支持研究》,《中国人口科学》2018 年第 4 期。

戴卫东:《构建农村"低保",成本有多大?》,《调研世界》2007 年第 6 期。

戴卫东:《构建"三类型区"城乡低保统筹模式——以安徽省为例》,《华东经济管理》2010 年第 5 期。

戴卫东:《农村最低生活保障制度的财政支出分析——基于负所得税法和差额补助法的比较》,《河南社会科学》2010 年第 5 期。

戴卫东：《统筹城乡基本养老保险制度的十个关键问题》，《现代经济探讨》2009年第7期。

戴卫东：《中国农村社会养老保险制度研究述评》，《中国农村观察》2007年第1期。

东波：《农村老年弱势群体共享社会发展成果的路径探析》，《学术交流》2008年第4期。

董才生、王远：《论吉登斯结构化理论的内在逻辑》，《长白学刊》2008年第3期。

董金权、赵宏斌：《生活世界的遗忘与回归：一个社会学的考察》，《人文杂志》2006年第4期。

董磊明：《村庄纠纷调解机制的研究路径》，《学习与探索》2006年第1期。

董磊明：《农村调解机制的语境化理解与区域比较研究》，《社会科学辑刊》2006年第1期。

董磊明、陈柏峰、聂良波：《结构混乱与迎法下乡——河南宋村法律实践的解读》，《中国社会科学》2008年第5期。

董运生：《演变与重塑：中国农民生活空间的变迁》，《江苏社会科学》2018年第6期。

窦存芳：《以礼抗争：触摸乡土中国人真正意义上的"过日子"——读〈浮生取义：对华北某县自杀现象的文化解读〉》，《西北民族研究》2010年第3期。

杜鹏、武超：《中国老年人的生活自理能力状况与变化》，《人口研究》2006年第1期。

杜鹏：《情之礼化：农民闲暇生活的文化逻辑与心态秩序》，《社会科学研究》2019年第5期。

狄金华、郑丹丹：《伦理沦丧抑或是伦理转向——现代化视域下中国农村家庭资源的代际分配研究》，《社会》2016年第1期。

范会芳：《现象学社会学：社会学理论研究的另一种范式》，《广西大学学报》（哲学社会科学版）2010年第21期。

方菲：《农村老年人生活状况调查与思考》，《理论月刊》2003年第7期。

方青：《从集体保障到社会保障——中国农村社会保障1949－2000》，《当代中国史研究》2002 年第 1 期。

方青：《农村社会保障：回顾与前瞻》，《中国农村观察》2001 年第 3 期。

高文、任友群：《知识的生产与习得的社会学分析》，《山东师范大学学报》（教育科学版）2004 年第 2 期。

高瑞琴、叶敬忠：《生命价值视角下农村留守老人的供养制度》，《人口研究》2017 年第 2 期。

郭强：《知识与行动：结构化凝视》，《社会》2005 第 5 期。

郭于华：《不适应的老人》，《读书》1998 年第 6 期。

郭于华：《代际关系中的公平逻辑及其变迁——对河北农村养老事件的分析》，《中国学术》2001 年第 4 期。

郭于华：《农村现代化过程中的传统亲缘关系》，《社会学研究》1994 年第 6 期。

郭于华：《"弱者的武器"与"隐藏的文本"——研究农民反抗的底层视角》，《读书》2002 年第 7 期。

郭于华：《再读斯科特：关于农民反抗的日常形式》，《中国图书评论》2007 年第 8 期。

郭志刚、陈功：《老年人与子女之间的代际经济流量的分析》，《人口研究》1998 年第 1 期。

郭志刚、刘金塘、宋健：《现行生育政策与未来家庭结构》，《中国人口科学》2002 年第 1 期。

郭秋菊、谢娅婷、李树茁：《家庭代际关系类型及其城乡差异分析》，《华中农业大学学报》（社会科学版）2020 年第 6 期。

葛延风、王列军、冯文猛、张冰子、刘胜兰、柯洋华：《我国健康老龄化的挑战与策略选择》，《管理世界》2020 年第 4 期。

何兰萍：《从公共空间看农村社会控制的弱化》，《理论与现代化》2008 年第 2 期。

贺培育、黄海：《"人情面子"下的权力寻租及其矫治》，《湖南师范大学学报》2009 年第 3 期。

贺雪峰、刘锐：《熟人社会的治理——以贵州湄潭县聚合村调查为例》，《中国农业大学学报》（社会科学版）2009 年第 2 期。

贺雪峰、仝志辉：《论村庄社会关联——兼论村庄秩序的社会基础》，《中国社会科学》2002 年第 3 期。

贺雪峰：《半熟人社会》，《开放时代》2002 年第 1 期。

贺雪峰：《被"规定"为无用的京山农村老人》，《中国老区建设》2009 年第 11 期。

贺雪峰：《村庄的生活》，《开放时代》2002 年第 2 期。

贺雪峰：《论农民理性化的表现与原因——以河南省汝南县宋庄村的调查为例》，《湛江师范学院学报》2008 年第 2 期。

贺雪峰：《南方农村与北方农村差异简论——以河南省汝南县宋庄村的调查为基础》，《学习论坛》2008 年第 3 期。

贺雪峰：《农村代际关系论：兼论代际关系的价值基础》，《社会科学研究》2009 年第 5 期。

贺雪峰：《农村家庭代际关系的变动及其影响》，《江海学刊》2008 年第 4 期。

贺雪峰：《农村家庭代际关系的变迁——从"操心"说起》，《古今农业》2007 年第 4 期。

贺雪峰：《农民价值观的类型及相互关系——对当前中国农村严重伦理危机的讨论》，《开放时代》2008 年第 3 期。

贺雪峰：《人民公社的三大功能》，《开放时代》2008 年第 1 期。

贺雪峰：《中国农村社会转型及其困境》，《东岳论坛》2006 年第 2 期。

贺雪峰：《中国农民价值观的变迁及对乡村治理的影响——以辽宁大古村调查为例》，《学习与探索》2007 年第 5 期。

贺雪峰：《论半熟人社会——理解村委会选举的一个视角》，《政治学研究》2000 年第 3 期。

贺雪峰：《如何应对农村老龄化——关于建立农村互助养老的设想》，《中国农业大学学报》（社会科学版）2019 年第 3 期。

贺雪峰：《农村留守老人的三种类型与养老问题》，《决策》2020 年第 11 期。

贺雪峰：《农村留守老年人的"多元福利"观——"低消费、高福利"何以可能》，《学习与实践》2019 年第 11 期。

贺雪峰：《村庄熟人社会的养老》，《决策》2019 年第 6 期。

黄宗智：《认识中国——走向从实践出发的社会科学》，《中国社会科学》

2005 年第 1 期。

黄盈盈、潘绥铭：《论方法：定性调查中"共述"、"共景"、"共情"的递进》，《江淮论坛》2011 年第 1 期。

黄佳豪：《我国农村养老保险制度的历史演进及其探索》，《重庆社会科学》2009 年第 10 期。

贾海龙：《对我国中西部农村老年人生活状况的调查及分析》，《黑河学刊》2005 年第 5 期。

贾玉娇、范家绪：《从断裂到弥合：时空视角下家庭养老保障功能的变迁与重塑》，《社会科学战线》2019 年第 7 期。

冀云、孙鹃娟：《中国老年人受虐待的影响因素——健康人力资本与社会资本的中介作用》，《人口研究》2021 第 2 期。

纪竞垚：《中国居家老年人家庭—社会照料模型》，《人口研究》2020 年第 3 期。

景军、王健、冷安丽：《生命代价之重与优逝善终之难——一项有关晚期癌症患者调查研究的启示》，《社会学评论》2020 年第 4 期。

景军：《我们如何安宁地"老去"》，《廉政瞭望》2020 年第 9 期。

李国庆：《关于中国村落共同体的论战——以"戒能—平野论战"为核心》，《社会学研究》2005 年第 6 期。

李晖：《农村养老的制度演绎与惯性生存》，《首届湖湘三农论坛论文集（中）》2008 年第 10 期。

李培林：《村落终结的社会逻辑——羊城村的故事》，《江苏社会科学》2004 年第 1 期。

李全棉：《我国农村老年人的生存状态——基于 2000 年城乡一次性抽样调查数据的分析》，《南京人口管理干部学院学报》2004 年第 4 期。

李荣山：《现代性的变奏与个体化社会的兴起——乌尔里希·贝克"制度化的个体主义"理论述评》，《学海》2012 年第 5 期。

李洋：《从社会排斥到家庭排斥——转型社会的老龄群体分析》，《求索》2007 年第 8 期。

李亦园：《近代中国家庭的变迁》，《中央研究院民族学研究所集刊》1984 年第 54 期。

李银河、陈俊杰：《个人本位、家本位与生育观念》，《社会学研究》1993

年第 2 期。

李树茁、徐洁、左冬梅、曾卫红：《农村老年人的生计、福祉与家庭支持政策——一个可持续生计分析框架》，《当代经济科学》2017 年第 4 期。

林辉煌：《人情的运作机制及其社会基础——基于浙东 J 村的调查》，《中共宁波市委党校学报》2010 年第 6 期。

林建成：《从"生活决定意识"到"境况决定思想"——马克思与知识社会学的关系》，《深圳大学学报》（人文社会科学版）2011 年第 6 期。

李强、张震：《老年人独立生活能力变化轨迹的个体和总体差异研究》，《人口研究》2018 年第 2 期。

李荣荣：《乡土社会的日常道德与社会底蕴——以大理"乡评"的演变与积淀为例》，《社会发展研究》2019 年第 2 期。

李旭东：《代耕生计与合理性行动逻辑——京郊代耕菜农的文化实践过程》，《北京社会科学》2020 年第 9 期。

凌文豪：《从一元到多元：中国农村养老模式的变迁逻辑——以生产社会化为分析视角》，《社会主义研究》2011 年第 6 期。

刘继同、冯喜良：《转型期多元福利实践与整体性福利理论框架》，《北京大学学报》（哲学社会科学版）2005 年第 3 期。

刘威：《"朝向底层"与"深度在场"——转型社会的社会学立场及其底层关怀》，《福建论坛》（人文社科版）2011 年第 3 期。

刘燕舞：《从核心家庭本位迈向个体本位——关于农村夫妻关系与家庭结构变动的研究》，《中共青岛市委党校青岛行政学院学报》2009 年第 6 期。

刘军奎：《流动的代价：村庄问题呈现及治理反思——一个村庄个案的微观透视》，《中国农业大学学报》（社会科学版）2019 年第 4 期。

鲁可荣：《农村老年人生活状况及其养老方式探析》，《乡镇经济》2002 年第 11 期。

鲁可荣、金菁：《农村居家养老何以可行及可持续——基于浙江"金东模式"的实证分析》，《中国农业大学学报》（社会科学版）2015 年第 6 期。

陆杰华：《快速的中国人口老龄化进程：挑战与对策》，《甘肃社会科学》2007 年第 6 期。

陆益龙：《超越直觉经验：农村社会学理论创新之路》，《天津社会科学》2010年第3期。

陆益龙：《后乡土中国的自力养老及其限度——皖东T村经验引发的思考》，《南京农业大学学报》（社会科学版）2017年第1期。

陆益龙：《后乡土性：理解乡村社会变迁的一个理论框架》，《人文杂志》2016年第11期。

冷波、贺雪峰：《生活本位：深度贫困地区农民生活逻辑研究——基于贵州B村的实证调查》，《湖北行政学院学报》2018年第6期。

吕炳强、刘保禧：《现象学在社会学里的百年沧桑》，《社会学研究》2008年第1期。

吕炳强：《凝视与社会行动》，《社会学研究》2000年第3期。

吕德文：《闽粤赣客家边区的兼业与地方社会——以龙川县长洲村、寻乌县高头村为个案》，《古今农业》2008年第2期。

麻国庆：《分家：分中有继也有合——中国分家制度研究》，《中国社会科学》1999年第1期。

麻国庆：《民间概念》，《读书》1997年第8期。

麻国庆：《拟制的家与社会结合——中国传统社会的宗族、行会与秘密社》，《广西民族学院学报》（哲学社会科学版）1999年第2期。

孟宪范：《家庭：百年来的三次冲击及我们的选择》，《清华大学学报》（哲学社会科学版）2008年第3期。

马莲、付文忠：《青年价值观引导的日常生活向度探析——以马克思主义日常生活理论为视角》，《中国特色社会主义研究》2017年第3期。

潘璐：《"小农"思潮回顾及其当代论辩》，《中国农业大学学报》（社会科学版）2012年第2期。

彭华民：《福利三角：一个社会政策分析的范式》，《社会学研究》2006年第4期。

彭友明、邱明、徐红霞、刘秀平：《农村老年人生活质量状况调查》，《医学与社会》2000年第5期。

庞学铨：《重建日常生活经验世界——新现象学的生活世界理论管窥》，《学术月刊》2021年第1期。

仇凤仙、杨文健：《建构与消解：农村老年贫困场域形塑机制研究——以皖北 D 村为例》，《社会科学战线》2014 年第 4 期。

仇凤仙：《农村贫困老人日常生活中的代际冲突分析——皖北李村调查研究》，《中国农业大学学报》2014 年第 4 期。

仇凤仙、沈雅君：《新型农村社会养老保险制度模式及其前瞻性问题分析》，《中国农学通报》2010 年第 17 期。

仇凤仙：《社会排斥与贫困：农村老人贫困问题结构性分析——以安徽省泗县大李村调查为例》，《山东农业大学学报》（社会科学版）2011 年第 1 期。

仇凤仙：《消解与重构：欠发达区域农村贫困老人生活状态分析——以安徽省 S 县 D 村调查为例》，《南方人口》2010 年第 6 期。

齐学红：《研究者的立场问题——一个知识社会学的视角》，《集美大学学报》2003 年第 3 期。

秦晖：《"大共同体本位"与中国传统社会（上、中）》，《社会学研究》1998 年第 5 期、1999 年第 3 期。

渠敬东、周飞舟、应星：《从总体支配到技术治理——基于中国 30 年改革经验的社会学分析》，《中国社会科学》2009 年第 6 期。

申端锋：《中国农村出现伦理性危机》，《中国老区建设》2007 年第 7 期。

申喜连、张云：《农村精神养老的困境及对策》，《中国行政管理》2017 年第 1 期。

盛洪：《论家庭主义》，《新政治经济学评论》2008 年第 2 期。

舒敏华：《"家国同构"观念的形成、实质及其影响》，《北华大学学报》（社会科学版）2003 年第 2 期。

宋丽娜：《农民分家行为再认识——湖北省 J 县梭村调查》，《中共宁波市委党校学报》2009 年第 4 期。

宋梅：《现代性与个体化》，《山西青年管理干部学院学报》2011 年第 4 期。

宋士云：《1956-1983 年集体经济时代农村五保供养制度初探》，《贵州社会科学》2007 年第 9 期。

宋靖野：《"公共空间"的社会诗学——茶馆与川南的乡村生活》，《社会学研究》2019 年第 3 期。

宋嘉豪、郑家喜、汪为：《养儿能否防老：代际互动对农村老年人的减贫研究——基于多维贫困视角》,《人口与发展》2019 年第 6 期。

苏保忠、张正河、林万龙:《中国古代养老制度及其对农村养老的启示》,《当代经济》2008 年第 11 期。

苏国勋:《社会学与社会建构论》,《国外社会科学》2002 年第 1 期。

孙飞宇:《对苦难的社会学解读:开始,而不是终结——读埃恩·威尔金森〈苦难:一种社会学的引介〉》,《社会学研究》2007 第 4 期。

孙立平、王汉生、王思斌、林彬、杨善华:《改革以来中国社会结构的变迁》,《中国社会科学》1994 年第 3 期。

孙立平:《"过程—事件分析"与当代中国国家——农民关系的实践形态》,《清华社会学评论》2001 年第 1 期。

孙薇薇、景军:《乡村共同体重构与老年心理健康——农村老年心理干预的中国方案》,《社会学研究》2020 年第 5 期。

孙薇薇、石丹妮:《社会支持的影响机制与农村老年心理健康》,《社会学评论》2020 年第 4 期。

石金群:《转型期家庭代际关系流变:机制、逻辑与张力》,《社会学研究》2016 年第 6 期。

唐钧:《社会政策的基本目标:从克服贫困到消除社会排斥》,《江苏社会科学》2002 年第 3 期。

唐娟莉、倪永良:《农村社会养老服务需求:意愿与影响》,《农业现代化研究》2020 年第 4 期。

唐伟:《代价承担者还是参与获得者?——国家现代化进程中的农民角色再审视》,《北京社会科学》2019 年第 5 期。

陶自祥:《代内剥削:农村光棍现象的一个分析框架——基于渝北 S 村长子打光棍的调查》,《青年研究》2011 年第 5 期。

田耕:《社会学知识中的社会意象——Doxa 概念与布迪厄的社会学知识论》,《社会学研究》2005 年第 1 期。

田霞:《20 世纪上半期农村家庭亲子关系》,《西南民族学院学报》(哲学社会科学版)2002 年第 9 期。

田毅鹏:《转型期中国城市社会管理之痛——以社会原子化为分析视角》,《探索与争鸣》2010 年第 12 期。

田毅鹏、张红阳:《村落转型再生进程中"乡村性"的发现与重写——以浙西 M 村为中心》，《学术界》2020 年第 7 期。

李翌萱：《中国老年人对子女家庭代际支持差异性研究》，《浙江社会科学》2020 年第 7 期。

王萍、李树茁：《代际支持对农村老人生活自理能力的纵向影响》，《人口与经济》2011 年第 2 期。

王萍、左冬梅：《劳动力外流背景下中国农村老人居住安排的纵向分析》，《中国农村经济》2007 年第 6 期。

王洪伟：《当代中国底层社会"以身抗争"的效度和限度分析：一个"艾滋村民"抗争维权的启示》，《社会》2010 年 2 期。

王建华：《论"日子"的成词——兼谈顾炎武〈日知录〉中的一处失误》，《丽水学院学报》2007 年第 4 期。

王崑、瞿学伟：《论周庄人的血缘观和地缘观——苏南农村现代化的一个前提》，《上海社会科学院学术季刊》1996 年第 4 期。

王琳、邬沧萍：《聚焦中国农村老年人贫困化问题》，《社会主义研究》2006 年第 2 期。

王琳：《中国未来老年贫困的风险研究》，《人口与经济》2006 年第 4 期。

王宁、庄亚儿：《中国农村老年贫困与养老保障》，《西北人口》2004 年第 2 期。

王萍、李树茁、张文：《代际支持对中国农村老年人认知功能的影响研究》，《心理科学》2005 年第 6 期。

王跃生：《农村老年人口生存方式分析———个"宏观"与"微观"相结合的视角》，《中国人口科学》2009 年第 1 期。

王跃生：《十八世纪中后期的中国家庭结构》，《中国社会科学》2000 年第 2 期。

王跃生：《中国农村家庭的核心化分析》，《中国人口科学》2007 年第 5 期。

王跃生：《直系组家庭：当代家庭形态和代际关系分析的视角》，《中国社会科学》2020 年第 1 期。

王跃生：《家庭、家户和家考察的当代价值》，《中国特色社会主义研究》2020 年第 3 期。

王跃生：《家和家人的范围、层级和功能分析》，《开放时代》2020 年第

2 期。

王萍、潘霜、王静、李逸明：《家庭结构变动对农村老年人死亡风险的年龄差异影响》，《人口研究》2020 年第 6 期。

王金水、许琪：《居住安排、代际支持与老年人的主观福祉》，《社会发展研究》2020 年第 3 期。

王晓峰、孙碧竹：《农村留守老人健康管理模式构建》，《社会科学战线》2019 年第 4 期。

王向贤：《转型时期的父亲责任、权利与研究路径——国内父职社会学研究述评》，《青年研究》2019 年第 1 期。

文军：《范式的抗争：非主流社会学理论的形成及其影响》，《社会学评论》2013 年第 2 期。

文军：《从生存理性到社会理性选择：当代中国农民外出就业动因的社会学分析》，《社会学研究》2001 年第 6 期。

文军：《个体化社会的来临与包容性社会政策的建构》，《社会科学》2012 年第 1 期。

文军、陈蕾：《资源、制度与情境：现代社会中时间意涵的理论流变》，《社会学评论》2019 年第 5 期。

吴飞：《"空间实践"与诗意的抵抗——解读米歇尔·德赛图的日常生活实践理论》，《社会学研究》2009 年第 2 期。

吴飞：《从丧服制度看"差序格局"——对一个经典概念的再反思》，《开放时代》2011 年第 1 期。

吴飞：《论"过日子"》，《社会学研究》2007 年第 6 期。

吴飞：《梁漱溟的"新礼俗"——读梁漱溟的〈乡村建设理论〉》，《社会学研究》2005 年第 5 期。

吴理财：《村民自治与国家政权建设》，《学习与探索》2002 年第 1 期。

吴滔：《清代嘉定宝山地区的乡镇赈济与社区发展模式》，《中国社会经济史研究》1998 年第 4 期。

吴长青：《从"策略"到"伦理"——对"依法抗争"的批评性讨论》，《社会》2010 年第 2 期。

吴柳财：《日常生活的结构与意义"礼记·曲礼"的社会学研究》，《社会》2018 年第 1 期。

汪沛、贝淡宁:《以年龄为基础的家庭正序:辩护及其限定》,《中山大学学报》(社会科学版) 2021 年第 3 期。

肖星:《事件、行动与访谈:国家—社会关系的微观投影——实践社会学的一项个案考察》,《求索》2006 年第 9 期。

肖瑛:《风险社会与中国》,《探索与争鸣》2012 年第 4 期。

肖索未、关聪:《情感缓冲、中间人调节与形式民主化:跨代同住家庭的代际关系协调机制》,《社会学评论》2018 年第 5 期。

谢继昌:《论伙头制度初探》,《中央研究院民族学研究所集刊》1985 年第 59 期。

谢志岿:《村落如何终结?——中国农村城市化的制度研究》,《城市发展研究》2005 年第 5 期。

徐茂明:《同光之际江南士绅与江南社会秩序的重建》,《江海学刊》2003 年第 5 期。

徐勇:《"再识农户"与社会化小农的建构》,《华中师范大学学报》(社会科学版) 2006 年第 3 期。

徐勇:《农民理性的扩张:"中国奇迹"的创造主体分析——对既有理论的挑战及新的分析进路的提出》,《中国社会科学》2010 年第 1 期。

许晓青:《从上海南汇县家庭结构的变迁看农村城市化的演进》,《社会》2001 年第 5 期。

薛红:《在个体化浪潮之中的性别身份和婚姻家庭——贝克的〈风险社会〉中的性别和婚姻家庭分析》,《国外社会科学》2003 年第 3 期。

许琪:《居住安排对中国老年人精神抑郁程度的影响——基于 CHARLS 追踪调查数据的实证研究》,《社会学评论》2018 年第 4 期。

许惠娇、贺聪志:《"孝而难养":重思农村留守老人的养老困境》,《中国农业大学学报》(社会科学版) 2020 年第 4 期。

夏柱智:《以地养老:应对农村人口老龄化的现实选择》,《南方人口》2018 年第 5 期。

杨华:《传统村落生活中的伦理——基于湘南宗族性村落的研究》,《湛江师范学院学报》2008 第 2 期。

杨建华:《日常生活:中国村落研究的一个新视角》,《浙江学刊》2002 年第 4 期。

杨晋涛：《西方人类学关于衰老和老年问题研究述评》，《厦门大学学报》（哲学社会科学版）2003年第5期。

杨军昌、余显亚：《论我国农村老年贫困人口与"温饱型老龄化"问题》，《西北人口》2007年第1期。

杨君：《第二现代性下的风险社会与个体化》，《内蒙古社会科学》（汉文版）2013年第1期。

杨璐、王桃林：《30年社会转型中的乡村伦理困境——基于农村老人家庭结构变迁史的研究》，《现代商业》2010年第9期。

杨善华：《田野调查中被访人叙述的意义诠释之前提》，《社会科学》2010年第1期。

杨善华：《改革以来中国农村家庭三十年——一个社会学的视角》，《江苏社会科学》2009年第2期。

杨善华：《关注家庭日常生活中的"恒常"——一个家庭制度变迁的视角》，《中华女子学院学报》2021年第2期。

杨颖：《经济欠发达农村老年人生活状况的调查与改善对策》，《甘肃社会科学》2003年第5期。

杨静慧：《空心化背景下农村养老的困境与破解》，《社会科学辑刊》2019年第5期。

杨璐：《日常生活的自然意涵：休谟精神哲学的方法论意义》，《社会》2020年第6期。

姚引妹：《长江三角洲地区农村老年人居住方式与生活质量研究》，《浙江大学学报》2002年第6期。

银平均：《社会排斥视角下的中国农村贫困》，《思想战线》2007年第1期。

应星：《"气"与中国乡村集体行动的再生产》，《开放时代》2007年第6期。

应星：《"气"与中国乡土本色的社会行动——一项基于民间谚语与传统戏曲的社会学探索》，《社会学研究》2010年第5期。

应星：《"气场"与群体性事件的发生机制——两个个案的比较》，《社会学研究》2009年第6期。

靳永翥：《关系资本：贫困乡村公共服务提供机制研究的新视阈》，《东南学术》2009 年第 5 期。

余向东：《渊源与价值：我国传统残疾人社会保障的历史反思》，《学术界》2011 年第 3 期。

叶敬忠：《农村留守人口研究：基本立场、认识误区与理论转向》，《人口研究》2019 年第 2 期。

叶敬忠、贺聪志、许惠娇：《生计框架视角的农政问题与农政变迁》，《华中农业大学学报》（社会科学版）2019 年第 1 期。

于兰华：《"共生"亦或"契洽"：我国代际资源循环的历史变迁与反思》，《浙江社会科学》2020 年第 4 期。

易晓明：《日常生活的文化马克思主义——列斐伏尔的日常生活理论作为一种文化理论》，《浙江社会科学》2020 年第 4 期。

张春娟、卢愿清：《社会流动对传统农村家庭养老模式的冲击》，《社会工作》2007 年第 7 期。

张江华：《工分制下的劳动激励与集体行动的效率》，《社会学研究》2007 年第 5 期。

张静：《浅谈我国农村社会养老保险》，《发展研究》2004 年第 7 期。

张岭泉、邬沧萍、段世江：《解读农村老年人的"零消费"现象》，《甘肃社会科学》2008 年第 1 期。

张佩国：《整体生存伦理与民族志实践》，《广西民族大学学报》2010 年第 5 期。

张佩国：《汉人的丧葬仪式：基于民族志文本的评述》，《民俗研究》2010 年第 2 期。

张佩国：《近代江南的农家生计与家庭再生产》，《中国农史》2002 年第 3 期。

张佩国：《口述史、社会记忆与表述的政治》，《中国社会科学报》2010 年 3 月 2 日，第 2 版。

张小军：《象征地权与文化经济——福建阳村的历史地权个案研究》，《中国社会科》2004 年第 3 期。

张学东：《"日常生活"的理论嬗变及其对社会管理的"隐喻"——基于社会学理论的梳理与思考》，《广西社会科学》2014 年第 2 期。

张娜：《农村老年人日常生活家庭照料与社会照料关系研究——基于多层

回归模型的分析》,《中国农业大学学报》(社会科学版)2018年第6期。

张一兵:《他者幸福:日常生活中的微观异化薄片——瓦内格姆〈日常生活的革命〉解读》,《社会科学战线》2021年第3期。

张卓君:《社会团结路径的转型——基于华西村的田野调查》,《社会发展研究》2021年第1期。

赵万里、李路彬:《日常知识与生活世界——知识社会学的现象学传统评析》,《广东社会科学》2011年第3期。

赵晓峰:《漫谈近代以来乡村基层组织的演变逻辑》,《调研世界学》2008年第11期。

赵旭东:《论纠纷的构成机理及其主要特征》,《法律科学》(《西北政法大学学报》)2009年第2期。

赵旭东、裴霞:《农村老年女性生活福利研究》,《集体经济》2009年第10期。

赵晔琴:《农民工日常生活中的身份建构与空间型构》,《社会》2007年第6期。

赵锋:《面子、羞耻与权威的运作》,《社会学研究》2016年第1期。

赵建国、王净净:《"逆向反哺"、子女结构与老年人口劳动参与》,《人口与发展》2021年第2期。

赵宇峰:《重构基础社会:日常生活、共同体与社区建设》,《社会科学》2017年第4期。

周飞舟:《从汲取型政权到"悬浮型政权"——税费改革对国家与农民关系之影响》,《社会学研究》2006年第3期。

周飞舟:《分家和反馈模式》,《中华女子学院学报》2021年第2期。

周飞舟:《慈孝一体:论差序格局的"核心层"》,《学海》2019年第2期。

朱静辉、朱巧燕:《温和的理性——当代浙江农村家庭代际关系研究》,《浙江社会科学》2013年第10期。

庄英章:《台湾农村家族对现代化的适应——一个田野调查案例的分析》,《中央研究院民族学研究所集刊》1972年第34期。

郑作彧、胡珊:《生命历程的制度化:欧陆生命历程研究的范式与方法》,《社会学研究》2018年第2期。

曾旭晖、李奕丰：《变迁与延续：中国家庭代际关系的类型学研究》，《社会》2020 年第 5 期。

学位论文

陈柏峰：《乡村混混与农村社会灰色化》，博士学位论文，华中科技大学，2008。

陈浩天：《交往社会化：农民交往世界的变迁与秩序重构》，博士学位论文，华中师范大学，2012。

陈辉：《"过日子"：农民的生活哲学》，博士学位论文，华东理工大学，2013。

陈宁：《嵌入日常生活的宗教皈信》，博士学位论文，吉林大学，2013。

范宏雅：《话语的社会建构：常人方法论谈话分析的理论和方法研究》，博士学位论文，南开大学，2012。

马德军：《国家视阈下的藏区农牧民行为研究》，博士学位论文，华中师范大学，2013。

乔超：《农村代际冲突中老人行动方式变迁研究》，博士学位论文，上海大学，2011。

邱梦华：《社会变迁中的农民合作与村庄秩序》，博士学位论文，上海大学，2008。

宋娟：《制度弹性空间与秩序重构》，博士学位论文，上海大学，2008。

宋丽娜：《人情的社会基础研究》，博士学位论文，华中科技大学，2012。

谭咏凤：《老年人日常活动对成功老龄化的影响》，博士学位论文，华东师范大学，2011。

唐爱军：《论韦伯的现代性理论及其意义》，博士学位论文，复旦大学，2012。

陶自祥：《分裂与继替：农村家庭延续机制的研究》，博士学位论文，华中科技大学，2013。

王善英：《理性化与人类生存境况》，博士学位论文，山东大学，2008。

汶蓉：《反馈模式的延续与变迁》，硕士学位论文，上海大学，2012。

肖学敏：《乡村邻里纠纷中农民的行动策略研究》，硕士学位论文，华东师范大学，2011。

徐晶：《村落不再，暮年何在》，博士学位论文，上海大学，2013。

鄢庆丰：《中国村庄社区转变的理论脉络与经验表达》，博士学位论文，华中科技大学，2012。

杨丹华：《工具理性与价值理性的冲突及其调适》，博士学位论文，武汉大学，2009。

张妮妮：《在耕耘中守望》，博士学位论文，东北师范大学，2013。

张兆曙：《非常规行动与社会变迁》，博士学位论文，华中师范大学，2006。

章伟：《失去农民的村庄 夏村叙事 1976~2006》，博士学位论文，华中科技大学，2008。

赵爽：《征地、撤村建居与农村人际关系变迁》，博士学位论文，复旦大学，2011。

朱眉华：《困境与调试：乡城流动家庭的抗逆力研究》，博士学位论文，上海大学，2013。

外文著作

阿格尼丝·赫勒：《日常生活》，衣俊卿译，黑龙江大学出版社，2010。

阿玛蒂亚·森：《贫困与饥荒》，王宇、王文玉译，商务印书馆，2001。

阿玛蒂亚·森：《以自由看待发展》，任赜、王真译，中国人民大学出版社，2002。

阿尔弗雷德·格罗塞：《身份认同的困境》，王坤译，社会科学文献出版社，2009。

埃萨米尔·阿明：《不平等的发展》，高铦译，商务印书馆，2000。

庇古：《福利经济学》，朱泱、张胜纪、吴良健译，商务出版社，2006。

达仁多夫：《现代社会冲突》，林荣远译，中国社会科学出版社，2000。

戴维·波普诺：《社会学》，李强等译，中国人民大学出版社，1999。

戴维·L. 德克尔：《老年社会学》，沈健译，天津人民出版社，1986。

迪帕·纳拉扬等：《谁倾听我们的声音》，付岩梅译，中国人民大学出版社，2001。

弗里德里希 A. 哈耶克：《科学的反革命 理性滥用之研究》，冯克利译，译林出版社，2012。

H. 孟德拉斯：《农民的终结》，李培林译，社会科学文献出版社，2010。

哈维弗·格森：《现象学社会学》，刘聪慧等译，北京大学出版社，2010。

科塞：《社会冲突的功能》，孙立平等译，华夏出版社，1989。

克利福德·格尔茨：《文化的解释》，韩莉译，译林出版社，2008。

露丝·沃达克：《话语、政治、日常生活》，黄敏译，浙江大学出版社，2019。

米歇尔·德·塞托，吕斯·贾尔，皮埃尔·梅约尔：《日常生活实践：居住与烹饪》，冷碧莹译，南京大学出版社，2014。

欧本·海默尔：《日常生活与文化理论导论》，王志宏译，商务印书馆，2008。

欧文·戈夫曼：《日常生活中的自我呈现》，冯钢译，北京大学出版社，2008。

塔尔科特·帕森斯：《社会行动的结构》，张明德、夏遇南、彭刚译，译林出版社，2012。

瓦戈：《社会变迁》，王晓黎等译，北京大学出版社，2007。

耶林：《为权利而斗争》，郑永流译，法律出版社，2007。

詹姆斯·斯科特：《农民的道义经济学：东南亚的反叛与生存》，程立显、刘建等译，译林出版社，2013。

朱迪丝·博斯：《独立思考——日常生活中的批判性思维》，岳盈盈、翟继强译，商务印书馆，2016。

外文文献

Ahiltuv, Avner. Be Furitful or Multily: On the Interplay between Fertility and Economic development. *Journal of Population Economies*. 2001.

Albert Keidel. *China: Regional disparities.* Washington, DC: WorldBank, 1995.

Alcok. *Understanding Poverty.* London: The MacmillanPree Ltd. 1993.

Barro, Robert. *Determinants of Economic Growth: Across Country EmPirical Study*, Cambridge, Massachusetts, London, England: The MIT Press, 1998.

Beale, C. L. *The revival of widespread population growth in nonmetropolitan America.* Washington, DC: Economic Research Service, U. S. Department of Agriculture. ERS – 605, 1975.

Berry, EH. *Comparative understanding of rural-urban migration and migrant integration: China and U. S., Mexico migrationin comparison.* Proceedings of the 2009 Shanghai Forum, FudanUniversity, Shanghai, 2009.

Besele, Megan Howell, Nancy, *the Old Give You Life*: *Aging Among, Kkung-Hunte—Other Ways on Growing Old—An Thropologist Perspectives*, edited by Pamela T. Amoss, Pamela T. &Harrell, Stevan, Stanford University press. 1982.

Ongaarts, J. Population aging and the rising cost of public pensions. *Population and Development Review*, 30 (1), 1–23, 2004.

Brooks, T., Toney, M. B., Berry, E. H., &Lim, S. L. A spirations of rural youth as predictors of migration. *Journal of Ruraland Community Development*, 5 (3), 19–36, 2010.

Brown, D. L., Glasgow, N., Kulcsar, L. J., Bolender, B. C., & Arguillas, M. -J. *Rural retirement migration*. Dordrecht: Springer. 2008.

Burchardt, T. Le Grand, J; & Piachaud, d. Social exclusion in Britain 1991–1995. *Social Policy and Administration*, 1999, (3).

Cstel, R. The Roads to disaffiliation: Insecure work and vulnerable Relationships. *International Journal of Urban and Region Research*, 2000, 24 (3).

Cartie, J., & Nelson, P. *Baby boom migration and its impact on rural America*. Economic Research Report No. (ERR – 79). Washington, DC: Economic Research Service, USDA. 2009.

Cohen, Ronald. *Aging and Culture as Theory Age & Thropological Theory* edited by David I Kertze & Jenine Keith, Cornell University Press. 1984.

Cumming E. & Heney W. E. *Growing Old the Process of Disengaanment* Basic Book New York. 1961.

Dyck, J. Japan: *Issues and Analysis Briefing Rooms*. Retrieved August 2, 2010, from ERS USDA http://www.ers.usda.gov/Briefing/japan/issuesandanalysis.htm# demographic.

Ebenstein, A., & Leung, S. Son preference and access to social insurance in rural China: Evidence from China's ruralpension program. *Population and Development Review*, 36 (1), 47–70. 2010.

Evers, A & I. Svetlik. *Balancing Pluralism*: *New Welfare Mixeds in Care for the*

Elderly. Aldershot: Avebury. 1993.

Hebert J. Gans. The Use of Poverty: The Poor Pay All. *Social Policy.* 1971.

Iils. *Social Exclusion and anti-Poverty policy: a debate, Research Series, No.* 110. Geneva: International Institute for Labour Studies. 1997.

Mark Seden. *The Political Economy of Chinese development.* M. E. Sharpe Inc. New York. 1993.

Moll, P. *Primary Schooling, Congitive Skills and wages in South Africa OPPehneim, Poverty: the Facts.* London: Child Poverty Action Croup. 1993.

Oscar Lewis. *Five Families: Mexiena Case Studies in the Culture of Poverty.* Basic Books. 1959.

Preventing Social Exclusion, Social Exclusion Unit. *Social Exclusion unit at the office of the deputy Prime Minister in the Cabinet.* London: United Kingdom. 2001.

Room. Graham. *Anti Poverty Action Research in Europe.* SAUS Publication. 1993.

Rowntree. *Poverty: A Study of Town Life.* London: Macmillna. 1901.

Blanden J., Gregg P. *Family Income and Educational Attainment: A Review of Approaches and Evidence for Britain.* Oxford Review of Economic Policy. 2004.

Mayer SE. *The Influence of Parental Income on Children's Outcomes.* Knowledge Management Group, Ministry of Social development, Wellington, New Zealand, 2002.

Currie A., Shields M. A. Wheatley Price S. Is the child Health/Family Income Gradient: Evidence from England. *Journal of Health Economics,* 2007.

Corcoran M. Mobility, Persistence, and the Consequences of Poverty for Children: Child and Adult Outcomes, danziger S., Haveman R. (eds.). *Understanding Poverty.* Cambridge MA: Harvard University Press. 2001.

Corcoran M., Adams T. Race. *Sex, and the Intergenerational Transmission of Poverty.* New York: Russell Sage Foundation, 1997.

Blanden J., Gibbons S. *The Persistence of Poverty Across Generations: A View from Two British Cohorts.* The Policy Press, Bristol, 2006.

Airio I., Moisio P., Niemel M. *Intergenerational transmission of poverty in Finland in the 1990s.* Finland: University of Turku. 2004.

Musick K., Mare R. *Recent Trends in the Inheritance of Povertyand Family Structure*. Los Angeles: University of California. 2004.

Foner, Nancy. *Age and Social Change*. Age & Anthropological Theory edited by david I Kertze & Jenine Keith, Cornell University press. 1984.

Fortes Meyer. *Aging Generrtion and Social Structure*. Age & Thropological Theory, edited by David I Kertze & Jenine Keith, Fcornell University Press, 1984.

Jackman Mary, Violence in Social Life, *Annual Review of Sociology* vol. 28 2002.

Can, S. A., & Peace, S. Ruralityand Ageing Well: "a Long Time Here". In N. Keating (Ed.), *Rural ageing: A good Placetogrowold*. United Kingdom: Policy Press, 2008.

附录　被访谈的李村老人生活照片及部分访谈资料

图1　李村一个村庄（何庄）内部的情景

图 2 李村附近新建的居民聚居点,据说是老年房,
专门安置老年人的房子

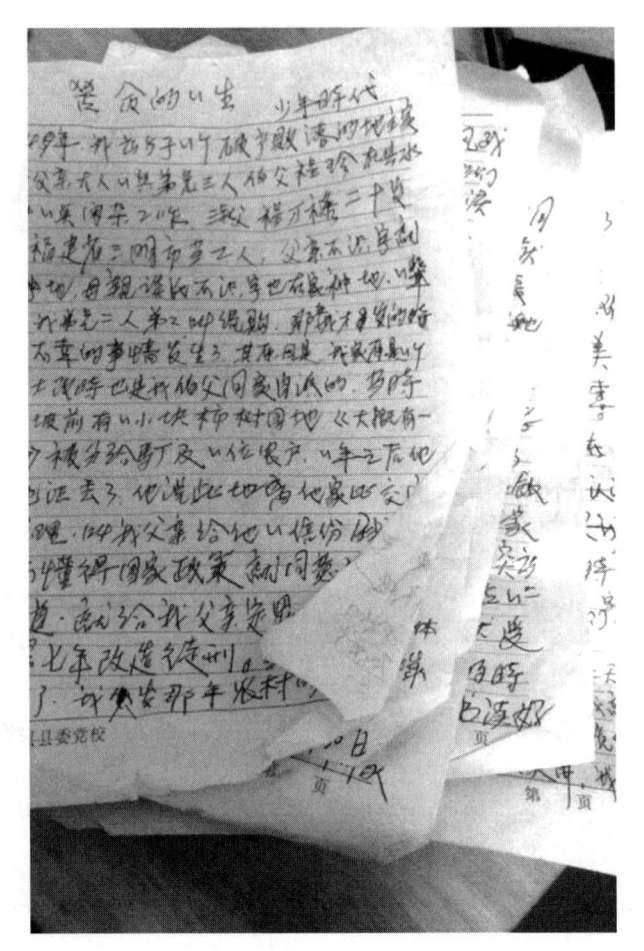

图 3　一位访谈对象写的个人生活经历自述

后 记

在学术界，学者们对于农村老人赋予了较多的人文关怀和情感共鸣，多基于弱者的视角去描述和分析这个群体，应该说这种视角是老年人作为被研究对象常有的切入视角。但是当我们走近这个群体的时候，我们发现，随着时代的变迁，他们其实也在不停地适应和改变。虽然他们固守乡村，依附土地，失去了依靠自身改变个体命运的机会和能力，但在乡村日常生活中，他们运用生活理性原则积极建构自己的生存体系和重构自己的人生意义。作为弱者的他们有意识地运用"弱者的反抗"来建构自己的生存保障体系，虽然他们是被动卷入农村社会现代化的进程，但在日常生活中他们正在主动适应社会变迁。源于自身的生命历程经验，我于2010年开始关注农村老人的生活状态，并且长期追踪一个村庄内的老人，迄今为止亦有十余年，也见证了李村老人的悲欢离合，这些观察和思考终究让我把目光长期聚焦于农村老年人这样一个群体上。

作为这些年学习和思考的重要成果，本书的调查与写作是迄今为止我最为重要的学术经历，能够完成这样一个艰巨的任务和走完这样一段历程，离不开各位师长的帮助，纸短情长，在此我仅以寥寥数语来表达我的感恩和感激之情。

首先把感恩送给我的博士生导师杨文健教授，虽然杨老师离开我们已有5年了，但每年的教师节杨门都会追思杨老师，在他的墓前我们向他细细诉说曾经走过的每一步，仿佛他从来不曾离开。作为杨老师辛勤指导的成果之一，我想这本书应该有杨老师的功劳在里面！

感谢河海大学公共管理学院诸位老师的辛勤培养和毕业之后的殷殷照护。感谢陈阿江教授、王毅杰教授、施国庆教授、曹海林教授、陈绍军教授、黄建元教授等各位师长的传道授业解惑。特别感谢陈阿江教授和王毅杰教授，在河海大学读书的三年半时间，陈阿江教授儒家学者风范和谦谦君子人格特征对同学们都产生了极强的吸引力，他对现实问题的敏感性以及对社会学的解读深深影响了我的学术取向，走向农村，关注社会成为我的一种学术自觉。王毅杰老师在方法课上不拘一格的授课方式让我终身受益，大量的社会学经典著作是在王老师的指引下读完的，而今已经成为我受用终身的财富。至今，我在课堂上经常会回想当年王老师是如何来启迪我们，我应该如何把这样的视角和方法带给同学们。感谢南京大学的成伯清教授、朱力教授，南京师范大学的邹农俭教授，河海大学的陈阿江教授、施国庆教授、王毅杰教授、曹海林教授在开题和答辩中提出的建议。

感谢母校安徽师范大学的各位师长们。作为安师大培养的学生，我而今又返回母校工作，一路走来要感谢和感恩的人太多。首先是我的硕士生导师方青教授的拳拳关爱之情和孜孜不倦的教诲之恩。方老师是我进入学术之旅的领路人。方老师豁达的人格特征和作为安师大社会学学科的奠基者使我深深地理解了学术担当和价值使命所在。其次感谢赵怀娟教授的厚爱和真挚的关心，作为老师和领导，赵老师给我在工作中以巨大的帮助，同时也使得我有机会再次学习。

感谢安徽师范大学历史学院领导和老师们的支持与关爱。在 2020 年 12 月，我们社会学学科老师们经历了从历史与社会学院到现在法学院的身份转变，原历史与社会学院更名为今天的历史学院。尽管沧海桑田，名称不断循环，但作为实实在在的个体，我们都不曾改变，作为曾经的历史与社会学院培养成长起来的学生，一直都能感受到来自母院的支持。本书的完成离不开科研处徐彬处长，历史学院刘道胜院长、顾凌书记和韩家炳副院长的大力支持，尤其是在后期出版的过程中，我们虽已隶属不同学院，但母院领导依然予以了全力支持，让我备感温暖。感谢汪效驷教授的殷切关爱，让我能够在美国 Georgia State University 安然度过访学时光，感恩汪老师委托汪姨在美国的全程照顾。对二姨和二姨夫的感恩和敬意唯有珍藏于心。同时感谢庄华峰教授、吴晓萍教授、张世昌副教授、刘丽副教授等师长们的教诲和关爱！在此谨对母院师长们致以深深的敬意！

感谢美国 Georgia State University 的 Heying Jenny Zhan 教授，在美国访学的半年中，詹老师不仅在学业上帮助我开拓研究思路，手把手教我外文写作，而且在生活上关怀备至。初到美国惶惶不安，居无所处，詹老师把我们接到她家安顿，陪伴我办理孩子入学手续，为我找到住处，这一切如果没有詹老师的帮助真不知会怎样收尾。回国之后，詹老师依然牵挂在心，时刻关心，在本书的写作之中，詹老师亦给予太多帮助。本书的英文名称也是詹老师与美国同行反复推敲之后定下，我想唯有"孝敬"二字方能回报詹老师于一二了！还要感谢浙江财经大学戴卫东教授一直的关怀和指导，在成长的道路上感恩戴老师一直给予的激励和扶持，指点国家社科基金项目申报，指点文章……师长们点点滴滴的帮助汇聚成关爱和支持的涓涓细流伴随着我逐步成长！

感谢所有的访谈对象，感恩他们无保留地和我分享他们的日常生活！

感谢本书的责任编辑社会科学文献出版社谢蕊芬老师和其他编辑老师的辛勤劳动，感谢她们对本书细致的工作，梳理了诸多文字不规范的表述，避免了很多错误，才使本书呈现在大众面前！感谢社会科学文献出版社皮书研究院吴丹师姐的帮助和支持，感谢她的一路鼓励！

最后感谢法学院的各位领导及社会学学科的同事们的支持与厚爱！

书中的疏漏和不足在所难免，敬请学界前辈和同仁批评指正！

图书在版编目（CIP）数据

倾听暮年：李村老人日常生活实践研究／仇凤仙著．-- 北京：社会科学文献出版社，2022.4（2023.7 重印）
ISBN 978-7-5201-9902-5

Ⅰ.①倾… Ⅱ.①仇… Ⅲ.①农村-老年人-生活状况-研究-中国 Ⅳ.①D669.6

中国版本图书馆 CIP 数据核字（2022）第 047014 号

倾听暮年：李村老人日常生活实践研究

著　　者／仇凤仙

出 版 人／王利民
责任编辑／谢蕊芬
责任印制／王京美

出　　版／社会科学文献出版社·群学出版分社（010）59367002
　　　　　地址：北京市北三环中路甲29号院华龙大厦　邮编：100029
　　　　　网址：www.ssap.com.cn

发　　行／社会科学文献出版社（010）59367028

印　　装／唐山玺诚印务有限公司

规　　格／开　本：787mm×1092mm　1/16
　　　　　印　张：14　字　数：229千字

版　　次／2022年4月第1版　2023年7月第3次印刷

书　　号／ISBN 978-7-5201-9902-5

定　　价／88.00元

读者服务电话：4008918866

▲ 版权所有 翻印必究